酔いの文化史

儀礼から病まで

伊藤信博［編］

勉誠出版

【目次】

〈アジア遊学250〉

酔いの文化史
儀礼から病まで

第Ⅲ部 飲酒と環境

第Ⅳ部 飲酒と病

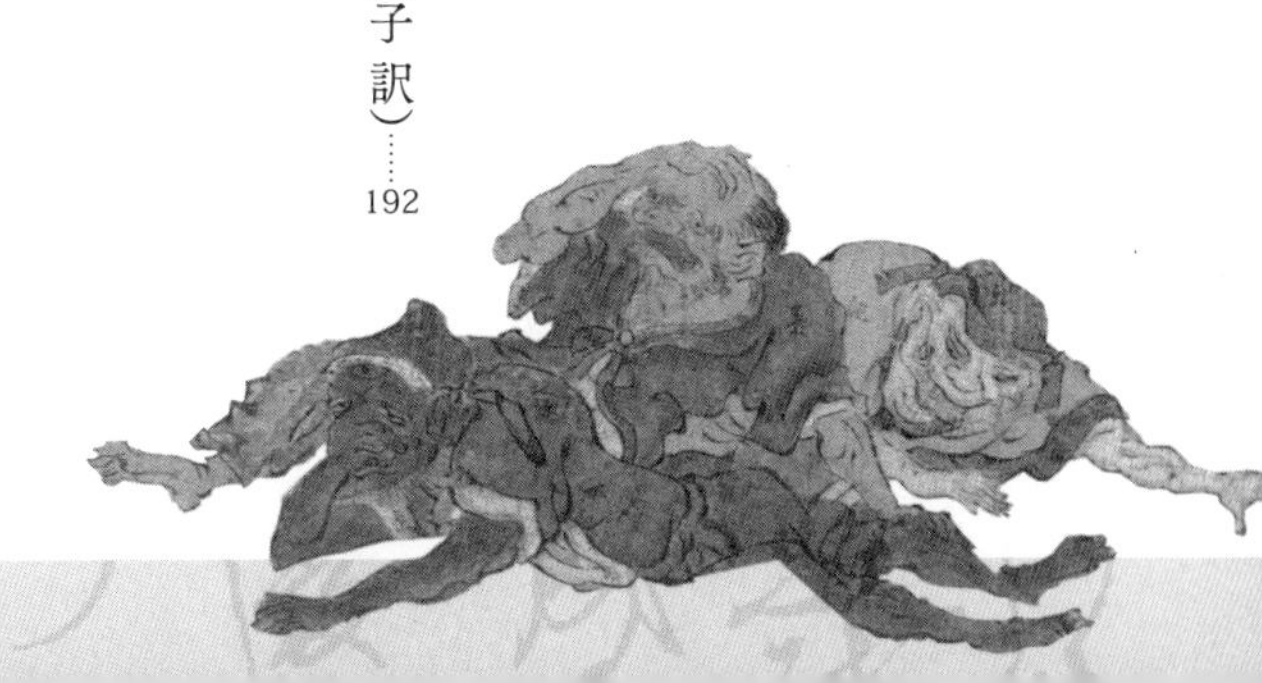

序言――東西の飲酒文化を考える

伊藤信博

本書は、日本と西欧において「酔い」がどうとらえられてきたのか、文化的にどのような違いがあるのかを明らかにし、西欧では医学的見地からしか捉えられてこなかった飲酒問題を世界的な研究の俎上に載せることを目的としている。そして、日本における集団での飲酒や飲酒の強要行為が、過去の歴史的・宗教的経緯から外れ、それのみを目的とするような現代飲酒文化に警告を鳴らし、飲酒文化の位置を再確認したい。

複合的研究者による「酔いとそれに連なる病」研究はこれまで日本ではなされてきてはおらず、新たな研究視点として、「酔い」の文化を提示することで、国際的研究視座を獲得できると考えている。

二〇二〇年は、世界中でコロナウイルスが蔓延し、外出ができないため家庭で飲酒をする人が増えたと言われる。西欧でも家で飲む人が増え、そのことが原因でアルコールの過剰摂取による「病」が社会問題にもなっているというニュースが日本で流れた。しかし、このニュースには、どこか違和を覚えてしまう。西欧では、コロナが蔓延する以前から、外では軽く飲み、家で本格的な「酔い」を体現する人が多かったからである。西欧の飲酒文化が日本で正確に理解されていないと感じた。
家で酔いを体現する西欧人に対して、日本人の多くはコロナの蔓延までは、家ではあまり飲まない人が多かった。つまり、日本人は一般的に外で「酔い」を体現してきたといえるだろう。この習慣の違いは何を意味するのであろうか。

「酒飯論絵巻」の研究に携わり、日本酒が全く飲めないにも関わらず、中世の「日本酒」を研究し始めた筆者が「酔い」をテーマとした国際研究集会に招待され、フランスのツール大学に行ったのは四年ほど前の冬である。そこでは、西欧やアフリカにおける「酔い」とは一種の「悪」であり、「病」つまり、アルコール中毒を招くものという発表ばかりで、日本の「酔い」表現を文化的に説明する筆者は完全に「白い目」で見られ、恐縮するばかりであった。

居心地の悪い思いをしている筆者を救ってくれたのは、日本人の奥さんを持ち、今回も論文を寄稿してくれている司会のソルボンヌ大学名誉教授ジャン＝ロベール・ピット氏だけであった。彼が日本人の「酔い」表現は西欧とは違うと力説してくれたのである。西欧の研究者の一人が日本と西欧の酔い・飲酒の文化的な違いを理解してくれたことは嬉しかったが、なぜこれほどまでに日本人と西欧人の酔いに対する意識は違うのだろうと疑問に思った。と同時に、自分自身の一九八〇年代のフランス長期滞在期間の経験も思い出していた。

普段テレビを見ないが、フランス語習得のため、テレビを購入し、夕方から三時間ぐらいは、現在は存在しない「ラ・サンク」（日本のアニメのフランス語版が多かったからである）をいつも見ていた。すると、ある日、ドキュメンタリー番組で、日本の年末、つまり忘年会での人々の喧騒と「酔い」、「一気飲み」、街を集団で酔って歩く姿、酔って道端で寝転ぶ姿などを映していた。懐かしく思いながら見ていると、ナレーションは「日本人にはなんとアルコール中毒患者が多いのであろう」と解説しているのである。

我々の「酔い」表現が西欧ではアルコール中毒患者とみられることのショックもあったし、西欧人の方がアルコール中毒患者は多いではないかとの反発も感じた。すると、ルイス・フロイスの『ヨーロッパ文化と日本文化』(岩波文庫)の第六章の一節が思い浮かんだのである。

「われわれの間では誰も自分の欲する以上に酒を飲まず、人からしつこくすすめられることもない。日本では非常にしつこくすすめ合うので、あるものは嘔吐し、また他のものは酔払う」(31)

「われわれの間では酒を飲んで前後不覚に陥ることは大きな恥辱であり、不名誉である。日本ではそれを誇りとして語り、「殿はいかがなされた」と尋ねると、「酔払ったのだ。」と答える」(38)

四〇〇年以上前に日本に滞在したイエズス会の宣教師の表現であったとしても、現代にも十分に当てはまる日本人の「酔い」表現が記されている。フロイスが指摘するように、西欧ではビールやワインなどを飲み、人前で酔っても、他者に酔いを見せることはまずなく、見せた場合は、恥辱であり、アルコール中毒患者と考えられてしまうのである。西欧には、食べながら飲む場合や飲みながら音楽を聴いたり、踊ったりするような店も多い。しかしそのような店は「酔い」を目的とするような場というより、社交の場なのである。

現代の女子大生にこのような話をすると、繁華街や地下鉄内で、酔っ払いに迷惑を被っているのか、西欧のようなモラルが必要であるとのレポートが殺到する。しかし、裏を返せば、人前では「酔い」を見せない西欧人であっても、家ではかなり酔う人が多いであろうし、日本人より、アルコールで病んでいる人のパーセンテージが高いのも事実である。このように考えると、コロナウイルスの蔓延により、西欧人が家で飲む機会が増えて、病が増えているとする日本のメディアによる指摘があるが、病が増えているのは、外で飲めなくなったからではないように感じるのである。

日本人の「酔い」についてルイス・フロイスは同じ章で「食事中は飲まず、食事が終わってから飲み始める」(35)や「食事が終わってから、踊ったり、唄ったりする」(45)と指摘している。日本の伝統的な飲酒は饗膳の形式や神前での儀礼が基本にあったし、その後の「酔い」は神との強い結びつきや神の力を受けるような「直会(なおらい)」の伝統に基づくものであった。

現代の日本の若者は、そのような饗膳の形式や儀礼の飲酒の伝統を忘れているであろうが、「酒の肴」を摘まみながら飲む方式を選択している場合が多い。「飲みながら少し食べる。そして、かなり酔う」という日本の「直会」の伝統方式を無意識に採用しているのかもしれない。

西欧人も訪日した際に居酒屋など「酒の肴」を提供するような場所に行く機会も増え、先に述べた八〇年代とは違って、日本の「酔い」に対する理解が進んでいると思われるが、より正確に日本の飲酒文化を知って欲しいと期待もする。

このような問題意識から、二〇一六年に当時在籍していた名古屋大学において、「酔いと病」と題する国際研究集会を開催し、西欧の研究者を多数招聘し、上記のテーマで討論を行った。その内容をまとめたのが本書である。本書には、飲酒が文学作品や美術作品のなかでどう描かれてきたかを論じた論文やアルコール飲料の製造について、アルコール依存症など健康問題についてなどの論文を収録し、飲酒を複合的・学際的な視点から考察している。

本書によって、日本の伝統文化の発信や国際交流、社会史の視点からも、世界的規模で新たな研究テーマとして位置づけられることを示すことができたのではないかと自負している。執筆者の一人であり、江戸文学の中の「病」や「酒」をテーマとして研究している人文学系の畑有紀氏が二〇二〇年に着任した新潟大学「日本酒学センター」が、世界初の試みとして「日本酒学」を提唱していることからもわかるように、飲酒の研究は今後文理融合の新たな学問分野として活性化するであろう。

最後に、フランス語の発表はすべて、名古屋市立大学非常勤講師の棚橋美知子氏に通訳・翻訳をお願いした。大変お忙しい身であるのに、多くの協力をいただいたお陰で、この論文集が刊行されることとなった。この場を借りて、深謝したいと思います。また、様々な事情で、出版が遅れたことを執筆者の皆様には心から陳謝いたします。

無明の酒に酔う――〈酔い〉の表現史

小峯和明

こみね・かずあき――立教大学名誉教授、中国人民大学・高端外国専家。専門は日本中世文学、東アジアの比較説話。主な著書に『中世日本の予言書――〈未来記〉を読む』（岩波新書、二〇〇七年）、『中世法会文芸論』（笠間書院、二〇〇九年）、『〈予言文学〉の世界――過去と未来を繋ぐ言説』（編著、アジア遊学159、勉誠出版、二〇一二年）、『東アジアの仏伝文学』（編著、勉誠出版、二〇一七年）などがある。

酔いの課題を、文化史や文学史につらなる表現史からとらえるべく、種々の角度から検証した。漢訳仏典の比喩表現「無明の酒に酔う」を皮切りに、酒と酔いの社会性から日本の花見の風習や心性としての変身願望と酔いとの連関にふれ、特に酔いの事例の多い『沙石集』を中心にその様相をとらえ、さらに東アジア世界にも眼を向けて、『太平広記』や朝鮮の「仮伝文学」（酒を擬人化した戯文）などにも言及、表現史の一端をかいま見た。

一、無明の酒に酔う

九世紀の法会唱導資料で知られる『東大寺諷誦文稿』に、無明を酔いに喩え、「酔ふは無明の酒なり」「酔へる人は知る所無し。すまじき行をなし、言ふまじき語を言ふ」（三六〇行、勉誠文庫）とあり、十三世紀の仏教説話集で名高い無住の『沙石集』にもいう（以下、引用は新全集）、

> 無明の酒に酔ひ、煩悩の鬼に悩まさるる故と思ひて、早く長夜の眠りを驚かし、急ぎて生死の夢をさますべきをや。一期の栄花をのみ思ひて、今日か明日か、必ず行くべき冥途の旅の用意無き事こそ、返々も愚かなる。
> （巻八・二二）

「冥途の旅の用意」、つまり死後の世界を認識し、無常を悟るべきことを説く一節にみる文言で、現実のことに汲々として煩悩に惑わされ続けることを、「無明の酒」に酔い、「煩悩の鬼」に悩まされるとする。酒と鬼につがえたたくみな比喩

である。

「無明の酒」の喩は『沙石集』とほぼ同時代の『宝物集』五にもみえる（新古典）。

我等真如実相の珠をもちながら、無明の酒に酔ひて、衣の裏に珠をわすれて、貧しくて悲しむは、酒のゆへにあらずや。

こちらは、不飲酒戒にふれるもので、『法華経』五百弟子受記品で名高い譬喩、友が衣の裏に貴重な珠をつけてくれたのに酒に酔っていて気づかず苦労する「繫着内衣裏」にちなむ。

『沙石集』の古典大系本の注では、『妙法聖念処経』巻七が引用されるが、「煩悩の鬼」と対になる点で、より近いのが『梵網経』系の注釈である。

打罵即不嗔之衆生、亦爾。無明酒酔、煩悩鬼著、為之駆使不。（『梵網経菩薩戒本疏』大正蔵四〇巻・六三二―六三三頁）

念一念彼人心性本浄、酔無明酒、著煩悩鬼、不獲己有此所。（『梵網經古迹記』同・七〇七頁、『梵網戒本疏日珠鈔』も同じ）

『沙石集』ではこれに続いて、住居、建築にふれるくだりに、「上代の人」は樹下、石上、茅屋、巖窟に住んだのに、「中古」から人の根機が下り、寺院建立が細やかになり、「近代」には「美を尽くし、功を費し」、仏滅後の像法の末に「我法の滅すべき相」があらわれ、仏の「懸記」（予言）の通りだとする。

仏の弟子なを仏意に背く。まして在家俗士、堂塔を建立する、多くは名聞の為、若しくは家の飾りとす。或いは是によりて、利を得、或いは酒宴の座席、詩歌の会所として、無礼の事多し。或いは世間の雑具を置き、客人の寄宿に充つ。滅罪の法則少なく、生善の行儀稀れなり。

（巻八・二三）

名聞利用多く、滅罪の儀礼に従わず、生善の行儀は少ないものだという下降衰退の史観に立っている。その典型に「酒宴の座席、詩歌の会所」の無礼が挙げられる。酒宴の座と詩歌の会所が対になっているところが興味深いが、『沙石集』には酒宴の場をめぐる言述が特に目に付く（後述）。

酔いとは何か。これを表現史としてとらえ直してみたい。酔いは酒の歴史とともにあり、酒は人類の歴史とともにある。時代社会、地域、人種を問わず、酒のない世界は考えにくい。酔いとは何かを問うことは、人はなぜ酒を飲むかを問うことに等しい。つまりは、人は酔うために酒を飲むからである。最初から酔っ払うために飲む時もあれば、そのつもりはなくても気がつけば酔っ払ってしまっている場合もある。その一方で酒を全く飲まない人もいる。体質として飲めない人もいるし、飲もうとすれば飲めるけれども意識的に飲まない人もいる。体質的に飲めるか飲めないかの差違は、アルコールを分解する体内の酵素の質量の差違によるらしいが、また個々人の嗜好にもかかわり、酒に対する態度や接し方は千差万別である。飲めない人にとって何で酔っ払うまで飲むのか、二日酔いで苦しむ程どうして飲むのか、理解できないし、酒飲みからすれば、飲めない人は何が楽しみで生きているのか、とさえ思えてしまうほどであるし、酒の席にいるかいないか、飲めるか飲めないかで人間関係まで変わってしまうケースが少なくない。

それは飲酒が個人的な問題でありつつ、社会や共同体のあり方にも密接に関連し、文化そのものとなっているからである。大事な話は酒の席で決まる、とよく言われるのも、根回しなどと同様の文化気質というほかないもので、日本やアジア社会は特にそういう人間関係を左右するところまでつらなる傾向が強い。つまりは、酔うということもまたすぐれて文化、もしくは文化的行為であることが知られる。

二、花見と酔い

日本の酒と酔いの文化を象徴するのが花見であろう。以前書いたことがあるが（『日本文学のなかの〈中国〉』アジア遊学、二〇一六年）、北京に通い出して気づいたことのひとつに、花見の風習の違いがある。桜の原産はヒマラヤらしいが、花といえば桜、という美意識を形作ったのはもともと日本であった（十世紀の『古今集』に始まる）。北京の西側に玉淵潭公園という公園があり、桜の名所の代表である。毎年「桜花節」を行っていて、桜を主とする八景もあるし、多くの花見客でにぎわう。しかしながら、花見客は文字通り、桜を眺めて往きかい、花をめでるだけであり、桜の木の下で座を囲んで花見=宴会をやるなどありえないことである。前年の桜花節では、人民大学の院生達と日本文化を知る一環として、敷物を用意して適当な所で座を囲む花見を実践してみたが、昼間のことゆえ茶菓子ばかりで酒もなく、何となく奇異の目で見られているような視線を意識せざるを得ず、今ひとつ気勢があがらなかった。

そこであらためて、日本の花見は何でそうなるのか、考えざるをえなくなった。これにはやはり桜の木の下という場が重要な意味を持つだろう。樹下という空間は、天と地をつなぐ意義を持ち、地底の異界との境界でもある。坂口安吾の『桜の森の満開の下』云々はその典型である。摩耶夫人が釈迦を生むのも、ルンビニ園の無憂樹の樹下であり、古代インドの大地の豊饒なる女神ヤクシーの変相にほかならないように、生命誕生の神話の具現であった。樹下が生と死にまつわる物語誕生の磁場であるのも必然である。

樹下がそのような境界であるとすれば、花見はまさに樹下における生と死と再生の一種の儀礼に相当するとみなせるであろう。ほとんど人は無意識のうちにそのような生と死と再生を体験しているのである。これは温泉なども共通する。湯に入ることは、いうなればいったん死んで生まれ変わっているわけで、説経の『をぐり』で小栗判官が熊野の湯の峰で再生するのはその象徴といえる。

また、花見は花が咲き誇るのをめでると同時に、散っていくのを惜しむ意味もあるから、人生の哀歓にひたり、生と死を哀惜するに等しい。花見がそうした生と死への儀礼的な意味があるとすれば、酒は必定である。人は樹下でいったん死んで生まれ変わるために酒を必要とするのだ。あるいは、桜の樹に宿る聖霊や精霊、言いかえれば〈神〉を祀る意味合いもあるかもしれない。〈神〉とともに桜をめで楽しみ、一年の豊饒を祈願するとすれば、非日常の晴れの儀礼として酒は欠かせない。

『宇治拾遺物語』の桜が散るのを見て、麦がならないと悲しむ稚児の話は特に有名であるが、酒はもともと〈神〉とともに飲むものであったから、酔って歌ったり踊ったりして〈神〉を喜ばせる必要があったわけである。西洋の神バッカスと同様である。

つまり酔う行為は本来そうした神聖性をおびていたはずで、桜の樹は〈神〉が来臨し宿る依り代であった。そのような祀りや儀礼の名残りが今も花見の習俗として続いているのであろう。

三、変身願望

これらのこととかかわりつつ、さらに酔いが大事な意味を持つのは、心性としての変身願望であろう。人は日常を生きる上で様々な不如意を抱えている。何事も思い通りにいかない心の憂さを懐きながら生きなくてはならない。そうした心の隙間を埋めるのに文学も映画やドラマやテレビゲームも必要とされるわけだが、どうにもならない現実を抱えて、人は時として別の存在に成り変りたい、あるいは人生をやり直したいと考えるだろう。それが変身願望であり、酒の力を借りて酔うことはまさにその代償行為である。変身と言って言い過ぎであるとすれば、一時的な韜晦や逃避、日常から非日常への飛翔、離脱である。

現に適量の酒は体によいとされ、百薬の長といわれる。「ほろ酔い」という表現の持つニュアンスは絶妙である。漢語でいえば、「陶然」であろう。名高い『酒呑童子』で、源頼光らが持ってきた「神変鬼毒酒」を飲んだ酒呑童子が酔っ払って、自分の過去を問わず語りに語り出す(渋川版など)のも、まさに酒の効用にほかならない。酒呑童子もまた言うに言われぬ憂さを抱えて生きていた、というわけである。「神変鬼毒酒」については以前、『季刊文学増刊　日本文化と酒』(岩波書店、一九九七年)でふれたので、くり返さない。

酒を飲まされて酔っ払ったすきに退治されてしまう例は、有名なスサノヲに殺されるヤマタノオロチも同様である。オロチの場合は、『古事記』『日本書紀』などの古代神話では外部から距離をおいて描かれるだけであるが、『平家物語』「剣の巻」のごとき中世神話になると、スサノヲに殺され、宝剣を奪われた怨念をみずから語らずにはいられない存在、つまり怨霊となっている。酔っ払って退治されたオロチの心情を推し量り、最後は安徳天皇に乗り移って壇ノ浦で剣を取り戻し、龍宮に納めたと語る。失われた宝剣の物語をオロチの怨霊によって解釈したもので、酒の酔いに端緒があった。オロチの語るのも繰り言に近く、怨霊史観にもとづくが、そのあり方は、『酒呑童子』の場合とよく似ている。

ついでにいえば、『宝物集』五の不飲酒戒にも、ヤマタノオロチの話題が引かれるが、殺されたオロチが焼かれて、八色の煙が昇ったので、「八雲たつ」の歌が生まれたという、いかにも中世神話らしい語源説がみられる。

四、不飲酒戒と殿上の淵酔――酔狂と酔興

右の不飲酒戒のごとく、飲酒はしばしば宗教でタブーとされる。日常性を保持し、信仰に生きるためには当然のことであろう。戒律の次元である。しかし、ある面、戒律は破られる、というより破られる先例があってはじめて意義をもつ。その先例こそ説話にほかならない。タブーを破ることが説話を生み出し、タブーを守るべき禁忌の教えやさとしに供される。説話の機能や作用の意義がそこにある。

たとえば、釈迦が酒に酔った婆羅門を、酔って寝ているすきに頭を剃り法衣を着せて出家させてしまう話。『今昔物語集』巻一「依酔不意出家語第二八」にみえ、『大智度論』巻一三・二三、『法苑珠林』巻二二、『三国伝記』巻五・一三、金沢文庫本『仏教説話集』等々でも知られる。飲酒の戒もこの婆羅門にとっては破戒が逆に仏縁として作用したといえる。

「仏、酒ヲ誡シメ給ト云ヘドモ、此ノ婆羅門ノ為ニハ、酔テ此ク出家セルニ依テ酒ヲ免シ給ケリ」という。まさに反面教師である。釈迦の試みはむしろ酔狂であったといわなければならない。

一方、日本古代の宮廷の年中行事に豊明の節会における五節の舞があった。その折り、殿上の淵酔という無礼講のような宴会があり、まさに不飲酒戒の対極のようで、五節所に押しかけて、酔っ払った勢いで人をからかったり、揶揄したり、この日ばかりは自由にさまざまな戯れを演じていたらしい。そのような儀礼を知らずに煮え湯を飲まされた受領の話が『今昔物語集』巻二八第四話にある。

尾張の国守として国のために誠心誠意努力して国を豊かにした功績で、この五節の舞の負担が割り当てられる。尾張は絹、糸、綿などが豊富であり、国守も心得ていたから、いかにも華美に装束の色合いや簾や几帳も素晴らしく整える。それがどういうわけか、この国守は宮中での経験がなかったため、殿上人や女官が傍を通る度に大慌てで屏風の蔭に逃げ隠れし、失態をくり返していたので、若い公達らがからかってやろうと、酔っ払って集団で歌い踊りながら、国守ら家族や郎等のいるところにやって来て、さんざんなぶり者にする。恐怖におののいた国守達は、憤懣やる方なく、怒りをぶちまける、という話。

『今昔物語集』では滑稽、笑話を集めた巻の最初の方に入っていて、公の衆目の集まる場で失態を演じて周囲の笑いを買う型の話として位置づけられている。まさにベルグソン『笑い』の言う社会的制裁に等しい攻撃的な笑いの典型といえるが、国守のいかにも硬直した言動がおのずと失笑を買わずにいられない姿として活写されている。

淵酔はまさに硬直した宮廷社会を一時的にときほぐす宴であり、酔狂そのものであるが、殿上人ともっぱら在地の役人一筋だった、いわゆるノンキャリ国守との落差が際立っている。その懸隔がそのまま笑いの渦となっている。笑いを巻き起こす潤滑剤が酔いにほかならない。

殿上の淵酔は、まさに年中行事のガス抜きの儀礼としてあったことをよく示している。

五、『沙石集』の酒と酔い

右の殿上の淵酔のごとく、酒と酔いでいえば欠かせないのが宴会文化であろう。これは今日もそうであるように、時代社会を問わず、どこでも盛んであった。人が共同体を生きる一種の知恵で、共同体の紐帯や結束を強め、人間関係を円滑にするための方策である。日本では公家と武家と寺社家の権力の相剋、拮抗が活発化する室町文化に特に際立っているとされるが、平安時代の大臣大饗や先の殿上の淵酔のごとく、程度の差はあっても、いつの時代でもあったであろう。饗応文化であり、文化人類学や民俗学の恰好のテーマになっている。

最初に引用した鎌倉期の『沙石集』などに酒と酔いをめぐる例が特に際立つ。おおよそは、第一は中国故事や仏典故事にもとづくもの。第二に、当時の酒宴、寄り合いの場にちなむ話題の二類に区分できようか。まず前者の諸例をあげておこう。

①　時の后を愛するあまり、彼の心を悦しめむとて、酒の泉を湛へ、糟を山の如くにし、肉林をなし、人をして飲み酔はしめ、悩まし殺し、銅の柱を焼て人を責め登せ、焼きころすを、后の咲ひ愛するを、心よき事として、人の悲み嘆きつもりて、天の責めをかぶり、俄に后と伴に亡びうせ給にけり。（略）

智と云は、照了の心あて、是非好悪を弁へ、愚なる事をすてて、賢き道をしたふ心なり。不飲酒戒にあたる。酒は人の心を狂ぜしめ、愚痴の因縁なる故に。（略）

又色の欲を愛して精をつくし、酒肉を恣にして、臓腑をくたし、家を美麗につくり、民の悩みを不思ば、身を損じ、命を失ひ、久く保つ事なしと云へり。然に末代に人の振舞、昔にかわり、富貴の家は、心を恣にして、酒色を貪し、屋舎を過奢に作り、人民の苦を不知。精をつくすは養生にそむき、器量よはく、病患をこる。禄重く家豊なれば、身危く命縮る。（巻三・七）

②　花色比丘尼たわぶれに袈裟をかけたりし因縁に、ついに羅漢の果をえ、酔る婆羅門が酔の中に頭を剃し、ついに如法に出家の身となりき。（巻六・一八）

③　さて酒を呑み、肉をくひて楽み遊びけるを、寒山拾得、傍にして此を見て、けしからぬほどに咲ひければ、主も客人も興さめてぞ覚ける。（巻九・一〇）

①は有名な酒池肉林の成語の由来の話題に始まり、究極は身を保つべき養生論になる。無住の養生論や医療論はよく知られている通り、仏教医学が本来備えていた学と知である。②は先に『今昔物語集』の例でふれた、酔いによって出家させられた婆羅門の話も引かれる。③はこれも有名な寒山拾得の話題である。

一方、第二の当座の話題では、北条泰時の礼賛譚がある。鎮西から相続争いで鎌倉に来て敗訴する嫡子を気の毒に思った泰時が空きの出た荘園の領主とさせた話（巻三・二）。また、優れた女人を娶らせるが、「酒盛りの座」の「雑談」で、その妻が荷物を頭に載せていたため、その部分が禿げていた話になり、皆が笑っていたのを泰時だけが涙を流し、ますますこの夫婦を重んじたという。泰時は「まめやかの賢人」「万人の父母」と賞賛される。「酒盛りの雑談」から物語そのものが展開されていく典型であろう。

とりわけ注目されるのが、愛酒家の能説房が、酒に水を入れて薄めて売っている尼公を懲らしめようと、経典の釈はほどほどに、酒に水を入れる罪障の譬喩を挙げ、そら言まで混ぜて説教する話。この尼は当時の「酤酒家の徳人」、酒屋の富裕層であって、尼公であるのも着目されるが、お布施をもらってはすぐに飲んでしまう酒飲みの能説坊なる説経師が、この尼からしょっちゅう酒を買っていて、尼の仏事に導師として呼ばれる。すると、周囲の者から、「あの尼は酒に水を入れて売ってるから、説法の際にそれが罪深いことを強調して懲らしめてくれ」と頼まれる。そこで、能説坊はさまざまな譬喩を交えて言葉巧みに酒に水を入れる罪を説く。一方、尼はいかにも改心したふうを装って、周囲の者を集めて大きな桶になみなみと酒を入れて、皆にふるまう。はたして、「いつもは水くさい酒なのにこれは酒くさい水だ」と能説坊が言うや、「酒に水を入れるのが罪なので、大きな桶に水を入れて酒を一ひさげだけ入れたのだ」と尼が切り返す。酒に水を入れるのではなく、水に酒を入れて飲ませた、というわけで、結局、尼の方が一枚上手だった、という落ちが付く。人をだまし、だしぬき、煙に巻く、中世に多い〈狂惑〉の行為ともみなせよう

この尼公は、「興懐」(座興)でやったのか、仕返しとしてやったのか、と無住は結んでいる。いかにも当時の俗的な説教の現場を彷彿とさせる話題である。後段で、無住は、

> 大方はたとひ事なりとも、道理にも背かず、仏法にもあはば、譬喩を造り出しても、法義を顕す事なれば、咎あるまじき事也。

云々とたとえ話の譬喩であっても、仏法の教義にかなっていれば問題ないのだ、と言っていることに該当しよう。

酒に水といえば、興福寺の智運房は「ひたさはぎの智運房」と言われるほどの慌て者で、火災の時に傍の法師の顔に火の光が映っているのを見て、顔に消火の水をかけたりするほどだった。ある時、「若き物共、寄合て酒宴しけるに」、空の瓶子に酒をつがせるために酒屋に行かせるが、返って来て、その瓶子の酒を提子に移し入れて見ると、浮草が浮いている。不思議に思って呑んでみると、やはり水だった。訳を尋ねると、朧月の雨夜で猿沢の池の辺で滑って瓶子の酒を池にこぼしたのを、すぐにすくって汲んできたのだ、という話

（巻八・二）もある。寺院における寄り合いの酒宴が日常化し、近辺に酒屋があったことをよく示しており、そこでの話題が様々に語り広められていたことを彷彿とさせる。

無住はこのような酒好きな僧達の話題を通して、人の煩悩や執心の深さを見すえていたのであろう。ある酒好きの下手法師がお金がないため、一衣の片袖を脱いでまで酒を買って呑んでいたことにふれ（その前後に囲碁好きの入道、餅好きの薬師入道や粥も食わずにひたすら惰眠をむさぼる南都の僧の話もあり）、これ程までに三宝を供養し、父母にも孝養し、人に施し、惜しむ心がなければ、仏の感応は必ずあるだろう。物がないと言って善事を行わないのは、物がないのではなく、ただ志がないのだ、と看破する。

> 或いは詩歌管弦に数寄、或いは博奕田猟を好み、色欲に耽り、酒宴を愛する人、之に依て財宝の費、身命のほろび、病の起り、咎の来らむ事を忘る。（略）此の故に仏、万機を不漏ず、方便を施して、八万四千の法門を説き玉へり。彼の酒を愛し、碁を好む如く、仏法を愛楽し、修行せば、道を悟ん事、安かるべし。（巻四・一）

酒を愛するように仏法を愛し、修行すれば悟りに至れるのに、という。それがいかに難しいかの逆証となっている。

酔っ払った童の乱行を、愚者の狂いとして咎めなかった清水寺の観勝寺上人の話などもそうした場を媒介にするのだろう。

> 清水観勝寺大円房上人　或時、清水寺法師なにがしの阿闍梨とかや云けるが童、酒に酔て下の坊の犬を打けり。僧共制しければ、あやにくに殊に打つ程に、僧坊の蔀遣戸まで散々と打破る。

云々というもので、『徒然草』の下部に酒飲ませるのは要注意だという話にも共通するかのようだ。『徒然草』も『沙石集』と時代が近く、酔いをめぐる話題が少なくない。酒をめぐる功罪双方を均等に見すえている。

> 八七段「下部に酒飲ますることは心すべきこと也」
> 一五七段「盃を取れば酒を思ひ」
> 一七五段「世には心えぬ事多き也。何事にも酒を勧めて、強ゐ飲ませたるを興ずること、いかなる故とも心えず。」

等々、興味深い話が多いが、よく知られているし、ここでは割愛せざるをえない。

六、泥酔した酒甕――東アジアから

以下、最後に東アジアに目を転じておこう。まずは宋代の『太平広記』巻三七〇・精怪三「姜修」が注目される。

> 姜修者、并州酒家也。性不拘検、嗜酒。少有醒時、常喜

与人対飲。并州人皆懼其淫於酒。或揖命。多避之。故修罕有交友。忽有一客、皁衣烏帽、身才三尺、腰潤数囲。造修求酒。修飲之甚喜。乃与促席酌。客笑而言曰、「我平生好酒。然毎恨腹内酒不常満。若腹満。則既安且楽。若其不満、我則甚無謂矣。君能容我久託跡乎。我嘗慕君高義。幸吾人有以待之」。（略）修聞此語、復命酒飲之。俄至五石。客方酣酔、狂歌狂舞。自歎曰、「楽哉楽哉」。遂仆于地。修認極酔。令家僮扶於室内。至室客忽躍起、驚走而出。家人遂因逐之。見客悞抵一石。豁然有声。尋不見。至暁覩之。乃一多年酒甕。已破矣。出瀟湘録　（中華書局版）

并州の酒屋で大酒飲みの姜修のもとに身の丈三尺ほどの客が現れ、「いつも酒で腹が満たされないので、何とか望みを叶えて欲しい」と訴える。そこで二人は酒盛りとなり、客人は大喜びで五石も飲んで完全に酔っ払ってしまい、狂歌乱舞し、ついに倒れ伏す。部屋に連れて行くと、いきなり大慌てで飛び出したので、後を追うと、一つの石に当たり、大声をあげた後、行方が分からなくなり、翌朝見ると、古い酒甕が割れていた、という。

五石分も酒を呑み、一石に当たって割れるという言葉遊びがあるのであろう。つまり酒飲みの客とは酒甕の変身した姿であり、分不相応の五石も飲んだので、割れてしまったのだ、という話である。器物が擬人化された例の代表ともいえる。

『宝物集』五の不飲酒戒の条に、

下若村のつたへたる所、誰かつつしめるは侍る。鄭康は三百盃をのみ、玄石は一石をくらふ。

という一文があり、『和漢朗詠集』下・酒に「傾くれば甚だ美なり」（朝綱）という美酒で知られる下若村にふれ、酒の誘惑は抑えられないとし、鄭康と玄石の故事を挙げる。前者は新大系の注によれば、「鄭泉」の誤りで、死後は陶器を作る家の側に葬ってほしい、百年後に土となって酒壺になれると遺言したという（『尚友録』、『本朝文粋』八、『新撰朗詠集』上）。

後者は、伝説的な酒飲みで、千日醒めないという酒を飲んで、死んだと思って葬られるが、三年後に棺を開けたらちょうど酔いから醒めたという（『蒙求』「玄石沈湎」）。

さしずめ『太平広記』にみる泥酔して割れてしまった酒甕は、酒壺への再生を予言した鄭泉のような存在であったのであろう。

七、朝鮮の「仮伝文学」——酒の擬人化

さらに朝鮮半島の古典を見ると、たとえば高麗時代、十二

世紀後半の林椿「麴醇伝」（『西河集』所収）、十二世紀後半から十三世紀前半の李奎報「麴醇先生伝」（『東国李相国集』『東文選』所収）、朝鮮王朝時代、十六世紀前半の崔演「麴秀才伝」（『艮斎集』所収）等々、酒を擬人化ないし人間に見立てて、酒の一家の盛衰を描く戯文の伝記がみられる（金昌龍編『仮伝文学』二〇〇〇年）。これらの戯文の伝は、韓国では「仮伝文学」と呼ばれる。日本でも『本朝文粋』の「鉄槌伝」などが知られ、東アジアの漢字漢文文化圏共有のジャンルとなっている。

林椿「麴醇伝」は、麴醇の祖先が麴氏を賜った由来から始まり、五代祖先が成王を助けて太平治国をなしたが、康王は麴氏一家を冷遇、そのため麴醇の父の代まで一家は民間に隠れ、世に現れなかった。魏朝に麴醇の父である酎の名前が人々に知られるようになり、『太平広記』に登場する酒飲みで著名な徐邈と親しくなるが、徐邈と酎との関係を妬む者たちが王に告げ口する。徐邈は王の前で酎を聖人と讃える。酎の子の麴醇も人々に愛され、清州従事の官職を賜るが下級職であったため、酒を主とする外交の席に就こうと誓う。占い師が麴醇は将来、本人にふさわしい高官に就くと占い、陳朝最後の王が酒に溺れて賢臣と奸臣を見極めることができず、終に滅んでしまった話を引き合いにだす。人間が酒を愛して堕落していくことをテーマにし、賢臣を妬む奸臣による治政、酒と遊楽の世界に堕ちた君主とそれに従う奸臣を諷刺した作である。

次の李奎報「麴先生伝」は、周王朝の酒泉出身の麴聖は幼い時に徐邈から麴聖の名と中之（酔いつぶれ）の字とを得る。王は聡明な麴聖を寵愛するが、麴聖は友人達の弾劾事件に巻き込まれて官職剥奪、庶民の身分にされ、数年後に再度、官職に就き盗賊を撃退、功臣となるが官職を退き、故郷に帰って隠居、後に病死する。武臣の反乱、蒙古侵入などに苦しんだ高麗末期の世を諷刺した作とされる。

ついで、崔演「麴秀才伝」は秀才、名は美禄、字は旨卿、孟徳とも、酒泉郡の人。祖先は遠く夏にまで遡る。父酶は穀熟縣の米氏を娶り、秀才が誕生。性格は「酒星之精、風味醞籍、気度醇懿、不剛不柔、表裏洞透、清粋之気」云々と激賞される。活躍して酒泉侯に封じられるも周囲からそねまれ、退隠するが、多くの人に惜しまれ、風流に興じ、唐斗酒学士王績と交流し、酔郷に遊ぶ。卒して醇徳公の諡号を与えられる。四人の子がいて、それぞれ歓伯将軍、青州従事、醴泉守、城令の職につき、麴氏は隆盛を迎えるが、愁城の太守が千余人を擁して民を害したため、伯将軍が挙兵、弟達に檄を飛ばして数十万人の軍勢で愁城を攻略、太守を降伏させ、以後、民は災いなく、後に子孫は中国にも及んだ、という。

日本中世に多い異類合戦物にも匹敵する内容になっていて、注目されよう。

あるいは、朝鮮初期の楽書『楽学軌範』に載る「三士横入黄泉記」には、三人が酔っ払って寝ている間に、閻魔の使いに間違えて冥途に連れて行かれ、閻魔に訴えて元に戻る話などもみえる。より東アジアの漢字漢文文化圏からの考察がもとめられよう。

酒と酔いをめぐる話題は、文字通りめくるめくごとく尽きないものがある。文化史・文学史総体につらなる表現史の記述が必要であり、ここではその一端にふれてみた。

付記　資料に関して、金英順、高陽両氏の教示を得た。

髑髏盃をめぐって――織田信長を端緒に

目黒将史

めぐろ・まさし――立教大学兼任講師、和洋女子大学非常勤講師。専門は日本中世、近世文学、軍記文学。主な著書・論文に『シリーズ　日本文学の展望を拓く　第五巻　資料学の現在』（編著、笠間書院、二〇一七年）、『奈良絵本　釈迦の本地　原色影印・翻刻・注解』（共編、勉誠出版、二〇一八年）、『薩琉軍記論　架空の琉球侵略物語はなぜ必要とされたのか』（文学通信、二〇一九年）、「島津義弘――島津退き口の歴史叙述をめぐって」（『アジア遊学』二一二号、勉誠出版、二〇一七年八月）などがある。

織田信長の残虐性を象徴する物語として思い出されるのは、朝倉義景、浅井久政、長政親子の髑髏で酒を飲むという髑髏盃説話だが、なかなかこの説話の大元にあたることができない。そこで信長を出発点に、通時代史的に日本の髑髏盃説話を見てみると、中世には根付かず、近世以降近代になって様々に描かれるようになってくるものの、髑髏を盃にする行為は本質的に忌避されている様相が見えてくる。日本における髑髏信仰を考える意味でも髑髏盃説話を捉え直すことは重要である。

はじめに

戦いをめぐる酒の物語に思いを廻らすと、酒はときに戦いの道具として戦略として用いられることが喚起される。『酒呑童子』の神変鬼毒酒や『古事記』や『平家物語』の剣の巻に描かれる素戔嗚の八岐大蛇退治にも酒が用いられているのがそれである（**図1**）。

また、祈願や祝勝などの酒宴も見逃せない。酒は、人が何かしらのもの（神、人などなど）と交信するための媒介として機能する。酒を通しての付き合いは、人間の営みに欠かせないものであり、歴史そのものであると言えよう。軍記などの歴史叙述においても、酒宴の場面が多数描かれ、人々の交流の様子を物語るとともにさまざまな説話を生み出している。これは人の本質に近いものなのかもしれない。何かしらの区切りに打ち上げを行うのは現代でもよく見られる光景である。

図1　『平家物語剣之巻』（国立国会図書館蔵）

織田信長も酒宴の逸話に事欠かない。『牛一信長記』を読んでいると、晩年は家康との酒盛りの記述で溢れている。まるで信長から家康へ権力の禅定の物語が描かれているようである。(1)このほかにも〈信長記〉では物語の転機に酒宴を行う傾向が強い。桶狭間の戦いにおいて、『牛一信長記』では桶狭間の戦いの前に酒宴を行う場面が描かれるが、『甫庵信長記』ではさらに物語が増幅され、酒宴の意味合いが強く描き出されている。つまり、信長の物語を語るときに酒の物語はかかせない要素なのである。そこで本稿では、とくに信長にまつわる髑髏盃（どくろさかずき）について注目したい。信長の髑髏盃説話を確認していくとともに、日本における髑髏盃説話を追っていく。

一、信長の髑髏盃

織田信長の残虐性を象徴する物語として、すぐに思い出されるのは、朝倉義景、浅井久政、長政親子の髑髏で酒を飲むというものではなかろうか。ここでは髑髏を器にする行為を「髑髏盃」と呼ぶことにする。この髑髏盃は、現代において信長の残虐性を物語る上で見逃せないものであると思われる。しかし、いざ信長の髑髏盃を確認しようとすると、なかなかこの説話にあたることができない。『牛一信長記』巻七、「義

景・浅井下野・浅井備前三人首御肴の事」を見てみると、(2)

天正二年〈甲戌〉正月朔日、京都隣国面々等、在岐阜候て御出仕あり。各三献にて召出しの御酒あり。他国衆退出の已後、御馬廻ばかりにて、

一、古今承り及ばざる珍奇の御肴出で候て、又御酒あり。去年北国にて討とらせられ候、

一、朝倉左京大夫義景首

一、浅井下野　首

一、浅井備前　首

已上、三ツ、薄濃にして、公卿に居ゑ置き、御肴に出され候て御酒宴。各御謡、御遊興、千々万々目出度御存分に任せられ御悦びなり。

とあり、実際に信長は髑髏を盃にはしていない。薄濃（はくだみ）は金銀箔、金銀泥などで彩色することであり、公卿は供饗（くぎょう）のことで、(3)高貴な身分の者の用いる食膳をさす。つまり、髑髏を漆で固めてのち、金泥箔で彩色したものを、食膳の台に置き、それを酒の肴にして酒宴を行ったわけである。引用テキストの脚注に、「信長が残虐だとの論証の一つになる事実。しかし馬廻だけの内宴であるから意味がちがうと思う」と指摘される通り、信長は「他国衆」が退席した後に、信長の周りに仕える武者たちのみで酒宴を行っている。総じて、『牛一信長記』では、従来認識されるまでの残虐性は感じられない。(4)

では、『甫庵信長記』ではどうだろうか。巻七「元日酒宴の事」をみてみると、(5)

去る程に天正元年十二月下旬の比より、遠近となく大名小名、一人も残らず参り集まり、在岐阜せられしかば、正月元日に出仕の粧ひを刷（かいつくろ）ひ、儀式厳重なり。信長公も打ち祝ひ、酒出し玉ひて、已に三献に及びける時、「珍しき肴あり、今一献あるべき」とて、黒漆の箱出で来る。何ならんと怪しみ見る処に、柴田修理亮勝家が呑みける時、自ら蓋を開けさせ玉ふに、箔にて濃いたる頸三あり。各札を付けられたり。朝倉左京大夫義景、浅井下野守、子息備前守長政、彼等三人が首なりけり。満座の人々此を見て、「此の御肴にては、下戸も上古も押なべて只給べよ」と伝ふ儘に、各歌ひ舞ひ、酒宴暫しは止まざりけり。信長公宣ひけるは、「何れも数年苦労を致し、勲功重畳するに仍て、加様の肴を以て酒宴に及ぶ事、誠に大慶之に過ぎず」とて、刀、脇差ども数多取出され下し玉はりけり。

とある。元日に岐阜の信長のもとに集まる様子は『牛一信長記』と同じだが、『牛一信長記』で京都隣国の人々の集まりであったのが、『甫庵信長記』では、ここかしこの大名た

ちが一人残らず出仕したとされている。また、『牛一信長記』では、信長の周りに仕える武者たちのみで酒宴において、髑髏が披露されたのに対して、『甫庵信長記』では、信長が酒宴の最後に、珍しい肴があると、皆を呼び止めて、髑髏を披露している。すると、酒宴に参加する者たちから、「下戸も上古も押なべて只給べよ」と声が上がる。これは、酒の飲めない者も飲める者も、皆一様にただ酒を酌み交わし、酒宴に興じろという意味であろう。そうして信長から、このような酒宴を催すことができるのは、この上なくめでたいことであることが述べられ、臣下たちに刀や脇差しなどが与えられているという、『牛一信長記』には描かれなかった物語が組み込まれている。ただし、ここでも髑髏盃にしたわけではなく、あくまで酒の肴として披露したという状況である。

浅井側から描かれた物語を確認してみると、『浅井三代軍記』（巻十五「浅井長政最後之事」）には次のようにある。(6)

> 信長卿、御ニクミヤ深カリケン。コノ長政ノ首ト義景ノ首トヲ肉ヲサラシ取、朱ヌリニ被レ成、安土ニテ其翌年ヨリ正月ノ御礼ニ参上セラルル大名衆ヘ、御盃ノ上ニ御肴ニゾ出ニケル。

ここでは、信長が長政らを憎み、首を髑髏となし、漆塗りになしたことが語られ、「御盃ノ上ニ御肴ニゾ出ニケル」とする。ここの解釈は、先の『甫庵信長記』と同様に、酒の肴として、皆の前で披露したと捉えるのが妥当だろう。

こうして見てくると、信長が髑髏盃を行ったという古例は、ほとんど見あたらないことがわかる。では信長の髑髏盃の最も古い例は何のなのだろうか。管見の限り、京都室町の豪商の万家の次男として生まれた旅行家、俳人である百井塘雨（生年不明～寛政六年・一七九四）の紀行『笈埃随筆』に確認できる。『笈埃随筆』は、塘雨が日本を巡遊した記録をまとめたものである。『笈埃随筆』巻十二「雑話八十ヶ条」（二十二）に、次のようにある。(7)

> 因に云、史記に趙襄子智伯が首を飲器とすといひ、元呉元甫句に、髑髏盛レ酒飲二清風一と云々。我朝にては、織田信長公、浅井父子、浅倉義景を打亡し、其生首を盃にせしと云。此三人我等に大きに苦労をかけしも、今はおもふままなりとて、柴田勝家をはじめ、一座の大名に酒を賜ふ時、明智光秀のみ一人下戸なりしや。辞して飲ざるを、強て一盃を飲しめたりと云々。

ここでは信長が三人の首を盃にしたことが、はっきりと明示されている。柴田勝家が登場することから、もとは『甫庵信長記』によるものだったか思われるが、ここでは酒の飲めない光秀に無理強いして飲ませるという逸話を組み込んでおり、本能寺の変の動機にもつながるような話しになっている。ちなみに、「元呉元甫句」は後述の『太平記』で確認できる。

言ってしまえば、信長の髑髏盃は近世中、後期になって、始めて語られるようになる新しい信長像を描いた物語である。ただし、信長を描いた近世や明治期などの多くの作品では、『甫庵信長記』に拠ると思われる叙述が採用されており、一貫して髑髏は酒の肴として描かれている。つまり、信長の髑髏盃説話は近代以降、現代に近づくに順って読み替えられたものなのだ。澁澤龍彦の『髑髏盃』では、(8)

蘭亭はくさぐさの書物を栄女に読ませては瑞鹿山の松風の軒近く聞える草堂の夜を気ままにすごしていた。そのくさぐさの書物の中に、寛文のころ板行されたとおぼしい小瀬甫庵の『信長記』があった。

『信長記』の巻七に「元日酒宴の事」という一節がある。酒盃を手にしながら、栄女が読むのを蘭亭はじっと聞いている。

「(略、『甫庵信長記』の引用)」

文中の「箔にて濃たる首」とは、漆を塗り金泥をかけた髑髏盃のことである。天正二年正月元日、信長は北国の戦いで討ちとった浅倉、浅井父子の首三つを漆で塗り固めた髑髏盃にして、諸将とともに宴席でこれを用いて喜んだという。いまでは有名なはなしだが、蘭亭の生きていた宝暦のころ、かならずしもそれは有名なはなしではなかった。このはなしに蘭亭がふかくこころをうごかされたとしても、それはそれとしてふしぎはなかったはずである。なにしろ蘭亭は野心勃々たる酒盃のコレクターであり、世にめずらしき種類のさかづきならば、いかなる対価をはらってもこれを手に入れたいと執念を燃やすていの男だったからだ。

「髑髏盃か。うむ、これこそ酒盃の中の酒盃だな。これまで不明にして気がつかなかったが、そうと気がついた以上、どうしても手に入れてやるぞ。」

蘭亭は江戸中期の盲目の漢詩人、高野蘭亭(たかのらんてい)(宝永元年・一七〇四～宝暦七年・一七五四)のことである。(9) 高野蘭亭には別の髑髏盃の逸話があり、これについては後述する。蘭亭は女弟子の栄女にさまざまな書物を読ませていたが、その中に『甫庵信長記』があったという。蘭亭は、『甫庵信長記』の語りを聞いて、この世に髑髏盃があることを知ったとするが、ここまで見てきたようにこれは『甫庵信長記』を作為的に読み替えたものである。また、「いまでは有名なはなし」と、信長が髑髏盃をおこなったことは一般的な理解として語られているように、信長の残虐的なイメージが髑髏盃説話この読み替えを育んでいったものと考えられる。このように、信長の髑髏盃の多くは近代以降に培われてきた物語なのである。

二、中世における髑髏盃

では、日本において髑髏盃は、どのようにとらえられてきたのだろうか。結論から言ってしまうと、髑髏盃の古例は多くなく、近世以降、近代に至ってからの用例が多く見られる。

図2　醍醐寺本『過去現在因果経』（坪井みどり『絵因果経の研究』山川出版社、二〇〇四年より転載）

なかでも最も古い例は、『過去現在因果経』に由来する『今昔物語集』巻一「天魔、擬妨菩薩成道語第六」である。(10)釈迦が菩提樹（畢波羅樹）の下で成道（修行の末、完全な悟りを開いて仏となること）しようとすると、天魔たちがさまざまに釈迦の成道を邪魔しようとする。そのなかで、弥伽、迦利という魔の姉妹が髑髏盃を持って顕れる。

又魔ノ姉妹有リ。一ヲバ弥伽ト云フ、二ヲバ迦利ト云フ。各手ニ髑髏ノ器ヲ取テ、菩薩ノ御前ニ来テ異ナル形共ヲ現ズ。諸ノ魔ハ醜キ形共ヲ現ジテ、菩薩ヲ怖シ奉ラムトス。然レドモ菩薩ノ一毛ヲモ動シ奉ル事無シ。

さまざまな魔とともに、髑髏盃を持って顕れた弥伽、迦利だが、釈迦はまったく意に介さず、毛一本動かすことはない。この弥伽、迦利という魔の姉妹が髑髏盃を持って顕れるというくだりは、『過去現在因果経』に描かれるが（図2）、降魔成道の場面において、描かれることは多くない。仏伝としては珍しい形と言える。日本の仏伝においても髑髏盃は採用されていかない。

『今昔物語集』以降、次に用例が確認できるのは『太平記』である。巻三十九「神功皇后新羅を攻めらるる事」に引用される漢詩に髑髏盃が見える。(11)

その徳天に叶ひ、その化遠きに及びし上古の代だにも、異国を順へられし事は、天神地祇の御力を仮りてこそ、たやすく征罰せられしに、ただ今末世の賊徒等、元朝、高麗を奪ひ犯し、牒使を立てさせ、その捷を送らしむる事、前代未聞の不思議なり。かくてはなかなか、わが国を却つて異国に奪はるる事もやありぬらんと、怪しき程の事どもなり。

されば、福州の呉元輔王乙がわが朝へ贈りける詩も、この意を暢べたり。

日本の狂（奴）浙東を乱る
将軍変を聴いて気虹の如し
沙頭に陣を列ぬれば烽煙暗く
夜半に兵を鏖しにすれば海水紅なり
篳箻に歌を按じて落月を吹き
髑髏に酒を盛つて清風を飲む
何れの時か南山の竹を切り尽くして
細に当年殺賊の功を写さん

この詩の言に付いて思ふに、日本一州に近年竹の皆枯れ失するも、もしかやうの前表にてやあらんと、おぼつかなき行末なり。

この漢詩は、元朝皇帝の勅命を受けて、高麗人が来朝し、賊船（倭寇）の取り締まりを求めるくだりで、蒙古襲来や神功皇后説話が語られ、その一節に引用される。作者の「王乙」は諸本によって異なる、伝未詳の人物である。神功皇后の三韓侵攻なども天神地祇の力を借りたものであり、まして国難の時代である現代では異国に侵略されてしまうのではという恐怖を物語る予言的な漢詩となっているのである。[12] この漢詩は元代の漢詩集『金台集』（酒賢撰）巻一が出典であると、森田貴之により指摘されている。[13] また、森田は五山を経由した享受であるとする。

ここまで『今昔物語集』、『太平記』の例を見てきたが、いずれも日本の事例ではない。しかも、これ以降近世中期になるまで髑髏盃は見られなくなる。大陸に由来する髑髏盃の物語が日本に流入されているにも関わらず、日本では髑髏盃説話は定着していかない。

元暁伝にも同様の事象が確認できる。元暁が義湘とともに唐に赴く時、夜喉が渇き水を飲む。翌朝これを見ると髑髏に入った水であり吐き気をもよおしたことが、慧洪撰の『林間録』巻上に記されるが、『華厳縁起』、『宋高僧伝』などには見えないことが、金任仲により指摘されている。[14] やはり日本では髑髏を食器に用いる言説は根づかないようだ。

三、近世における髑髏盃

近世になると髑髏盃の用例はすこしずつ垣間見られるようになる。まずは、先に澁澤龍彦の『髑髏盃』で確認した、高野蘭亭をめぐる髑髏盃説話を見ていきたい。『玉山遺稿』巻一に「高子式山人、達士也。置髑髏杯、時時把玩。一死生、遺形骸、超然自適焉。少年輩、争飲為豪挙、予、独蹙頞、不能飲。衆、笑予未達。因作髑髏杯行。自嘲、兼為髑髏、解嘲」という一文がある[15]。題目が話しの要約になっているが、前世で酒飲みだった髑髏が蘭亭の手により髑髏盃になったことを喜び、死後も髑髏盃として使役されることの嘲りを否定する話しである。少し長くなるが、髑髏が物語る興味深い説話であり、あまり周知されていない話しであるので、全文引用してみたい。

既非月支頭、亦無知伯仇、山人好奇、奇至骨。盛美酒以髑髏。少年、争飲誇豪挙。皆道山人、達士流。座中一客、字子羽、蹙頞不飲、心独憂。試問、「髑髏、汝何辜驚駭甘夢、不得休」。又問、「汝何物。奴耶、隷耶。将王侯樽前揺頭供嬉笑。若非侏儒、必俳優」。髑髏答言、「在世時、只記、沈湎飲酒池。又記、朝戴漉酒巾、夕着白接䍦。有時、興来、称草聖。脱帽何妨、鬢如糸。一自蓬累帰山阿、貴賤貧富不復知。我肉既飫鳥鳶腹、我顱偶爾、匹鴟夷。我形不須、司命復。我魂不要、宋玉辞、糟丘煙霞、喚我起。知己誰如山人奇。山人日日摩我頂。髐然、何利天下為。出離蓬蒿、厠綺席。子羽、莫譲嘲支離。我聞、古酒人一棺徒戢身。縦葬陶家土、何異湘水浜。涓滴不到。劉伶塚南州雞絮、豈沾唇。淵明臨終、不得足。畢卓了生、不復晨。古来酒人、孰如我。宿習綿綿酔天真不管。功名朽不朽不論、形神親不親、未作阿梨七分破。常染、酴醾萬斛春。君不見、無功日月。終酔郷。酈生意気、尽高陽。中山、千日偏苦短。百年三萬亦非長。嵆阮化為褐之父。黄公壚下暗悲傷。笑殺人間北海守、何如。地下南面王自誇。唯我酣暢哉。長夜濡首、首作杯」、子羽頭顱聞此語、同口責子羽。「子羽、汝為生頭顱。彼為死頭顱。生死頭顱亦奚択。況勝子璋血

摸糊ナルニ。鬢頬不飲。一ニ何ゾ愚ナル。汝今不レ飲ンバ、歳将ニレ去ラント。俛仰（ふぎょう）ノ間与レ彼為レ伍ラン」。

高子式山人（高野蘭亭）は珍しいものを好み、その興味は骨に至って、髑髏盃を作ったとする。少年たちが男気を見せ、髑髏盃で酒を飲んでいた。その酒宴の中にいた子羽は独り憂え、髑髏に、「お前は何の罪があって眠りにつくことができないのだ。お前は何者なのだ。王侯の樽の前で頭を揺らして、へつらい笑うのは、侏儒（見識のない者を軽蔑していう言葉）でなければ、俳優（身振りおかしく振る舞ったりする人）であろう」と問いかける。それに対して髑髏が語り返すには、「生前、酒におぼれ多量の酒を飲み、朝漉酒巾（ろくしゅきん）（酒をこす頭巾）をかぶり、夕に白接䍦を着ていた。時が過ぎ、思いを起こして、草聖を名乗った。(16)さまよい歩き山に入り、肉は鳥たちに喰われ、身体の形はなくなってバラバラになってしまった。司命(17)に従い、死んでいったが、今、蘭亭により髑髏盃となって、草深い山の中から美しい酒席に来ることができた。むやみに骨がバラバラになったことを笑ってくれるな。古えの酒好きたちは、皆むだに棺に納まったと聞き及んでいるが、棺に納められて葬られるのも、湘江のほとりに葬られるのも何の違いがあろうか。それはあまりに些末なことだ。昔の酒好きたちも皆私と同じである。前世から綿々とつながるように、ありのままに酒に酔い、頓着することがない。ただ、今酒に酔って愉快になっているだけなのだ。死後も首を濡らして盃となったのだ」と故事をふまえて語ると、子羽自身の髑髏もそれに加勢し、「この盃で酒を飲まないということは愚かなことである。酒を酌み交わしている間は彼と友になろう(18)」と語りかけるのである。

髑髏が物言う説話は、『日本霊異記』巻下・二十七に、目が痛いとうめく髑髏を発見し、その髑髏が生きた人間の形になり由来を語る話し（このほか巻下・一にもあり）や『大日本法華経験記』下巻・九十二話に、舌のある髑髏が法華経を唱える話し（『今昔物語集』巻十三・十一話にも採録）がある。(19)前者は目が痛いといううめき声を髑髏が発し、最終的に人がたになる。後者の髑髏は舌が残ることにより声を発することができるわけだが、ここでは髑髏は悠然と語り出す。髑髏は、髐然（こうぜん）と（白骨が風雨にさらされているさま）野原に死骸がさらされるのであれば、盃となって公の場に出て、酒を飲みたいと願っている。死してなお酒を浴びるように飲みたいというのは、ある種の業にも思えるが、ここでの髑髏同士の語りは、酒飲みの心情をよく表している。最終的な子羽の思いは語らえないが、結局子羽は一緒に酒を飲んだのだろうか、はたまた意を異にして宴会を退出したのであろうか。またこの話しは、生きている子羽の頭蓋も言葉を述べ、髑髏に同意するところにおもしろみがある。あるいは子羽の心の声だったかも知れない。その場合は、子羽も酒飲みの一人であり、髑髏や若者、古来の酒飲みと変わらないことになる。酒好きの身勝手な言動だと言われればそれまでであるが。

『玉山遺稿』では、髑髏盃を作成したことが髑髏に感謝され、蘭亭は好意的に捉えられているが、澁澤龍彦の『髑髏盃』のもとになった『笈埃随筆』では、この蘭亭について、慢心甚だしい人物とされる（巻十二「雑話八十ヶ条」〔二十二〕）。

> 相模国教恩寺に、中将重衡卿と千寿前と酒宴せし時の盃有り。大さ今の世の平皿のごとし。内外黒塗にして、中に梅花の蒔絵あり。予、東武にありし時、高野蘭亭といひしは盲人にて詩人なり。いかがしてか、この盃を乞得て所持したり。
>
> 因に云、此盲人、髑髏盃を拵んとて、よのつねの人はおもしろからずとて、鎌倉にある大館次郎が塚をあばきけるに、忽ち晴天かき曇り、雷鳴雨夥しかりけるを、辛ふじて取て帰り、盃とし楽しみけるに、其翌年其月其日に死したり。平人の塚すら猥にあばく事はあるべからず。ましてや勇士の霊、何ぞ其儘に置べき。此もの、元来盲人にて、詩作などする気質ゆへ、慢心甚しき故にや。かかる災ひにも逢へり。可二恐慎一。
>
> （中略、先に引用した信長の髑髏盃）
>
> 近頃大坂天満与力町、中田氏何某は、諸芸に達し、大上戸なり。秘蔵の大盃あり。是も髑髏を金箔にて塗、八合入とし、酒長じぬれば、必ず是をもて人に強けり。自分は豪気にて飲もせめ。いかなる高陽の酒徒も厭ふべき事ならんかし。

ここでは蘭亭が髑髏盃を持っていたこととその由来が語られる。蘭亭は髑髏盃を作ろうとするが、普通の人の髑髏ではつまらないと、鎌倉まで大館二郎宗氏の墓をあばきに行く。たちまちに晴天がかき曇り、雷鳴がとどろきだす。辛うじて髑髏を入手した蘭亭は髑髏盃を作成するが、その翌年の同じ月同じ日に死ぬことになる。一般の人の墓ですらあばくことはいけないことなのに、まして勇者の霊魂はそのままにすべきであると非難される。『玉山遺稿』と『笈埃随筆』とで蘭亭の行いの賛否についてはさまざまだが、蘭亭が髑髏盃に興味を持ち、髑髏盃を作ったことは、江戸後期にはまことしやかに語られていたようであることがわかる。[20]

また、『笈埃随筆』には、蘭亭、信長のほかに大坂の酒飲み、中田某の話しも語られている。この中田某には秘蔵の髑髏盃があり、その盃には八合の酒が入るのだという。中田は、酔いがすすむと、必ずこの盃で飲むように人に強いる。中田自身は豪気の者なので飲めるのだろうが、他の酒飲みたちは嫌だったはずだと非難されている。

『甲子夜話』巻五にも髑髏盃の話がある。[21]

水戸の常福寺の什宝に、髑髏盃を蔵む。これは西山義公の故物と云。一升を容べし。公在世に此盃を常用せられしと。酒量知るべし。酔後は必ず唱歌し給ふ。其詞、

歌　蓮の葉にやどれる露は、釈迦の涙か有難や。

辞　其とき蛙とんで出、それは己が小便じや。

と、ざれ謡うたひ給ひしとなり。西山に老退せられし後の事なるにや。常福寺及彼公家の臣等所レ云なりと聞く。又盃の故を尋るに、公、少年時の卑僕あり。随従年久し。然るに罪有て、勘気せられ追放す。其後、公の出行毎には、必ず隠れながら随て離れず。公も亦これを知れども見ざるふりに過られたり。然に或時、いかがしてか公の目前に出たり。公心中これを憐といへども、逐去こと能はず、即手打にせられ、死骸は久昌寺〈公の母君の寺なり〉に埋めよと命ぜられ、年月を待つて、其枯体を掘出させ、頭骨に金箔を施し、盃と為られし也。是蓋、彼僕の赤心潜行して、至死不変の遺懐を遂げしめ給ふなるべし。

此物を今見るに、髑髏の表は公の手ずれにて琥珀の色をなし、殊に美なりと。常福寺の寓僧語れりと云。

『甲子夜話』では、水戸の西山義公、徳川光圀が髑髏盃を持っていたとされている。光圀の持っていた髑髏盃には一升の酒が入ったとし光圀の酒量が知られ、光圀は酒に酔うと戯れ歌を歌っていたとされる。盃の由来も語られる。この髑髏盃は、光圀に若いときから仕えていた者の髑髏だとされている。光圀の怒りを買い罷免されたものの、影ながら光圀を見つめていた「卑僕」は、ある時光圀の前に出てしまい、追い出すこともできず手打ちにされてしまう。その者の頭蓋に金箔を貼り、盃にしたというのである。これにより「卑僕」は死して後も光圀の側に居ることができ、思いが遂げられたとする。ここでは、先の『玉山遺稿』と同様に髑髏に生前の人物と同様の人格が認められている。

ここまで近世の例を見てきたが、中世では日本の事例が確認できなかったが、信長が髑髏を酒宴に提供して以降、近世においてしばしば髑髏盃が作られたという言説が垣間見られるようになる。やはり髑髏に対する信仰の違いがあるのではないだろうか。『日本霊異記』や『大日本法華経験記』では髑髏が語るときに人の身体を伴って物語るのに対して、『玉山遺稿』で髑髏そのものが物語るという違いも髑髏への信仰

心に由来するだろう。

四、近代以降における髑髏盃の展開

最後に、近代以降の髑髏盃の例を気づいた範囲で簡単に紹介しておきたい。髑髏盃は近代以降様々に作品のなかに登場する。夏目漱石『幻影の盾』には、[22]「血の如き葡萄の酒を髑髏形の盃にうけて、縁越すことをゆるさじと、髭の尾迄濡らして呑み干す人の中に、彼は只額を抑へて、斜めに泡を吹くことが多かった」と騎士たちの酒盛りの描写で髑髏盃が用いられている。このように近代以降髑髏盃は、荒々しさや不気味さ、怪しさを醸す道具として用いられるようになってくる。髑髏盃をタイトルにする作品も多数ある。先に澁澤龍彦『髑髏盃』[23]については見てきたが、ほかに宮澤浦浪の『新作髑髏盃』、金子光晴の『どくろ杯』[24]、夢枕莫の『髑髏盃（カパーラ）』[25]がある。金子光晴や夢枕莫に描かれる髑髏盃は海外の事象であり、日本の髑髏盃の事例として数えることはできない。近代以降、髑髏盃の用例は増えていくものの、それは日本における事例ではなく、海外に関する情報や人の移動が多くなってくることにより、髑髏盃は様々な作品に登場することになる。つまり、髑髏に対する認識は、情報量の変化とともに変化していくわけである。しかし、髑髏の醸しだす雰囲気は古来変わらず継承され、物語に詠み込まれている。

おわりに

ここまで信長を出発点に、通時代史的に日本の髑髏盃について見てきた。日本において髑髏盃は基本的に用いられず、忌避する対象である。少なくとも、中世には根付かず、近世以降とくに近代になって様々に描かれるようになってくる。髑髏盃の叙述が日本に定着しないことの背景には、やはり髑髏への信仰心が背景にあろう。信長が髑髏を酒の肴にしたのは、この信仰への打破なのだと思われる。それが信長のイメージをさらに喚起させ、現代の信長像に組み込まれたのである。

ここまではいわば物語のなかにおける髑髏盃を見てきたわけだが、では、仏教の呪法などで髑髏盃を用いる可能性はないのだろうか。中国の例では、頻那夜迦天像（びなやかてん）（歓喜天）を造り、その前でさまざまな呪法を行い、大勝を博したり、財産を得ることを説く経典『金剛薩埵説頻那夜迦天成就儀軌経』巻一に、

> 復用前像。於黒月十四日或八日。持明者往尸陀林中。用一髑髏満盛酒。以口濮像一日三時。即誦大明至第七日。囉惹及与眷属悉来。供給種種供養及財宝等。

とあり、[26]髑髏に酒をそそぐことをもって呪術を行う様子を描いている。同様の呪法が日本に伝わっていたとしてもおかしくはない。このような呪法の叙述の探索は今後の課題となる。

まとめにかえて、最後に、『曾我物語』巻四「小次郎語らう事」を確認にしておきたい。ここでは、「金を心みるは火なり。人を心みるは酒なり」という言葉が引かれている。[27]これは曾我兄弟が兄の京小次郎に仇討ちを断られ、五郎が小次郎をさしていう言葉である。小次郎は、「此の男は酒にだに酔いぬれば、何事も叶いて遊ばんと思ふものなり」と批判される。酒を飲ませれば、人は本性をあらわすことになる。これは冒頭の酒による計略につながる。また、酒は時に人を惑わす。髑髏盃を作り、酒に溺れた者たちがそうであったように、酒飲みは時に批判の対象となっているのである。ある種、自戒の念を込め筆を擱きたい。

注

(1)『牛一信長記』の末尾が、本能寺の変の混乱の折、家康が桑名から熱田へ逃れたことであることも、これを裏付けよう。

(2) 引用は、角川ソフィア文庫による。

(3)『日本国語大辞典』は、公卿衡重の変化した語かとする。

(4) 鈴木良一は、信長の髑髏を酒の肴にする行為について、「たしかにこれはかれの生れつきの性質のようだが、どうもこの年あたりから、よけいに目立ってくるように思われる」とする(鈴木良一『織田信長』岩波新書、一九六七年)。

(5) 引用は、現代思潮社、古典文庫による。

(6) 引用は、国文学研究資料館蔵本による。刊記は、「元禄二己巳歳(一六八九)正月吉辰/冨野治右衛門寿梓」、括弧は稿者の注。

(7) 以下、『笈埃随筆』の引用は、日本随筆大成〈第二期〉12による。

(8) 引用は、澁澤龍彦『うつろ舟』(福武書店、一九八六年)による。初出は、「海燕」一九八六年。後述の『甫庵信長記』で髑髏盃のことを知った高野蘭亭は、秋山玉山とともに鎌倉極楽寺まで行き、新田義貞の鎌倉攻めに参加し討ち死にした大館宗氏の墓をあばく。そこで蘭亭たちは突然の印地打ちにあう怪異に遭遇する。玉山はたまらず止めるように進言するが、蘭亭の決意は固く、玉山は蘭亭と別れることになる。雷鳴とどろき、寺の裏山に落ちるのを見て、玉山は蘭亭が髑髏を手にしたことを悟る。髑髏盃を手に入れた蘭亭はそれからちょうど一年後にものにとりつかれたようになって死んでいく。澁澤龍彦には『髑髏盃』の他にも、髑髏をめぐる作品が多いが、『髑髏盃』はその一角をなす作品である。参考、岸睦子「澁澤龍彦と髑髏」(「スサノオ」1、勉誠出版、二〇〇四年七月)。

(9) 参考、高橋昌彦「高野蘭亭伝攷(上)」(「語文研究」60、九州大学国語国文学会、一九八五年十二月)、「高野蘭亭伝攷(下)」(「語文研究」61、一九八六年十二月)。

(10) 引用は、新日本古典文学大系による。

(11) 引用は、岩波文庫による。

(12) この部分の解釈については、増田欣「太平記作者の思想」(『中世文藝比較文学論考』汲古書院、二〇〇二年、初出・「太平記作者の国際的関心――「高麗人来朝事」を中心として」、説話と説話文学の会編『説話論集』2、清文堂、一九九二年）に詳しい。増出は髑髏盃の用例について、『史記』「予譲伝」、『漢書』「匈奴伝」、『南州異物志』（『芸文類従』巻十七、人部一）をあげている。

（13）森田貴之「『太平記』と元詩――成立環境の一隅」（『国語国文』76―2、二〇〇七年二月）。

（14）金任仲「新羅僧元暁と義湘伝」（『明治大学文芸研究』106、二〇〇八年）。

（15）序に、「明和九年壬辰（一七七二）秋／太室井孝徳」とある。引用は、北海道大学附属図書館蔵本による。返り点は底本のまま、句読点とルビは稿者による。括弧は稿者の注。

（16）「草聖」は草書の達人の意だが、ここでは聖をさし、「草聖ト称ス」で出家を意味するか。

（17）「司命」は北斗七星の上、北極星の傍にある星の名。人間の寿命をつかさどるという。

（18）「俛仰」は、うつむいたり、あおいだりすること。ここではこの動作を、酒を酌み交わす様にとらえた。

（19）参考、小峯和明「ものいう髑髏――魔の転生」（『説話の声――中世世界の語り・うた・笑い』新曜社、二〇〇〇年）。

（20）ほかにも『風俗酔茶夜談』後八「器財」に、

いま東都太平の御代にうまれて、聖朝の徳化に浴する人のうちにも、ゑならぬものずきする事を風雅とおぼへた、ともがらには、人の頭髏もて、さかづきにつくれる、めくらもあり。かのめくらは唐詩選のこうしやくする事仕おぼへたれば、月氏頭にのむといふ詩の語をききかじりて、かまくらへゆきける折から、屏風が谷にうづもれたる北条家の髏骨をひろひきて、きんぱくもて、これを荘厳し、或る大諸侯さまのやかたへもちゆきて、かの諸侯さまをせこめ奉りて、髑髏盃の酒をすすめたる時、諸侯さまにも、さすがに寛仁大度の御気象にて、めくらがこころに、さからひ玉はで、その酒のみ玉ふたれども、めくらが異をこのむに、あきれおはしたるよし、その侯の家につかふる、同学の秋山それがし、かたりきかせ侍りぬ。

とある（引用は、『古事類苑』飲食具四による）。髑髏盃を行った盲目の人物は、蘭亭のことであろう。「秋山それがし」は、澁澤龍彦『うつろ舟』にも登場する漢学者の秋山玉山のことだと思われる。

（21）引用は、東洋文庫による。ルビは引用テキストによった。

（22）引用は、『漱石全集』2によった。初出・一八九五年。

（23）「文芸倶楽部」第四編、博文館、明治二十八年（一八九五）四月。寵愛した京島原の花魁龍太夫（たつだゆう）の面影を残しておきたいと、狩野雅信に姿を描かせたり、龍太夫の髑髏を盃に作ったりする。

（24）『どくろ杯』（中央公論社、一九七一年）、『金子光晴全集』7所収。金子自身のヨーロッパへの自伝的旅行記。蒙古で手に入れたという処女の頭蓋骨で作った髑髏盃が描かれている。この作品に関連して、金子の妻、森三千代に『髑髏杯』（『新小説』5―2、一九五〇年二月）という作品があることが指摘されている。参考、趙怡「森三千代の「髑髏杯」から金子光晴の『どくろ杯』へ――森三千代の上海関連小説について」（『駿河台大学論叢』36、二〇〇八年）。

（25）「すばる」、一九八七年八月。ヒマラヤを訪れた男がネパールの密教用具である髑髏盃（カパーラ）を購入する。ヒマラヤ登頂の折、長期間の雪に襲われた一行は、その原因が髑髏盃にあるのではと考える。男はシェルパの一人に髑髏盃を預け、帰国することになる。その後、残ったシェルパたちは雪崩に襲われ、髑髏盃を預かったシェルパは死ぬことになる。髑髏盃は雪に埋もれてしまった。

(26) 宋の法賢の訳、引用は、『大正新修大正蔵経』21による。

(27) この言葉は、『壒嚢鈔』六巻や『五常内義抄』で、『後漢書』に曰くとされる。引用は、村上美登志校注『太山寺本曽我物語』(和泉書院、一九九九年)によった。

付記 引用の〈 〉は割り注をさす。また、私意に句読点を補った個所がある。

［Ⅰ　酔いと宗教］

僧坊酒宴追考

芳澤　元

中世の寺院で酒宴が盛行されたことは、当時の記録を通覧すれば自ずと知ることができる。では、この歴史的事実に対し、どんな捉え方が可能だろうか。僧侶の腐敗堕落か、はたまた逆説的なブラック・ユーモアか――。僧坊酒宴の特徴を振り返り、問題を中世社会との関係から一考する。

よしざわ・はじめ――明星大学人文学部准教授。専門は日本中世史、仏教文化史。主な著書・論文に『日本中世社会と禅林文芸』（吉川弘文館、二〇一七年）、『足利将軍と中世仏教』（相国寺教化活動委員会、二〇一九年）、「中世後期の社会と在俗宗教」（『歴史学研究』九七六号、二〇一八年）などがある。

はじめに

中世僧侶の飲酒や酒宴は驚きを以て見られる反面、その実態を一般に知る機会は徐々に増えつつある。日本史学界では、中世寺院法に関する資料集が刊行され、[1]鎌倉・室町期の顕密寺院で行われた酒宴の様子を一瞥できるようになった。専門的な酒文化の観点から中世の僧坊酒に注目し、興福寺などの醸造技術の高さを分析した研究もある。[2]また、農学の醸造・発酵科学分野からも、中世寺院の飲酒には関心がもたれ、[3]僧侶の宴や酒造の事実は分野を超えて共有されつつある。

そもそも世界史的にみても、聖職者・宗教者・在家信徒による酒宴や醸造は、けっして珍しいことではない。たとえば、中国では、出家後も酒肉・女色・経典を携行したと伝える法相宗の三車法師こと慈恩大師基（『宋高僧伝』巻四）や、慧遠から廬山の念仏結社白蓮社に誘われ、愛して止まない酒を認めるよう約束をとりつけた陶淵明の逸話が著名である。肉食飲酒を憚らない花和尚魯智深の豪胆ぶりも、人気を博してきた（『水滸伝』巻四）。十四世紀の西欧でも、ボッカッチョ『デカメロン』やチョーサー『カンタベリー物語』のように、修道士・聖職者と女性や酒にまつわる話題は多く、修道院によるワインやビールの醸造の事実も、つとに知られている。(4) 一四九四年には、スコットランド財務府が修道士にモルト・ウイスキーの製造を指示している。(5) 中世ドイツのビールは、主に自家醸造＝都市の製品だったが、(6) 日本でも僧坊酒の自家醸造は大きな比重を占めた。

問題は、飲酒や酒の売買を誡める仏教国たる日本の場合、それがいかに認識され、または正当化されたか、という点である。西洋世界では、聖ベネディクトゥスの『戒律』第四〇章に、修道士の痛飲に対して警告する箇所があるが、(7) 翻って日本中世の宗教界ではどうなのか。

既に筆者は、中世禅林から寺院社会全体に分析対象を拡げ、酒宴・醸造の実態と背景を考察してきた。(8) だが、先行研究の一部には、なぜか「禅宗の禁欲主義」を強調する傾向があるようである。そこで本稿では、旧稿の補強も兼ねて、あらためて中世寺院全体の酒宴（僧坊酒宴）の実態を分析する。また、先行研究が中世仏教、とくに禅宗に禁欲主義を求める背景も検討する。

一、中世の僧坊酒宴の特徴

まずは別稿を補いながら、中世寺院社会の宴の特質を、確認しておこう。

第一に、ⓐ昇進儀礼の際の酒宴（悦酒(えっしゅ)）である。天正十七年（一五八九）連歌師紹巴が作った「興福寺住侶寺役宗神擁護和讃」によれば、興福寺僧侶が入室得度してから修学し、観禅院の登高座や三十講の論匠など、法会に出仕して昇進するたびに、三日間の悦酒（酒飯の饗応）を開く決まりであった。堯文房政算が供目代（一寺ノ奉行）に就いた際にも悦酒の沙汰があり（『寺門事条々聞書』応永六年［一三九九］八月十六日条）、遅くとも室町時代には興福寺で習慣化していた。

こうした習慣は、荘園領主の使者が検注のため現地に下向した際に、酒食や馬の供給をうける「三日厨」と、ほとんど変わるところがない。東寺領の備中国新見荘に派遣された地頭代の尊爾も、正月二日・八日の仏神事や七月二十七日の諏訪祭などの節目で、百姓とともに、清酒・白酒をはじめ魚・飯・餅を調達して宴会を開くなど（『東寺百合文書』ク函二四号）、検注使の下向時にも接待の宴席が用意された。このように顕密寺院の法会や昇進儀礼、検注にともなう饗応は、世俗社会のそれと連動している。ただし、昇進儀礼に付随した僧坊酒宴の慣習は茶礼を導入する禅律寺院には未見である。

第二に、ⓑ仏神事終了後の慰労の酒である。十四世紀中葉の出雲鰐淵寺では、出雲大社の三月会で勤行が行なわれる際、頭人が鰐淵寺僧侶のために酒肴を配膳する規定がみられ、これとは逆に、檀那貴族が寺を来訪した際にも酒宴の開催を認めていた（『鰐淵寺文書』）。

また、永和四年（一三七八）十月十六日の禁中五壇法に関する『門葉記』巻三六によると、仏事に出仕する僧には「婬酒可レ有ニ禁断一」と通達されたが、終了後には檀越から禄と酒肴が給付された。五壇法でも、中壇を務めた阿闍梨だけは、朝廷からは厳禁された酒肴が、室町幕府から振舞われることが康安・貞治年間（一三六一～六八）には定例となった。京都五山でも、別稿①でみたように、室町殿仏事が開かれた慰労の席では、五山僧が不飲酒戒を破り、酒宴を解禁しており、慰労に用いる自家醸造の酒が足りない際には、近隣の酒屋で購入していた。大徳寺や東福寺で確認できる自家醸造の濁酒は、仏事法会の慰労のために用意されており、法会終了後の慰労と自家醸造酒の密接な関係がうかがえる。このように、室町殿関係の仏事法会では、終了後の酒宴興行が公認されており、都市における酒の消費、さらには僧坊酒宴に寛容で積極的な室町幕府の姿勢が看取できる。

第三に、ⓒ時限的・部分的断酒である。檀越や僧侶が、年忌法要や中陰仏事に際して、期間中には持斎断酒を自らに課したことは[9]、別稿①でもとりあげた[8]。もっとも、三条西実隆ら公家ともなると、断酒するべき期間も「破制了」「断酒入レ夜堕落、無ニ慚愧一」という有り様で、恥じる様子もない[10]。ただ、時限的・部分的という一点でいえば、断酒・断食は法会以外の場でも確認できる。たとえば、「米山薬師断物日記」[12]なる史料がある[11]。この「断物日記」は、越後国の米山薬師から能登満福寺を経由して京都相国寺内に到来したもので、これを受け取った五山僧は、書写して房舎の壁に貼り付け、毎月一日間だけ所定の飲食物を断ち、「衆病悉除」を祈願したという。日記によれば、毎月の断物による病平癒の効能は次のとおりである。すなわち元日は牛蒡で一〇〇〇日、二月八日は蒟蒻で一〇〇〇日、三月四日は茶で三〇〇〇日、四月十九日は忍辱で一〇〇日、五月八日は索麺で六〇〇日、六月十九日は瓜で二〇〇日、七月二十四日は芋で二〇〇日、八月十四日は大根で二〇〇日、九月十九日は野老で六〇〇日、十月二十日は酒で五〇〇〇日、十一月八日は豆腐で一〇〇〇日、十二月七日は椎で四〇〇〇日――。わけても十月二十日の断酒に抜群の効果が期待されている。同様の断物目録は、称名寺金沢文庫にも残っている[13]。おそらく戦国期武蔵の一色直朝が、その著『月庵酔醒記』上「医家両家之事幷養生論」で触れる、月禁食もこれに準ずるものと思われ[14]、比較的に幅広く浸透した宗教民俗だったらしい。

第四に、ⓓ薬用治病の酒である。身延山に隠遁した日蓮が、信徒から米一駄や生薬である藿香と酒の供養をうけ、「一度のみて（飲）候へば、火を胸にたくがごとし。ゆ（湯）に入ににたり」というように、発汗作用を促す養生治癒の酒を使用して寒中をしのいだ。感謝に堪えず、日蓮が贈り物の清酒（すみざけ）を「聖人」と称する点、礼状に興を添えている（『昭和定本日蓮聖人遺文』四〇〇号）。

　一方、駿河国実相寺の衆徒は、仏事で食膳を設けるたびに、現当二世の利益に適わない竹葉（酒の異名）を用意することを誡めている。それが「仙薬」、つまり薬用であっても寺中公私の仏事での酒膳を停止するべきだと訴えている（『北山本門寺文書』）。例外規定だったはずの薬用酒と、通常の酒宴との境界が曖昧だったことが、禁令を発した一因だったのであろう。薬用治癒の酒と関わって、調味料としての酒類使用が北条得宗家で物議を醸すこともあった（『鎌倉遺文』三〇―二三三六三号・徳治三年中原政連諫草など）。

　第五に、ⓔ罰則としての科酒である。東大寺や醍醐寺などの顕密寺院では、寺院集会・評定を無断欠席した者に対して科酒の賦課を規定していた。たとえば、応安元年（一三六八）二月の東大寺満寺評定では、寺僧が毎月三回の集会・評定に出席するべきところ、自由緩怠が三度におよべば、五人分の酒代を支払う罰則があった（『東大寺文書』九―八五四号）。天野酒の醸造元として著名な河内国金剛寺でも、正月二十日の陀羅尼勤仕を闕怠した場合には、御酒二瓶子・濁酒四瓶子を、年四回の四季陀羅尼を過怠した場合には、清酒一瓶子・濁酒二瓶子を負担する決まりがあった（『金剛寺文書』拾遺一号）。小野晃嗣[15]は、この清酒・濁酒を金剛寺製の醸造酒（つまり天野酒の前身）と推測するが、詳細はわからない。賦課された科酒は自前の醸造酒を用意したとは限らず、市販の酒を購入して調達した可能性はある。

　このような、罰則としての科酒規則が評定で公然と決定されるのは、顕密寺院にみられる傾向で、禅院・律院・真宗寺院には確認できない。この点をどう評価するべきだろうか。

　事実としては、ⓑのように、重要な仏事法会を勤めあげ、奉公の功績ある者には慰労の酒が馳走され、他方、集会や法会に遅刻・早退・無断欠席した者には酒代の負担が強要された。いわば、清浄を維持すべき仏事法会や集会評定の運営秩序を保つ方便として、却って五戒に違反する酒を利用したのである。単に酒宴の正当化というのみならず、酒の調達負担を明文化した点には、本業である仏事法会や寺内集会をないがしろにせず、なおかつ酒宴を開く余地を残そうとする、顕密寺院の両義的な性格が見て取れる。室町時代研究では、朝儀における足利義満の遅刻者・欠席者に対する厳格さが知られ、[16]禅林清規からの影響も推測されている。しかし同時に、右の科酒規定からは、鎌倉期以降の顕密寺院にも、集会や法会の自由闕怠に厳しい、僧侶としての一種の労働認識が見出せるのではないだろうか。[17]

こうして、儀礼体系や法度に宴や科酒賦課を規定した寺院社会では、自家醸造の需要も副次的に高まっていった。

第六に、ⓕ節句における酒宴である。応永二十七年（一四二〇）成立の有職故実書『海人藻芥』[18]に、「仁和・醍醐門跡、自レ古本所也。然ル間、諸門跡寝殿ニハ不レ入二酒肉五辛一。就二節供等一、酒自レ古許レ之」とあるように、ふだん酒肉五辛を寝殿に入れない仁和寺・醍醐寺でも、年間の節目の場では酒を許容していたらしい。河内金剛寺のような地方寺院でも、三月朔日の節句で酒一升五合を計上している。[19]

第七に、ⓖ正月の御影献酒と三三九度である（『本福寺次第草案』文明十一年十二月十六日）。自治都市として名高い近江堅田の本福寺では、元旦に親鸞御影と蓮如の前に酒を供え、[20]影前で住持や参詣した門徒らが三三九度の盃を頂戴する儀式が慣例化していた。節目の祝宴で飲酒を解放する点では、右にみたⓕ門跡寺院の事例と通ずるものがある。また、御影献酒は神前献酒の慣習を模倣しており、本福寺住持は親鸞御影へ献酒するたびに盃を頂戴したという。年頭に門主と門徒の結束を強化しようとする真宗寺院の一側面といえよう。

第八に、ⓗ坂迎え（酒迎え）の習俗である。坂迎えは、文明九年（一四七七）桃源瑞仙の『史記抄』巻一〇穰苴第四に、「講師不及此郊迎ハ路マテ出テサカムカヘヲシタソ」[21]とあるように、長旅から帰還した者を途中で出迎え饗応する風習だが、応永三十二年（一四二五）、高野山では天野社の一切経会に招いた舞師に対する酒迎代として一斗三升分を計上している（『高野山文書』五〇三号）。世俗社会で行われた坂迎えは、寺院社会にも同様に存在していた。

第九に、酒茶文化の相剋である。別稿で触れ得なかったが、橋本素子[22]が述べるように、日本では古来、来賓の接待饗応の食膳に据えられた飲料は、酒が第一とされた。元徳四年（一三三二）に日蓮門弟の日興も、次のように記す。[23]

一、当宗ノ仏事作善ヲモ、日本ノ風俗ニ可致也。茶湯ハ唐土ノ礼也。故ニ仮令用ルトモ所具ニ用ル也。此国ノ風俗ハ、以酒一切ノ志ヲ顕ス故ニ、仏法ノ志ヲモ、酒ヲ以可顕也云々。

鎌倉末期における日蓮宗の仏事作善では、「唐土ノ礼」である「茶湯」ではなく、「日本ノ風俗」に見合う酒によって「仏法ノ志」を顕わすことを定めた。室町初期の関東浄土宗の了誉聖冏も、唐様の闘茶や座敷飾りの盛況を諷刺したが(『禅林小歌』)、唐様流行への反動というかたちで、茶礼よりも酒を選択する行動を見せる点は興味深く、当時の『酒茶論』文芸への関心とも気脈を通じているだろう。[24]また、関東護持の中核寺院とされる下野国鑁阿寺では、古河公方の年頭祝儀で贈答する進物は決まって酒と茶だったという。[25]

もっとも、建武三年(一三三六)、日興門弟である安房国妙本寺の日郷は、五箇条誓文を発したなかで、「不可好酒宴茶会虚財施法施事」[26]を定め、闘茶とおぼしき茶会や酒宴を興すなどの浪費を誡めてもいる。関東に展開した日蓮宗のなかでも酒茶に対する姿勢は異なる。酒宴および茶湯会に対する態度は、必ずしも「宗」単位で固定してはいない。

以上のように、顕密寺院の寺内人事での饗応習慣は、世俗社会の慣習と連動したものが多い(ⓐⓓⓔⓗ)。とくに南都寺院は、昇進儀礼に酒宴が付随し、集会評定や仏事法会を維持するために科酒規定を明確化させており、これが、寺家醸造が独自に発展する素地となった。また、五山や顕密寺院の法会勤行後の酒宴は、洛中酒屋の収益に財政的な基盤をもつ室町幕府もそれを承認し、五壇法を務めた顕密僧には酒肴を振る舞った。洛中酒屋の隆盛をうけ、法華宗なども、柳酒屋(中興酒屋)のような有徳人を法華宗信徒として取り込んだ。[27]室町期の寺院社会が、それぞれに酒屋と結びついた趨勢がよくわかる。

二、禁欲主義論をめぐって

以上をみれば、日本中世の寺院社会で、多様な場面・形態で飲酒や酒宴が行われたことが了解できる。だが、問題はこの事実に対していかなる歴史的評価を与えるかという点にある。僧坊酒宴に対する先行研究の評価には、およそ三つ特徴がある。

第一には、仏教の堕落・頽廃である。中世の記録類を博捜して僧侶の行動を考察した辻善之助[28]は、中世僧侶(とくに五山禅僧)たちが女犯酒肉をはじめ、大衆一揆・職位売買・金銭利殖を行った点を指摘し、これらを近世僧侶堕落の端緒として断罪した。飲酒肉食に耽る僧侶を、寺院組織の腐敗とみなすわけである。

第二には、偽善と建前である。佐々木銀弥[29]は、「中世のお寺や坊さんと酒との関係は、そのたてまえと違って切っても切れぬもの」として、酒類が中世寺院と密接な関係にあることを認めている。だが、中世寺院がいかに飲酒と向き合ったかという思想や論理の分析には及ばず、建前という表層的な一般論で問題を片づけている点に、検討の余地を残している。

小野晃嗣[30]も、多量の年貢余剰米と広大な僧房をもつ中世寺院は、自家醸造を進展させ、商業的利潤を求めるようになったと述べ、「戒律は寺院生活の理想を表現するものに過ぎず、現実はこれらの戒律に拘らず、滔々として世俗化の歩を進め」たという。

また、和歌森太郎[31]は、当時の僧侶の飲酒事情をみて、実際には酒色にひたりながら、表面では高潔を装った当時の禅僧を偽善的とみなし、今谷明[32]は、「中世に於けるいわばブラック・ユーモアでもあり、逆説・皮肉という他ない現象」と断じている。佐々木の率直な認識に比べれば、和歌森・今谷が並べる偽善・逆説・皮肉という評言の裏には、戒律を守るべき僧侶集団が飲酒に対して負い目をもっているという予見があったように窺える。つまり、和歌森や今谷は、僧侶は本来的に戒律を遵守する存在だと考える一種の性善説の如き観点に立脚していることになる。おそらく、次に述べる中世律僧の戒律復興運動などが、こうした考え方の根拠になっているのだろう。となると、中世の僧侶自身が飲酒慣行をどのように見つめていたのかが、当然ながら検討されなければならない。

そして第三には、禁欲主義論である。保立道久[33]は、鎌倉期に授戒活動を展開した西大寺律僧の殺生禁断・禁酒運動を、「微温的」な禁欲主義の文脈で叙述している。こうした中世律僧の戒律復興運動は、民衆救済の側面をあわせもつ幅広い活動であり、鎌倉仏教史のなかでも大きな出来事だったが、彼ら律僧と同じように、中世禅僧に対しても厳格な戒律主義を見出す見方もある。清田義英[34]は、中世寺院法のなかで特に「厳しいのは禅宗寺院」としている。また、清水克行[35]も、足利義持の禁酒令の背後に「禅宗の禁欲主義的イデオロギー」の存在を措定している。禅僧の飲酒を偽善的と指摘する和歌森の意見とは、やや異なっている。

かかる議論に対して、別稿①では、中世禅林を素材として、足利将軍家仏事の慰労の場での酒宴、塔頭での醸造などを解明し、飲酒を是認する背景に「乗急戒緩」の論理や、古典に依拠して飲酒を笑って済ますエスプリのあることを指摘した。この「乗急戒緩」とは、持戒や密教修法を後回しにし（戒緩）、坐禅により智慧を優先的にみがく（乗急）修行姿勢をさす。「マコトニ道心アリテ用心アヤマラズハ、戒律ヲロカナリトモ、乗急戒緩ノ人タルベシ」（『雑談集』巻三）という考え方からすれば、飲酒は大した問題にはならなかった。

そもそも中世寺院の飲酒慣習は、広く記録上にもみえる了解事項であるにも拘わらず、なぜ、とりわけ禅宗に厳格な禁欲主義を認めようとしたのだろうか。

その一因として、かのマックス・ウェーバーが『プロテスタンティズムの倫理と資本主義の精神』で唱えた理論の影響が想定される。黒田俊雄が[36]、「「禁欲と勤勉」や世俗道徳と教育の重視という類の傾向は、西欧のプロテスタンティズムにだけ起こりえた問題ではない」と述べるところに、影響の片鱗は見出せる。とくに、村山修一は[37]、ヨーロッパの清教が禁欲的で合理主義を担ったとするウェーバーを援用し、「戒律の厳格さと自己反省の徹底さにおいてはるかに倫理的な色彩をもっている」禅宗の役割を論じている。つまり、日本史において、宗教改革後の禁欲・合理主義と近代化の関係を説いたウェーバーの理論との接点が模索された際、それと同じものを禅宗に求めようとしたと推測される。その延長線上で、「戒律に厳格な禅宗像」「禅宗の禁欲主義イデオロギー」が増幅されたのではあるまいか。

今日、ウェーバーの世俗化（近代化）論に関しては、宗教社会学においても、その理論的破綻が指摘されている。日本史学においても、従来の禁欲主義論だけに囚われることなく、乗急戒緩論や諸法実相論などのような別の角度からも見直し、視点の柔軟化を図るべきだろう[38]。少なくとも、前述ⓒ持斎断酒や断物のような僧坊酒宴の類型に関していえば、治病信仰ないし来世安穏に眼目があるのであって、これを勤勉・道徳と並ぶほどの、いわゆる禁欲主義の美名のみで理解するのはそぐわないのである。禁欲といっても、勤行期間が終われば、いつもどおり盛大に酒盛に興じるのが常だったのだから。

三、中世僧侶と飲酒の功罪

僧侶は戒律を守るものという、ある種の性善説をとって禁欲主義論を主張するか、あるいは、僧侶の戒律は単なる建前か理想にすぎず、原則的な戒律主義を前提とする議論は無意味とみるか。中世寺院や僧侶の飲酒行為をめぐっては、論者によって評価は一様ではない。だが、より重要なのは、こうした賛否両論は、当事者である中世仏教のなかでも渦巻いていた事実の方である。

飲酒の罪について尋ねられた法然は、「ま事はのむへくもなけれとも、この世のならひ」と答え、「酒飲む罪」に対して一抹の躊躇を示しつつ、世間の習いとして認めている。重篤な病気を療治する際にも、酒を許容したようだが、「いのちおしむ(惜)は往生のさはり(障)にて候」と釘を刺し、臨終往生の際や仏前での飲酒を忌避していた[39]。

それに比べて、医博士和気氏から療養の「美酒」を勧められた際、自分が薬酒を飲めば、それにかこつけて他の法師が追随することを恐れた明恵の生真面目さは際立つ[40]。もっとも、別の所伝では、幼少時から持戒清浄を心がけた明恵も「山薬」に手を出し、罪悪感にかられたとも伝える。(41) 入宋僧の俊芿には、中国天台宗の智顗が他人には酒を勧めるが自分は飲まないことを説明する際、自身が「入唐し親しく見」てきた、中国での飲酒作法について解説したという話もある。(42) 享禄四年（一五三一）八月十二日の「別授菩薩戒略作法」(43) が酤酒戒を説く条をみても、人心を惑わす酒は「衆過之門、無明ノ薬」で、これを人に与えて「顛倒ノ心」を生じさせることは「明達の恵」を与えるべき菩薩の行に反するとされる。こうした原則論が中世を通して堅持されたのも事実である。

人間は誰しも、飲酒により酩酊することを好ましいと考えているわけではない。それは中世仏教も同様である。酒を厳禁する理由の一つは、「本性」を奪うほどの過失を恐れたことにあり、酒宴の停止を命じる弘長三年（一二六三）十月十七日付の太政官牒は、正念を乱し、本性を失う酒を、「放逸之本、過悪之源也」と断罪する。(44) 根来中性院流の真言僧聖憲（一三〇七〜九二）も、「本性狂せずと雖も、酒に因つて心を縦（ゆるかせにするが）故に、酔ひて狂を為して自心を汚がせり」(45) と述べ、酒を飲まないことが身のためだという。蓮如も、文明五年（一四七三）十一月の御文で、念仏集会の日に、酒で本性を失うようなら飲むことを禁じる旨を伝えている。(46) 蓮如の周辺では、元日や歴代門主の忌日に酒宴が開かれていたが（前出ⓖ）、飲酒により本性を失えば、重要な集会の場を台無しにしかねない。鎌倉時代の念仏者は、女人を招き寄せて濫行を致し、魚鳥の類を食い、酒宴を好む念仏者が処断の対象にされたが、(47) 蓮如時代の本願寺をみるに、全くの無法地帯だったわけではなく、一定の内部統制も図られた。

一方、こうした姿勢は、狂乱や本性を失う根本原因を飲酒行為に転嫁せず、「大乗ノ茶」と称して許容した無住とは対照的である（別稿①、『雑談集』巻三「乗戒緩急事」）。

身延山に隠遁した日蓮が、信徒から生活物資や金銭・食料を喜捨され、古酒などで寒さを凌いだことは先にふれた。同じく贈り物を届けた別の女性信徒に対して日蓮は、「況や民のほね（骨）をくだける白米、人の血をしぼれるが如くなるふるさけ（古酒）を、仏・法華経にまいらせ給へる女人の成仏得道疑うべしや」(48) と礼を述べた。白い米と真っ赤な古酒を対置し、信徒の骨肉と受け止めた最大限の謝辞なのだろう。法華経の弘通に邁進する日蓮に、療養のため貴重な熟成古酒や白米を施すことは、この女性信徒にとって、破戒の助長どころか成仏得道に近づく行為に転じたというのである。

本願寺三世の覚如も、親鸞の言葉として、「酒はこれ忘憂の名あり。これをすすめて、わらうほどになぐさめてさるべし」[49]と説く。憂いを慰撫する酒を勧める点では、飲酒を臨終往生の妨げとして斥ける法然や明恵よりも、むしろ酒を「仏道ノ助縁」とする日蓮や無住らの態度にやや近い。

また、顕密寺院にも、仏事法会や寺内集会を重視しつつ、節目ごとに酒宴を開く習慣があった（前出ⓐⓑⓕ）。当然ながら、仏事勤行と酒宴開催の間には緊張関係が生じ、その両立は常に破綻の危険性をも孕んだはずだが、少なくとも、この硬軟織り交ぜた中世寺院の態度の一面のみを突き、破戒・堕落の烙印を押すだけでは、短絡的との反論を免れまい。

むしろ、顕密、法華、禅、浄土真宗などを眺望すると、それぞれの主張や硬軟是非の感覚には異なる部分もあるが、いずれも大乗仏教の枠内で一定の秩序や言説をゆるやかに形成しているとも考えられる。

他方、第一章後半で述べたように、酒宴・飲酒に対する賛否両論について、いわゆる「宗」単位の固定した統一見解があるわけではない。同じことは、細川政元との関係で魚食の賛否に波があった本願寺の例にも見出せる（別稿②）。中世寺院とて社会集団の一類であり、属性の異なる個の集合体であることに違いはない。宗派ごとに固定のレッテル貼りをし、十把一絡げに捉えるだけでは、方法論的に限界がある。一箇の集団のなかにも、集合性だけではく分散性が併存したことを考慮したい（拙著終章）。

おわりに

僧坊酒宴について、仏教諸派によって捉え方は一様ではない。それは仏教思想のどこに重点を置くか、また鎌倉幕府から室町幕府への酒屋政策の変遷によって、変動する問題なのであろう。

仏教諸派の立場の問題は、酒の流通・製造・販売に携わる人びととの関わりにまで及ぶと、単なる僧坊内部、僧侶個々に止まらない広がりをもつ。洛中洛外にひしめく寺社仏閣の門前には、多数の酒屋が店を構え、延暦寺や五山、法華宗も含めて、中世仏教は酒屋業の有徳人を取り込んでいた。日蓮が女性門徒の酒飯寄進を称賛したところにも、すでにその片鱗が窺える。寄進行為や職業活動を奨励して、有徳人を抱き込む路線か、酤酒戒に抵触する酒類売買を含めた商業活動を戒め制約する路線か——。そのいずれを選択するかという問題は、中世宗教勢力のその後を左右する岐路ともなったのではなかろうか。その意味で、戒律への向き合い方は、仏教集団の葛藤や功罪を示すものである以上に、宗教勢力と在俗勢力の相互関係に関わる、より大きな問題だと考えるのである。

注

(1) 黒田俊雄編『寺院法』（集英社、二〇一五年）。

(2) 吉田元「僧坊酒について」（『密教学』二五号、一九八九年）、同『酒』（ものと人間の文化史172、法政大学出版会、二〇一五年）。

(3) 伊藤善資「酒好きの禅僧・亀泉集証と『蔭凉軒日録』」（『日本醸造協会誌』一〇六―二号、二〇一一年）。

(4) ロジェ・ディオン著・福田育弘ほか訳『フランスワイン文化史全書』（国書刊行会、二〇〇一年、初版一九五九年）ほか。

(5) ケビン・R・コザー著・神長倉伸義訳『ウイスキーの歴史』（原書房、二〇一五年）。

(6) 阿部謹也「中世ハンブルクのビール醸造業と職人」（『一橋論叢』八二―三号、一九八〇年）。

(7) デズモンド・スアード著・朝倉文市ほか訳『ワインと修道院』（八坂書房、二〇一一年、三二二頁）。

(8) 拙稿①「室町期禅林における飲酒とその背景」（『日本中世社会と禅林文芸』吉川弘文館、二〇一七年、初出二〇〇七年）、②「僧坊酒宴と室町文化」（『藝能史研究』二二八号、二〇二〇年）。以下、別稿①、別稿②と略称する。

(9) 『看聞日記』応永二十三年（一四一六）十二月十日条ほか。

(10) 『実隆公記』大永八年（一五二八）正月十四日条・二月二十九日条・四月二十八日条。

(11) 『蔭凉軒日録』延徳二年（一四九〇）十月三日条、延徳三年五月十一日条・同十三日条。

(12) 柏崎市立博物館編『米山信仰』（特別展図録、一九九八年）六〇頁。

(13) 称名寺蔵『断物目録』（神奈川県立金沢文庫・神奈川県立歴史博物館・鎌倉国宝館『武家の古都、鎌倉』特別展図録、二〇一二年）。

(14) 服部幸造ほか編『月庵酔醒記』上（三弥井書店、二〇〇七年）。

(15) 小野晃嗣「中世酒造業の発達」（『日本産業発達史の研究』法政大学出版局、一九八一年、初出一九三六年、一一六頁）。

(16) 早島大祐『室町幕府論』（講談社、二〇一〇年）。

(17) 中世の「労働時間」概念については、桜井英治「中世の技術と労働」（『岩波講座日本歴史9中世4』岩波書店、二〇一五年）も参照。

(18) 『海人藻芥』（『群書類従』二八雑部、九七頁）。

(19) 乾元元年（一三〇三）三月五日「僧了範用途注文」（『金剛寺文書』八五号）。

(20) 存如の命日供養にも、小豆粥・味噌汁・団子・強飯とともに酒が供えられた。『本福寺跡書』（千葉乗隆『本福寺史』同朋舎出版、一五九頁）。

(21) 『抄物資料集成一 史記抄』（清文堂出版、一九七一年、三三三頁）。

(22) 橋本素子「平安・鎌倉の喫茶文化」（『講座日本茶の湯全史』第一巻中世、思文閣出版、二〇一三年）。

(23) 元徳四年二月一五日付「日興化儀三十七条案」（『鎌倉遺文』古文書編補遺四六―五二三八『日向中原文書』一九二頁）。

(24) なお、十四世紀高山寺の喫茶文化については、拙稿「栂尾茶・醍醐茶の評判」（永井晋編『アジア遊学253 中世日本の茶と文化』勉誠出版、二〇二〇年）も参看。

(25) 佐藤博信「古河公方をめぐる贈答儀礼について」（『続中世東国の支配構造』思文閣出版、一九九六年）七九頁。

(26) 元亀三年（一五七二）七月二十五日付「日我授日郷五箇

条誓戒」所引、建武三年「日郷五箇誓文」（『匡真寺文書』一、『千葉県の歴史』資料編中世二県外文書一、一九九七年、六五三頁）。

(27) 豊田武『日本商人史』中世篇（東京堂出版、一九四九年、二四三頁）、河内将芳「柳酒屋について」（『中世京都の民衆と社会』思文閣出版、二〇〇〇年、初出一九九二年）。

(28) 辻善之助「近世仏教衰微の由来　其一　民心の離叛」「其二　足利時代に於ける僧侶の堕落」（『日本仏教史之研究四』岩波書店、一九八四年、初出一九二〇年）。

(29) 佐々木銀弥「中世の社寺と醸造」（『日本醸造協会誌』六八—九号、一九七三年）。

(30) 前掲注（15）小野論文。

(31) 和歌森太郎『酒が語る日本史』（河出書房新社、一九七一年）。

(32) 今谷明「酒と権力（二）」（『酒文化研究』二号、一九九二年）。

(33) 保立道久「酒と徳政」（『月刊百科』三〇〇号、一九八七年）。

(34) 清田義英「南北朝期の寺院法式」（『中世寺院法史の研究』敬文堂、一九九五年、一九九二年、三八九頁）。

(35) 清水克行「足利義持の禁酒令について」（『室町社会の騒擾と秩序』吉川弘文館、二〇〇四年、初出一九九九年）、同『大飢饉、室町社会を襲う！』（吉川弘文館、二〇〇八年、一一八頁以下）。

(36) 黒田俊雄「日本中世における寺院と民衆」（『黒田俊雄著作集三　顕密仏教と寺社勢力』法藏館、一九九五年、初出一九八七年、三二九頁）。

(37) 村山修一「都市宗教の中世的限界」（『日本都市生活の源流』国書刊行会、一九八四年、初版一九五三年、二二六—二二七頁）。

(38) 以上、前掲注8拙著序章も参照。

(39) 「往生浄土用心」・『一百四十五箇条問答』（大橋俊雄訳『法然全集三　一枚起請文 消息 問答他』春秋社、一九八九年、一五八・二五一頁）。

(40) 『栂尾明恵上人伝』上（『明恵上人資料』一、東京大学出版会、一九八二年）。

(41) 『栂尾明恵上人物語』（『明恵上人資料』一、東京大学出版会、一九八二年）。

(42) 『菩薩戒義疏』（『大日本仏教全書』七一巻、一一六頁上）。大谷由香氏のご教示による。

(43) 『醍醐寺文書』一四巻三二二五号。

(44) 内閣文庫蔵『大乗院文書』（前掲注1『寺院法』六一〇頁）。

(45) 『寓言鈔』随心院本・三七丁ウ（荒木浩編『小野随心院所蔵文献・図像調査を基盤とする相関的・総合的研究とその展開 Vol.Ⅲ 随心院調査報告・国際研究集会報告・笠置寺調査報告』科学研究費補助金［基盤研究B］研究報告書、二〇〇八年）。

(46) 『真宗史料集成』二巻（同朋舎出版、一九七七年、一六九頁）。

(47) 弘長元年（一二六一）関東新制条々（『中世法制史料集Ⅰ』鎌倉幕府追加法三八六）。

(48) 年未詳五月一日「松野殿御返事」（『昭和定本日蓮聖人遺文』）。

(49) 『口伝鈔』（石田瑞麿訳『歎異抄 執持鈔 口伝鈔 改邪抄』東洋文庫、平凡社、一九六四年）。

付記　本稿はＪＳＰＳ科研費（JP14J11350）による研究成果の一

部を含む。二〇一六年六月三日の名古屋大学国際言語文化研究科国際シンポジウムでの登壇報告内容を元にしているが、前後して別稿②を発表したため、一部加筆修正した。

【I　酔いと宗教】

酒と仏教――酒の仏は「酔い酔い酔い酔い、酔いやな」

石井公成

いしい・こうせい――駒澤大学教授。専門は仏教と周辺文化。主な著書に『華厳思想の研究』（春秋社、一九九六年）、『聖徳太子――実像と伝説の間』（春秋社、二〇一六年）、『東アジア仏教史』（岩波書店、二〇一九年）などがある。

仏教では薬酒は認められていたうえ、あれこれ理屈をつけて酒を飲む僧尼や信者が少なくなかった。中国では酒の功徳を説いた擬経（偽経）も作られており、布袋のような酒飲みの僧が自由な存在として愛された。儀礼には酒がつきものであって戒律が弱かった日本では、仏教と結びついた酒の文化が発展し、酒の仏まで登場した。

はじめに――酒を飲みたい人たち

（1）不許葷酒入山門

寺の門の外には、「不許葷酒入山門（葷酒、山門に入るを許さず）」と刻まれた戒壇石が立てられていることがある。「葷」とは、ニラやニンニクのような臭いのきつい野菜を指す。そうした野菜や酒は寺には入れないという表明だ。江戸期に明から来朝した黄檗隠元禅師が、日本の僧たちの飲酒ぶりを知って驚き、黄檗宗の本山と諸寺の山門の外に立てさせたのがきっかけとなり、禅宗の寺を中心として広まっていったという。

臭いのきつい野菜を食べることを禁じるのは、インド仏教以来の伝統だが、大乗の『涅槃経』が葷・肉・酒を禁じたのは、それらを食べると不快な臭気を発し、人々や神々や動物に嫌がられて布教できないからというのが理由だった。ニラやニンニクを食べると精力ついて修行の妨げになるという解釈が広まったのは、唐代あたりからのことらしい。[1]

ただ、戒壇石が立てられた後も、酒を飲む僧がさほど減らなかったことは言うまでもない。刻まれた言葉にしても、「不許葷、酒入山門」と切って読めば、「葷は許さず（許さざるも）、酒、山門に入る」となるうえ、「不許、葷酒入山門」と切れば、「許さざるも、葷酒、山門に入る」となってしまう。「不許葷酒、入山門」と切り、「許さざる葷酒、山門に入る」という訓み方もあったらしい。こうしたふざけた読み方が伝えられているのは、日本の僧侶がいかに酒好きであったかを示すものだ。

(2) 酒の許容

仏教は五戒によって飲酒を厳禁していると思われがちだが、実際には状況は複雑だ。五戒のうち、不殺生戒・不偸盗戒・不邪淫戒・不妄語戒の場合は、殺生・盗み・邪淫・妄語という行為そのものが罪悪とみなされ、「性罪」と呼ばれるのに対し、最後に置かれた不飲酒戒の場合は、酒そのものを絶対的な悪とは見ていない。酒は飲むと様々な悪行をしてしまいがちであることが警戒され、「遮罪」と称されているのであって、五戒のうちでこれだけが異なる性格を持っているのだ。また、酒を薬用として用いることについては、釈尊の在世中から認められていた。このため、仏教文献を見ていると、酒を禁止しているものが多い一方、条件付きで認めている箇所も目につく。

中国の場合は、儀式では酒が用いられる伝統のせいもあってか、酒を飲む僧がかなりいたばかりか、そうした僧が人気となることもあった。唐代以後は、布袋和尚が酒好きとされて親しまれたほか、南宋では酒肉を好んで風狂な暮らしをし、済公・済顛などと呼ばれた道済（一一四八～一二〇九）をモデルとした小説、『酔菩提』まで生まれている。また『水滸伝』の登場人物では、泥酔して破門され、盗賊の一味となって活躍した魯智深和尚も、庶民の間で人気が高い。儒教の礼が生活の柱となっている中国では、僧尼については戒律を厳守する生活が期待される一方で、風狂を好む伝統もあるためか、規則に縛られず自在な生き方をする酒好きの僧が歓迎されたのだ。

日本はそれどころではない。寺での儀礼には酒がつきものであったうえ、江戸末になると、地中から酒仏が出現して酒の功徳を獅子吼したとする『仏説摩訶酒仏妙楽経』なる経典まで登場するに至っている。ひねくれ者で遊びごころに富んでいた江戸末期の儒者、亀田鵬斎が『般若心経』のパロディの形で書いた擬経だ。この経では、『般若心経』末尾の有名な「羯諦、羯諦、波羅羯諦～」という偈に当たる部分は、なんと、「酔酔酔酔酔也娜（酔い酔い酔い酔い、酔いやな）」という囃子詞になっている。[2]

なぜこうした事態が生じたのか。仏教における禁酒に関する研究はある程度なされているため[(3)]、本稿では、「酔い」という点に留意しつつ、酒を好意的に扱っている仏教文献の歴史をたどってみたい。

一、インド仏教と酒

(1) 飲酒戒制定の事情

二百五十戒と称される仏教修行者の戒律は、弟子がよろしくない行いをするたびに釈尊が戒めて制定していったものとされており、律典には個々の条項の由来も記されている。そのうち、酒に関する条項は、一般には不飲酒戒と呼ばれているが、『根本有部律』では「飲酒学処（飲酒に関して学ぶべき道理）」、『四分律』の注釈である道宣『四分律行事鈔』では「飲酒戒」とあり、『パーリ律』でも「不飲酒戒」という禁止の形にはなってていない。これは、修行者が自ら「酒を飲むまい」と心に誓うことが原義であることによるという。

不飲酒が制定された事情の詳細は、学派によって多少異なっているが、大筋は共通している。すなわち、神通力を持ったサーガタという僧が、雹を降らせたり干魃をおこしたりする悪龍を調伏したところ、感謝した村人たちが酒好きであったサーガタのために酒を供養したため、サーガタは大いに酔い、吐いて寝入ってしまった結果、釈尊は「酒を飲めば波逸提（はいつだい）である」と制定されたというものだ。波逸提とは、一人以上の僧侶にその罪を告げて懺悔しなければならない悪行を指す。僧団を追放される波羅夷罪と規定されている殺生などの罪とは、重さがまったく異なる。

しかも、条件付きでの飲酒許可も、このサーダカについて語られている。『パーリ律』によれば、酒を禁じられたサーダカは気力が衰えて死にそうになったため、釈尊は飲酒を許し、徐々に量を減らしていって酒の香りをかぐだけになったところで完全に絶つよう命じたところ、サーダカはその通りにして回復したという。建康のためなら酒を許すというのが初期の仏教教団の方針であり、この他にも薬酒としての利用や、傷に酒を塗るなどの治療法を認めた記述が種々の律典に見えている。

(2) 酒の定義

戒律では定義の厳密さが求められるため、何が酒であって、何が酒でないかに関する定義も次第に増えていった。たとえば、『根本薩婆多部律摂』巻十三では、酒であっても煮沸してあって（アルコールが飛んでいて）酔わない場合、また酒が変化して酢になった場合などは、飲んでも戒を犯したことにはならないと明言されている。こうした規定がなされれば、戒の隙間をねらう僧尼が出てくるのは当然だろう。はるか後代の作、しかも仏教批判の立場で書かれたものだが、九世紀頃のジャヤンタの戯曲、『アーガマダンバラ』では、僧侶が豪壮な僧院で「熟した果実ジュース」と称して美酒を飲んでいたという記述が見える。暑いインドでは、糖分の多い果汁などは放っておくと短時間で発酵して酒になってしまうため、どの程度を酒と認定するかは難しいのだ。

なお、『パーリ律』では酒について、穀物に酵母をまぜて発酵させたスラーと、花・果実・蜜などから抽出したメーヤラに分けている。ただ、不思議なことに、『僧祇律』では、葡萄酒は飲んでも罪が軽いとされており、酒粕を食べる行為、酔わせる効果がある果実を食べたり人に食べさせたりする行為などと同様に「越毘尼罪(おつびにざい)」とされている。つまり、自分で心に懺悔すれば許される程度の軽い罪とみなされているのだ。(4)

また在家信者については、仏・法・僧に対する三帰依は必須だが、『優婆塞戒経』が示すように、部派によっては、五戒全体を受けず、不飲酒戒以外の四つを守ると誓うような受戒も認められていた。穏健な対応と言えよう。ただ、こうした柔軟な姿勢が、口実をつけて酒を飲む信者、さらには僧侶を生み出したと言えないこともない。

(3) 大乗仏教と酒

大乗となると、事情が変わる。たとえば、初期大乗経典の代表の一つである『小品(しょうぼん)般若経』では、在家の説法者である「法師」は、衆生に功徳を積ませるため、方便として五欲の供養を受けると明記されている。つまり、眼・耳・鼻・舌・身を喜ばせるような供養を受けるというのであって、出家修行者にはふさわしくないものも享受することを認めるのだ。おそらく、享受はしても空の立場を体得しているため、執着することはないとするのだろう。これを酒にあてはまれば、飲んでも酔って乱れず、教化の手段とすれば良いことになる。

実際、『維摩経』では、居士である維摩詰は遊女屋や酒屋に出入りしていたと記されている。これは教化のためと記されており、自在な菩薩がそうした姿を示して導く方便とされているため、実際に様々な供養を受けていたらしい『小品般若経』の法師とは異なる。しかし、大乗仏教の体現者である維摩詰が酒屋に出入りすることを認めている以上、とらわれを離れていれば飲酒も差し支えないとする僧侶や在家信者たちが存在し、そうした人々の主張を反映した経典が作成される可能性もあろう。

たとえば、『維摩経』の影響を受けている『大方広宝篋(ほうきょう)

経(きょう)』では、一箇所に安住して学習・修行に努めるべき雨期の間、王の後宮の女性たちの間や少年たちの学校や遊女の館で暮らしていたと述べて責められた文殊は、自分は教化していたのだと述べる。そして、どのように人々を教化するのかと尋ねられると、「娯楽」で楽しませ、威圧し、財宝でつり、神通を示し、仏や様々な神の姿を現すなど、相手に応じた多様なやり方で導くのだと答えている。ここには酒の語は出てこないが、神通力で仮にそうした姿を示すだけにせよ、酒を飲むことも敢えておこなったと考えるべきだろう。

実際、『瑜伽論』菩薩地で説かれる菩薩戒では、踊りや歌や音楽や食べ物・飲み物・娼妓・下世話な話などにふける人々に対しては、菩薩はそれらによって人々を喜ばせることによって正しい道に引き入れることを認めている。(5)

一方、破仏などによるインド西北地方の危機的な状況を反映して生まれたとする説もある末法説関連の経典には、単なる飲酒を擁護する記述も見られる。たとえば、末法時には破戒の僧でも価値があると述べる諸経典を訳出したことで知られる斉の那連提耶舎が訳した『大悲経』がそうだ。その「礼拝品」では、世尊は、将来、仏法が滅尽する時期にあっては、比丘・比丘尼が自分の子の手を引いて出歩き、「酒家より酒家に至」るようであっても不浄の行ではないと述べ、そうした比丘・比丘尼は皆な涅槃を得ると断言している。この箇所は、後に最澄作と伝えられる『末法灯明記』でも引用され、破戒僧を擁護する主張の根拠とされた部分だ。

二、西域の僧侶と酒

(1)西域の葡萄酒と敦煌の麦酒・粟酒

西域は葡萄酒の産地であって、飲酒の風習の盛んな土地柄であったためか、酒の生産、貸し借り、飲酒に関する記録が大量に残されている。そうした記録には僧侶もしばしば登場する。たとえば、鄯善(楼蘭)から出土したカロシュティー文字の写本には、僧侶のアナムダセーナがある人に「酒十五希」を借りたいと申し出た(Kh.345号)とか、僧侶のブッダシーラがその子と一緒に、酒を造ることのできる葡萄荘園を買う(Kh.655号)といった記述が見える。こうした僧侶の飲酒の例は、周辺のトルファンやコータンの出土文書にも見られる。(6)

西域への入口となる敦煌では、麦酒や粟酒が中心であって、僧尼の飲酒は西域以上に盛んだったようだ。出土した文書によれば、僧正から下級に至る僧尼が、役人の接待や法会や節日や亡僧の追善の慰労などに際して、当たり前のように酒を飲んでいる。酒作り用の穀物を利息つきで貸し出していたばかりか、寺で酒を醸造し、経営する酒店で売ったりする場合もあり、僧侶が酒店に出かけて寺の払いで飲むこともよくあった。(7)

三、中国仏教と酒

(1)酒の功徳を礼賛する擬経

鳩摩羅什が説明を加えた部分も多いとされる『大智度論』のうち、「戒相義」では、酒について「三十五失」をあげて弊害を説いていることで名高い。ただ、「人、酒を飲みて酔へば」これこれしてしまう(大正二十五・一五八中)という表現で始まっている以上、「酒を飲んでも酔わなければ良いのだ」、あるいは「酒を飲んで酔っても悪い行為をしなければ良いのだ」と主張する人たちが出てきても不思議はない。まして中国では宗教儀式には酒がつきものであったうえ、『論語』の「郷党」では、食事の決まりについて述べた際、「惟だ酒に量無し。乱に及ばず」とあって、酒については超えてはならない定量は無く、酔って乱れないようにせよと説いてくれているのだから、これを利用する酒好きが登場するのは当然だろう。

その一例が、『仏説未曽有因縁経』だ。この経は、斉(四七九～五〇二)の曇景の訳と伝えられるが、曇景訳でもう一つだけ存在する『摩訶摩耶経』は、釈尊が亡き母である摩耶夫人に対する恩義に報いようとし、また天上にいる摩耶夫人も我が子釈尊が涅槃に入ることを悲しむなど、母子の情愛を強調した経典であるうえ、曇景の経歴はまったく不明であるため、現在では擬経と考えられている。(8)『未曽有因縁経』にしても、釈尊が父と義母と三叔のご機嫌うかがうために使者を派遣する場面で始まるなど、中国の習慣と思われる記述がしばしば見られるうえ、「修禅止観」(大正十七・五八三中)のように訳語としては不自然な表現が多いため、擬経の可能性が高い。擬経でない場合は、インドないし西域で成立した経典を、漢訳に際して大幅に増広し中国風に潤色したものと考えるべきだろう。

その『未曽有因縁経』の下巻では、祇陀太子が自分は酒戒を守ることは無理なので、五戒を捨てて十善戒を守りたいと仏に告げている。そして、国内の豪族たちが時々酒食を持って集まって歓楽するが、酒戒を思って悪行はなさないと語ると、仏は、汝のようにすることができれば、「終身酒を飲むも、何の悪有らんや。……すなわちまさに福を生ずべし。罪有ること無きなり」と保証している(同・五八五上)。

さらに、波斯匿王が、かつて自分が怒って料理人を殺すよう命じたところ、日ごろは五戒を守って酒を飲まない妃の末利夫人が、酒と肉を持って王のところにやって来てともに飲食して楽しみ、怒りを忘れさせたうえ、王の命令だと称して使いを派遣し料理人の命を救ったと述べ、末利夫人は飲酒と妄語の戒を破ったことになるのかと仏に尋ねると、仏は、夫人には功徳が有るのみで罪業は無いと明言している。これを受け、王は、酒に酔って楽しめば争いが無くなるのは「酒の功」だと述べている（同・五八六上）。そのうえ、仏は、酒肉・五辛を絶って梵天に仕える外道などに膨大な供養をしても地獄に落ちるばかりだとまで語っており（同・五八七中）、この経典の作者の立場が良く示されている。

なお、王は酒の功徳を賞賛する際、酒を飲めば猿でも立ち上がって舞うのであり、まして世人はなおさらだ、とやや唐突に語っている（同・五八六中）。これは西域由来の猿まわしの芸や、宴席で酔いに乗じてそうした猿をまねて演じられた芸としての舞を考慮したものと見るべきだろう。[9] ここでは、飲酒が認められているだけでなく、酔って舞うなどして楽しむことも当然のこととされていることになる。

(2) 中国僧の飲酒

敦煌ほどではないにせよ、中国の僧尼にも酒を飲む者が多かったのは当然だろう。唐代初期に編纂されたと思われる笑話集の『啓顔録』には、仏教関連のネタが多く、僧侶の飲酒に関する笑話も収録されている。ある僧がいつも読経の途中でのどが乾くため、鈴を「鈴鈴（ling ling）」と鳴らすと小僧が酒を温めて持っていくようにしていたところ、ある時、小僧が酒を温めることを忘れてしまった。その酒を飲んだ僧が冷たいと文句を言うと、小僧は、「和尚様の鳴らす鈴の音が、「冷冷（leng leng）」と聞こえましたので」と言い訳したという話だ。これは、僧侶の飲酒をけしからぬことと見てからかうための笑話ではなく、あくまでも頓智と言葉遊びの面白さがテーマとなっており、酒を飲む法師がいることは当然のこととされている。

(3) 酒好きな仏菩薩

『未曽有因縁経』が論じているのは在家信者の飲酒だが、経名の「未曽有因縁」とは、右で述べたような道理を教えてくれる「明師」を指すと記されている以上（同・五八七下）、こうした主張が僧侶にまで適用されるようになっても不思議はない。

そうなれば、教化のための方便であろうがなかろうが、酒を好む仏菩薩がいるという主張が出てくるのは当然だろう。その点で注目されるのが、李白の「飲中八仙歌」が酒仙の一人である蘇晋について、「蘇晋は長斎す、繍仏の前。酔中往往、逃禅を愛す」と述べていることだ。普通に解すれば、「蘇晋は八関斎の日だけでなく、在家信者が長い期間にわたって僧侶なみに戒を守る行の際は、刺繍された仏の図を飾って酒肉を絶っているものの、その期間が終わると、酒をたっぷり飲んで酔っては自由な禅にふける」といった意味となろう。この句、とりわけ「逃禅」の語は難解であって解釈は様々だが、後代の「師氏」という人物の注では、「繍仏」とは酒を好んだ弥勒仏を刺繍した図と見ており、次のように説いている。

> 蘇晋は浮屠の術（仏教）を学んでいた。かつてインド僧の慧澂が刺繍した弥勒仏の図一本を手に入れ、これを大事にしており、こう言ったことがある。「この仏は、好んで米汁を飲む。まさに私の性格と合致している。願わくは、この仏にお仕えしたい。他の仏は愛せない」と。思うに、弥勒仏とは、現在世間で言う所の布袋和尚のことだろう。和尚は、常に市中で酒を飲み、豚肉を食べていた。当時の人には、この和尚の本来の姿（弥勒であること）を知るものは無かった。

すなわち、大きな袋を持ち歩き、もらったものは肉でも何でも食べて残りは袋に入れており、死後残された偈に「弥勒、真弥勒。……時人、自ら識らず」とあったことから弥勒と同一視されるようになった中国南地の伝説的な僧、布袋（〜九一七？）こそが、蘇晋が拝んでいた弥勒仏だとするのだ。これは後代の解釈だが、弥勒が酒と結びつけられている点が注目される。

（4）般若湯と般若酒

布袋は後には禅僧とされるようになった。これは常識を否定する禅宗が盛んになってくると、あれこれ理由をつけて酒を認めることが増えてきたことも一因だろう。たとえば、僧侶が酒のことを般若湯と呼ぶことは日本では有名だが、これは中国北地の禅僧の言い回しを入宋した日本の禅僧が持ち帰って広めたものだ。現代の中国では、この語を知っている人はまずいない。般若湯の「湯」とは、いわゆるお湯ではなく、煮出したスープのことであり、薬を意味する場合もある。般若湯の場合は、むろん後者の意であって、般若を煮て作った薬酒、ないし般若が得られる薬酒ということであり、実際、日本の五山の禅僧は、般若湯と称して酒に梅干を入れ、薬用として勧めることもあったという。

般若湯に似た呼び方としては、「般若酒」がある。傅大士の作とされるものの、実際には仮託された後代の作品を多く収録した『善慧大士語録』に見える「還源詩十二章」の末尾の詩は、次のようになっている。

還源去　　源に還りなん

般若酒澄清　般若の酒、澄清たり
能治煩悩病　能く煩悩の病を治す
自飲勧衆生　自ら飲み、衆生に勧む

すなわち、般若の酒は煩悩を癒やすと述べ、自ら飲むだけでなく、他の人々にも飲むよう勧めると詠うのだ。これは、酒を飲むことを禁止する戒律、他人に飲ませたり、売ったりすることを禁ずる『梵網経』などの菩薩戒を真っ向から否定するものであり、自ら飲酒しまた酒を飲むよう勧めることを自利利他の実践とみなすものだ。

仏教経典で酒を譬喩に用いる例としては、『入楞伽経』が説く「三昧酒」がある。これは、小乗の修行者たちが禅定の楽しみにふけっていることを「三昧の酒に酔う」と表現したものだ。「般若酒」という表現は、こうした言い回しを利用し、区別を超越した大乗の般若の智恵を賞賛してそれを薬酒にたとえたのだろうが、この詩を作った人物が本物の酒を飲まなかったとは考えがたい。

また、『寒山詩集』に付された「拾得詩」には、次の詩がある。

般若酒冷冷　般若の酒、冷冷たり
飲多人易醒　飲むこと多ければ、人醒め易し
余住天台山　余は住す、天台山
凡愚那見形　凡愚、いずくんぞ形を見ん
常遊深谷洞　常に深谷の洞に遊び
終不逐時情　終に時情を逐わず
無愁亦無慮　愁い無く、亦た慮り無し
無辱也無栄　辱無く、また栄無し

寒山詩にならった類型的な作風だ。暖めて飲んで酔っぱらう世間の酒と違い、般若の酒はひんやりとしており、たくさん飲めば飲むほど醒めわたると説いている。そして、寒山詩のように、自分は天台山の奥に住んでいて、世間に迎合することがなく、愁いも心配もなく、栄辱から離れていることを強調している。この詩は般若の境地を酒に喩えているが、この詩の場合も、これを書いた人物が酒を忘憂のものと見て愛飲していたことは間違いないだろう。

(5) 酒を飲む仏、酔い倒れる菩薩

十三世紀初めに編纂された禅宗の史伝書、『嘉泰普灯録』巻十六によれば、正堂明弁禅師は、狗子（犬）に仏性が有るか無いかに関する趙州従諗の問答を取り上げ、次のような偈を示したという。

狗子に仏性有れば、毗盧は愛し飲む弥勒の酒。
狗子に仏性無ければ、文殊は酔い倒れ、普賢扶く。
扶けて家中に至れば、全て銘酊し、

胡言・漢語もて妻奴を罵る。

犬にも仏性が有るとなると、毘盧舎那如来は弥勒の酒を愛飲し、仏性が無いとすれば、文殊菩薩が酔い倒れてしまって普賢菩薩が肩を貸し、助けて家まで至ると、文殊菩薩はまったく酩酊し、インドの言葉や漢語でもって妻と下男下女を罵る、という偈だ。つまり、犬にも仏性が有るという立場にこだわっても、無いという立場にこだわっても、仏教の正しいあり方から外れることになるというのだ。ここでも弥勒と酒が結びついていることに注意したい。

(6)『酔菩提』

南宋の頃に道済という禅僧がおり、だらしない格好をして市中で酒や肉を食らい、とんぼを切ることを好んでいた。このため、「済公」と呼ばれて親しまれ、また頭がおかしな僧ということで「済顛」とも呼ばれた。済公の逸話は次第に増えていき、数々の小説が登場したが、清代になってこれを戯曲仕立てにしたのが張大復の『酔菩提』であり、二十回の章回小説とした墨浪子『済顛大師酔菩提全伝』やこれに良く似た天花蔵主人編次『済顛大師酔菩提全伝』なども刊行されて流行している。[10] 儒教が柱となっている中国では、礼を守る人物が尊重される一方で、古代から風狂の士が愛されてきたことが示すように、規則に縛られずに行動する人物が好まれる。仏教の場合も、そうした禅僧が特別扱いされ、人気となったのだ。他にも『嘉泰普灯録』巻二十四「応化聖賢」の部に録された酒仙遇賢和尚、『神僧伝』巻九に見える顕化禅師も同様だ。

『酔菩提』については日本でも流行しており、これを日本の話に改めた山東京伝『本朝酔菩提全伝』が文化九年（一八一二）に刊行されている。主人公は、当然ながら酒を好んだ一休禅師だ。

四、日本仏教と酒

(1)仏教儀礼と酒

戒律が弱いことで有名な日本仏教のことゆえ、古代から酒を飲む僧が多かったことは言うまでもない。奈良時代に中国の道僧格をまねて『僧尼令』を作り、「飲酒・食肉・食五辛の僧尼は、三十日苦使」と規定したものの、厳密には守られなかったことは良く知られている。『僧尼令』にしても、薬酒については認めていたうえ、「もし飲酒酔乱し、人と闘打するに及ぶ者は各の還俗」と定めているため、薬酒と称して飲んでも、喧嘩するほど酔って乱れなければ大丈夫なのだ。『日本霊異記』中巻第三十二の「寺の息利の酒を貸り用ゐて償はずして死に、牛となりて役はれ、債償せし縁第三十二」

の説話が示すように、寺では「薬分」と称して酒を造る米を保有しており、それを貸し出して利息をとっていた。そうであれば、自ら酒を造るようになるのは自然だろう。平安中期には、官寺も含め、「酒舎」とか「酒屋」と呼ばれる酒造りの建物を有していた寺がかなりあったようだ。

寺と酒が結びついていた理由の一つは、神事には酒がつきものだったことだ。天照大神の末裔であって日本の神々の総元締めとされていた天皇が命じる公的な仏教儀礼では、終了後に慰労として酒が振る舞われることが多く、それを拒否することはできなかった。貞観三年（八六一）三月十三日から三日間、魚・肉を禁じて東大寺大仏供養をおこなった際も、導師に対して「酒三升」、千僧に対して「酒二合」が給されている。(11)

比叡山でも、常行三昧の後は撤饌となり、僧侶一同、御神酒を頂き、直会となるのが常であったという。多武峯の延年では、大晦日に「酒式」がおこなわれ、内山永久寺では「酒肴式」なるものがおこなわれている。こうした場合、「大酒」となったのは当然だろう。そればかりか、延年では、「尋飲中八仙連事」や「尋壺公酒之事」のように、酒にまつわる故事をテーマとした芝居も披露されている。

中世に至り、堅苦しい戒律にとらわれず自由に振る舞うことを誇る禅宗が広まると、飲酒の風はさらに強まった。格式の高い大きな禅寺の僧たちの日記によれば、連日のように酒宴が行われており、酔って漢詩の応答を交わしたといった記事の多さに驚かざるを得ない。(12)

（2）僧や菩薩に酒を勧める人たち

僧侶がこのように酒を飲むことができたのは、在家の信者が認めていたからだ。たとえば、狂言の「地蔵舞」では、宿の主人が地蔵という名の旅の僧に酒を勧めている。僧は断るものの、再三勧められると、「飲むことはできないが、吸ってみよう」と言って飲み始める。こうした便法があったのだ。しかも、酔った主人が僧に舞うよう勧めると、僧は「地蔵舞を見まいな、地蔵舞を見まいな」とはやしてもらいながら舞い始め、袖を顔にあて「六道の地蔵の酔い泣きしたをごろうぜ」と歌い舞って退場して行く。これは、迎え講などで地蔵に扮した人が往生人に随喜し、酔ったように踊っていたことに基づくものと思われる。ここでは僧が酒を飲んで酔うことはまったく問題とされておらず、むしろ楽しい芸とみなされていることが注意されよう。

「金津（地蔵）」でも、地蔵菩薩に化けた詐欺師の子供が古酒を飲みたいと要求すると、地元の者たちは酒を供え、子供が酔って居眠りすると「生き地蔵」だと喜び、ゆらゆらする姿が見たいだの、立って踊る姿が見たいだのと要求し、子供はそれに応えて踊るところで終わっている。こちらも、菩薩が酒を飲むことに関して違和感を覚えている様子はまったく無い。

（3）酒の仏の登場

こうした状況である以上、酒の仏が登場するに至ったのは当然だろう。浅草寺や善光寺の秘宝開帳のパロディとして安永六年（一七七七）六月に両国広小路でおこなわれて評判となったインチキ霊宝展示の催しでは、体がトビウオ、頭はくしがい、後光は干鱈、台座は吸い物椀でできた三尊仏や、髪がサザエ、頭は鮭の頭、手足は鮭の塩引き、袈裟はこんぶ、剣は刺身包丁、火炎は鎌倉海老、岩座はサザエ・あわびの不動明王などが仰々しく展示され、『三ケ津伝来 開帳冨田霊宝略縁起』というもっともらしい縁起が作成されて売られていた。その戯文の縁起では、「酒宴世尊」が「南無阿弥豆腐のおでんを説」いたと記されており、釈尊ならぬ「食尊」が、五百人の阿羅漢たちに対し、汝らは「しやうじん（生身＝精進）の如来」を拝するのは難しかろうから、「なまぐさ如来」を拝せよと命じると、塩物の不動如来や三尊仏たちが現れたと説いている。[13] これは、延年の開口や『精進魚類物語』などのお遊びの系譜を継ぐものだ。

この種の戯文と酒が結びついた例が、「幕末にそれほど近づかない近世後期」の作と推定されている『酒餅伊呂波論義』だ。[14] 本作は、酒好きの上戸と餅好きの下戸の争論というお馴染みの図式となっており、下戸が釈尊在世時の禁酒の因縁を説き、上戸が反論して酒の功徳を説くと、樹の陰から声がする。「釈尊は、酒は甘露の良薬ともおおせられた。だから、（酒を禁じられたのは）用い方の悪さを戒められただけであって、酒を罪したのではない。……乱に及ばないことが肝要だ」と。ここでまた上戸・下戸の争いとなるが、木陰からあらわれた閑人が中庸の大事さを説き、餅と酒とは「その源は同じ米なり」と諭すと、いずれも納得し、三人一同に手を拍って笑ったとして終わっている。

（4）『佛説摩訶酒仏妙楽経』と良寛

こうした風潮の中で生まれたのが、亀田鵬斎の戯文である『仏説摩訶酒仏妙楽経』だ。本経では、釈尊が摩訶酒仏という仏の素晴らしさを説くと、その酒仏が酒の盃と酒肴である蟹のはさみを手にして大地から涌出し、酒の功徳を獅子吼した後、最上の陀羅尼として「酔酔酔酔、酔也娜」を説いている。これは、妻の死後、吉原の芸者を後妻とした鵬斎が、吉原でも流行していた「よいやな節」をひねったものだろう。[15]

この偽経を書いた粋人学者で書家としても知られたいた鵬

斎は、新潟に旅した際、書や詩歌で有名であった良寛と親しくなり、冗談を言い合ったり、酒を酌み交わしたりしたことで有名だ。酒を好んだ良寛には酒に関する和歌・長歌が多く、酔いに触れた歌も多少残っており、特に定珍との唱和が目立つ。定珍は、渡部村の庄屋であって代々酒造業を営んでいた阿部造酒右衛門の号であり、若い説きに江戸に遊学して歌学その他を学んでいたため、良寛の若き良き友人であったうえ、保護者でもあった。

その定珍が、「限りなくすゝむる春の杯はちとせを延べる薬とぞ聞く」と詠み、繰り返し杯を勧めた際の良寛の反しが次の歌だ。

さすたけの君がすゝむるうま酒にわれ酔ひにけりそのうま酒に

この他にも、良寛は定珍と飲んだ時に次のような旋頭歌を詠んでいる。

常磐木の　ときはかきはに　ましませと　君が祝ぎつる
豊御酒に　豊御酒に　われ酔ひにけり　その豊御酒に

このうち、最初の歌は、長命をもたらす薬酒と飲んだ際のもの、次の歌は祝いの席での飲酒の歌であり、これまで見てきた口実に基づく飲酒の例だが、次の歌は仏教によって理屈づけられないものだ。

あすよりの後のよすがはいざ知らずけふの一日は酔ひにけらしも

これもおそらく定珍と飲んだ時の歌と思われるが、良寛は江戸末に『万葉集』を重視してそうした詠みぶりの歌を詠んだ数少ない歌人の一人であることを考えると、古詩や陶淵明などの漢詩のほかに、仏教の世界観を受け入れたうえで飲酒を敢えて選び取った大伴旅人の歌、

今の世にし楽しくあらば来む世には虫にも鳥にも我はなりなむ　(三四八)
生ける者つひにも死ぬるものにあれば今の世なる間は楽しくをあらな　(三四九)

などの世界観に近い。あるいは、旅人の妻である大伴郎女の死後、旅人や子の家持の世話をするために大宰府に向かった旅人の異母妹、坂上郎女が、仏教を踏まえつつ、

斯くしつつ遊び飲みこそ草木すら春は生ひつつ秋は散りゆく　(九九五)

と詠ったのに近いのではないか。

良寛は、定珍以外では、木こりや農民などの銭を出し合って飲むことが好きであったようだが、『良寛禅師奇話』は、「師、常に酒を好む。然りと雖、量を超えて酔狂に至るを見ず」と記している。興味深いのは、こうした良寛については

近代では批判はほとんどないどころか人気がきわめて高く、良寛という名が題名に見える本は一〇〇〇冊あまりになることだ。一宗の開祖でない僧で、これほど愛されている僧はいない。

明治になっても状況は変わらなかった。明治十二年（一八七九）に東京大学で初めて仏教を講義した豪放磊落で酒好きな禅僧、原坦山は、戒律厳守で知られた真言律宗の釈雲照に酒を勧めて断られた際、「酒を飲まないようなやつは人間ではない」と口走ったところ、雲照が憤然として「人間でなかったら何なのか」と詰問したため、「酒を飲まなければ仏様よ」と答えたという。この話は少し変えられて様々に伝えられているが、そうした坦山が「今一休」とも呼ばれたのは、親しまれていた証拠だ。(16)

これに対して、西本願寺系の普通教校の学生有志が仏教徒の禁酒と信仰改革を目的として一八八六年に組織した「反省会」の機関誌、『反省会雑誌』は、全国誌へと展開して『中央公論』となるに至ったが、禁酒の主張は消え去った。日本では酒を絶っている僧尼は尊重されたものの、僧尼も信者も酒に寛容であって、不飲酒戒を守る者は少なかったのだ。

注

（1）　船山徹『梵網経の研究』（臨川書店、二〇一七年）四八〇頁。
（2）　石井公成「仏説摩訶酒仏妙楽経謹解」（『駒澤大学 仏教文学研究』第十二号、二〇〇九年）。
（3）　インドから日本まで広く論じた先駆的な労作として、藤原暁三『仏教と酒』（日本基督教婦人矯風会 少年禁酒軍、一九三三年）がある。インドの初期仏教における飲酒事情については、杉本卓洲『五戒の周辺』（平楽寺書店、二〇〇〇年）。中国仏教における禁酒の歴史については、道端良秀「中国仏教と禁酒運動」（『大谷大学研究年報』第十五号、一九六三年）。
（4）　平川彰『二百五十戒の研究Ⅲ』第六章「波逸提法第六品飲酒品」（春秋社、一九九四年）。
（5）　藤田光寛「瑜伽戒における不善の肯定」（『日本仏教学会年報』六五号、二〇〇〇年）。
（6）　楊富学・許娜・秦才郎加「鄯善敦煌吐魯番僧人飲酒習俗考析」（『敦煌仏教与禅宗学術討論会文集』（三秦出版社、二〇〇七年）。
（7）　李正宇「晩唐至北宋敦煌僧尼普听飲酒」（『敦煌研究』第九一期［二〇〇五年第三期］、二〇〇五年六月）。
（8）　撫尾正信「摩訶摩耶経漢訳に関する疑義」（『佐賀龍谷学会紀要』二号、一九五四年十二月）。
（9）　石井公成『〈ものまね〉の歴史』「中国のものまね」（吉川弘文館、二〇一七年）。
（10）　澤田瑞穂『仏教と中国文学』「済顛酔菩提」（国書刊行会、一九七五年）。
（11）　牛山佳幸「日本の寺院社会における飲食文化の特質につい

て」(『(食生活文化に関する研究助成) 研究紀要』第十号、一九九四年三月)。

(12) 芳澤元「室町期禅林における飲酒とその背景」(『竜谷史壇』第一二七号、二〇〇七年九月)、同「僧坊酒宴と室町文化」(『藝能史研究』第二二八号、二〇二〇年一月)。

(13) 崔京国「江戸時代における「展示型見立て」——開帳を模倣したイメージの展覧会」(『国際日本文学研究集会会議録』第十六号、一九九三年)。

(14) 渡辺守邦『酒餅伊呂波談義』——翻刻と解説」(『実践国文学』第五十五号、一九九九年)。

(15) 石井公成「亀田鵬斎と『仏説摩訶酒仏妙楽経』」(『新潟県文人研究』第十二号、二〇〇九年十月)。

(16) 加藤教栄『滑稽百話』(大月隆、一九〇九年)では冒頭の一—二頁に掲げられている。なお、釈悟庵編『坦山和尚全集』第三篇「坦山和尚逸事」(光融館、一九〇九年)では、坦山は呵々大笑して「惜しむべし、惜しむべし」と言い、「雲照さんも酒を飲めねば死仏ぢゃわい」と言い放ったとしている(三七九頁)。

付記 本稿は二〇一七年に提出した原稿に少しだけ追加したものである。本稿が刊行された後に、これを二倍強に増補した論考が、村田みお・石井公成『教えを信じ、教えを笑う』(臨川書店、二〇二〇年)のうち、筆者が担当した「第二章 酒・芸能・遊びと仏教の関係」の「酒」の部分に収録される予定だったが、諸事情により刊行順序が逆になってしまった。既出の部分が多いことをお詫びする。

◎コラム◎

人類最初の酔っぱらいとしてのノア

木俣元一

泥酔するノア

人類最初の酔っぱらいは誰だったのか。

この問いに対する一つの答えが、聖書の冒頭（『創世記』九章）に見つかる。ノアである。ノアと聞くと、まず箱舟と大洪水の物語が思い浮かぶだろう。アダムとエヴァがエデンの園を追放された後、彼らの子孫が生まれ、地上に人間がどんどん増えていった。しかし悪い人間ばかりだったため、神は、動物たちとともにすべての人間を滅ぼそうと決心する。ところが念のためよく見ると、ノアだけは正しい人だった。そこで神は、彼の一族とすべての動物を七つがいずつ救うことにした。当時ノアは六〇〇歳だった。雨は四十日間降り続き、もっとも高い山々も水の下に沈む。箱舟に乗せられたものを除き、すべての生き物が息絶えた。やがて洪水が引く。ノアたちは箱舟から出る。祭壇を築いて神に感謝の祈りを捧げる。ノアは六〇一歳になっていた。雨上がりの空には美しい虹がかかっている。神と人間のあいだの新しい契約のしるしだ。

聖書の続きを読んでみよう。この後ノアは農夫となり、土地を耕しぶどう畑を作る。史上初のぶどう栽培者だ。中世盛期に編まれた説教集によると、野生のぶどうから作った酒は渋くて、とても飲めたものではなかった。だが、ノアはそれを飲みやすい、美味しいものへと変えた。四種類の動物、つまり子羊、ライオン、ブタ、そしてサルの血を土と混ぜて作った肥料をぶどうの木の根に与えた。[1] その結果、ぶどうは甘くなったという。

この美味しい飲み物を、彼は飲みすぎて泥酔してしまう。酔いが回って全裸で眠りに落ちた。なんと下半身も丸出しである。ノアには三人の息子がいた。セム、ハム、ヤフェト（ヤペテ）だ。全世界の人々は彼らの子孫に当たる。人種の起源

きまた・もとかず――名古屋大学人文学研究科教授。専門は西洋中世のキリスト教美術史。主な著書に『シャルトル大聖堂のステンドグラス』（中央公論美術出版、二〇〇三年）、『ゴシックの視覚宇宙』（名古屋大学出版会、二〇一三年）、『西洋美術の歴史3 中世II ロマネスクとゴシックの宇宙』（共著、中央公論社、二〇一七年）などがある。

をここに見る人たちもいた（いる？）。泥酔した父親を見つけたのは、真ん中のハムだ。ハムはそれを二人の兄弟に告げた。二人は父親への敬意から、その裸を見ないよう、後ずさりしながら着物で裸身を覆う。本当に見なかったかどうかは、誰にもわからない。後にノアはその裸を見たハムの不敬を責める。その息子カナンを、「奴隷の奴隷となり、兄たちに仕えよ」と呪った。泥酔という失態を演じたのはノアだ。その裸身を偶然見てしまったハムが叱られ、そしてその息子が呪われるのは、私たちの感覚からするとかなり理不尽に思える。酔っぱらったノアは、酒が好きで怒りっぽい、変わり者のおじいさんだったのか。だが昔の人の受けとめ方はまったく異なっていた。

中世からルネサンスにかけての美術において、時に陰部をさらけ出し、だらしなく眠る老人が少なからず登場する。泥酔したノアだ。教会堂の聖なる空間に描かれることも多かった。あまり美しいものではない。性器を露出している場合など、見てはいけないものを見てしまったような気がする。どうしてこんなものを描くのか。これは彼を揶揄するためではない。なぜか。そこには深い理由がある。アウグスティヌス、そしてアンブロシウスといった教父たちがこの事件を論じた。その議論と、残された作品を照らし合わせ、今は失われた解釈をよみがえらせたい。

ノアとキリスト

『神の国』で、アウグスティヌスは、ノアとキリストを詳細に比較する。(2) ノアから見るとキリストはずっと未来の存在だ。だが二人のあいだにはさまざまな共通点がある。

まずノア同様、キリストはぶどう畑を造り、そのぶどう酒を飲んだという。このぶどう畑とは、預言者イザヤの言う、「万軍の主の造ったぶどう畑」だ（『イザヤ書』五章七節）。「万軍の主」とは神のこと。その「ぶどう畑」とは、地上における神の国イスラエルである。ぶどう畑の主人である神は、そこに自分の息子を送った。神の息子とはキリストのことだ。だがぶどう畑の農夫たち、つまりイスラエルの人々は息子を捕え、殺してしまった。キリストは自らの受難について、こんな喩えを使って語る（『マタイによる福音書』二一章三三―四五節）。

そしてノアがぶどう酒を飲んだ杯は、キリストが飲んだ杯、すなわち受難を意味する。受難とは、キリストがエルサレムで逮捕され苦しみを受け、最後に十字架の上で殺されるできごとを指す。ではなぜ杯が受難を意味するのか。キリストは受難の地エルサレムをめざす途上で、人々に「このわたしが飲もうとしている杯を飲むことができるか」と問いかけた（同上二〇章二二節）。さらに逮捕の直前キリストはゲツセマネという場所で、「父よ、できることなら、この杯をわたしから過ぎ去らせてください」と祈る（同上二六章二九節）。ノアが杯からぶどう酒を飲み泥酔したことは、キリストが受難の苦しみを受け死ぬという未来を予告する。

　またキリストは、ノアの長子セムの子孫であるイスラエルの民として、聖母マリアから生まれた。イスラエルとは、先ほど述べたように、イザヤによれば神のぶどう畑だ。そこで育ち実ったぶどうとは、イスラエルの民をさす。では、そのぶどうから作られたぶどう酒を飲むということは、どういうことか。アウグスティヌスによると、それはイスラエルに住まう民の一人として、人間の身体を受け取ることを意味する。こうして神の子であるキリストは、人間の身体を持つことになった。だからこそ、神の子でありながら、人間となって苦しみを受け、十字架上で死を経験し得た。キリストは人間となったからこそ、死ぬことができた。彼の死という犠牲により、アダムとエヴァの犯した原罪が濯がれ、贖われたのである。

図1　「ノアの物語」（13世紀　モザイク、ヴェネツィア、サン・マルコ大聖堂）

　アウグスティヌスによるこうした解釈を念頭において、「ノアの泥酔」をテーマとする美術作品を観察してみよう。いろいろな読み取り方が可能となる。まず泥酔してぐったりと眠りに落ちた裸体のノアは、受難により衣服をはぎ取られ、殺されたキリストと結びつく。死せるキリストの姿は、古くから多くの美術作品に表され、人々の記憶に刻まれてきた。酔っぱらって横たわるノアに、死んだキリストのイメージが重ねられる。

　たとえばヴェネツィア、サン・マルコ聖堂のモザイク（十三世紀）（**図1**）を見てみよう。眠るノアの姿は、死後十字架から降ろされたキリストの遺骸を想起させる。そもそもキリストの遺骸は死んでいると同時に生きている。生と死のあいだの曖昧な中間地帯にある。なぜなら、キリストは単に死んでいるだけではないからだ。その間に死者の世界である冥府に降下してその扉を破砕し、復活する。死に対する勝利である。眠るノアの傍らで大きく枝を広げるぶどうの木は、そこに宿る自然の力強い生命感により、キリストの死からの蘇えりをイメージさせる。

　ドイツの大学都市ハイデルベルク近郊にある、マウルブロン修道院聖堂を訪ねてみよう。その内陣にある聖職者席の東面には、向かって左（南）に木彫で表された中世末期の「ノアの泥酔」（一四五〇年頃）が残る（**図2**）。同じ聖職者席の西にある祭壇後方に据えられた、中世末期の磔刑像は、十字架の上で死んだキリストを示す（**図3**）。聖職者席からは、障壁の向こうに磔刑像の裏面が見える。この場に身を置くと、この十字架と磔刑像が喚起するキリストの死と浮彫の眠るノアを、関係づける仕掛けになっている。中世末期に浮彫が作られた時、磔刑像の存在が意識された。「ノアの泥酔」の浮彫は縦に細長い形で、ノアの上方には巨大なぶどうの木がそびえ立つ。

図2　「ノアの泥酔」（1450年頃　木彫、マウルブロン修道院聖堂、内陣聖職者席）

図3　キリスト磔刑像（15世紀後半　石彫、マウルブロン修道院聖堂、外陣）

さらにこの聖職者席の東面には、向かって右（北）に、「エッサイの木」を表す浮彫がある（**図4**）。ノアと同じように眠る、エッサイという旧約聖書の人物から、巨大な木が生えている。エッサイはダビデという王の父親である。その枝の中には、幼児キリストを膝の上に抱く聖母マリアが座る。「エッサイの木」は、十二世紀頃から広まった図像だ。エッサイの子であるダビデ王は、キリストの祖先に当たる。これら二つの浮彫は、左右（南北）でペアをなす。構図が似ていて、互いに結びつけて解釈できる。こうして、神の息子であるキリストが、ノア、そしてその息子セムの遠い子孫であること。ダビデ王の系譜に連なり、イスラエルの民として生まれたこと。そして人間の身体を聖母の胎内で与えられたこと（これを「受肉」と言う）が強調される。

ノアとアダム

すでに言及したように、洪水の後、ノアは農夫となったと聖書は語る。ここで

「農夫」と訳された語は、もともとのヘブライ語では「土（アダマ）の人」を意味していた。ヘブライ語の聖書で、農夫を意味するために、「土を耕す人」ではなくこの「土の人」という変わった表現が使われているのは、ここだけだ。なぜわざわざこうした表現を使ったのだろうか。

　四世紀にミラノ司教であったアンブロシウスは、アウグスティヌスを回心させたことで知られる人だ。彼の『ノアと箱舟の書』という著作には、農夫としてのノアに関する考察が含まれている(3)。そこでアンブロシウスは、ノアの生きていた時代から、ずっと過去にさかのぼる。そしてノアは、神が最初の人として創造したアダムと比較される。

　なぜか。ノアは洪水の水とともに、土とも関係が深い。農夫、すなわち「土の人」であるノアは、神が土から作って命を与えたアダムを想起させる。アダムは土から造られた「土の人」なのだ。聖書の言葉を引こう。「主なる神は、土（アダマ）の塵で人（アダム）を形づくり、その鼻に息を吹き入れられた。人はこうして生きる者となった」（『創世記』二章七節）。またアダムは、ノアと同じく「耕す人」、すなわち農夫でもあった。最初の人アダムの前には「土を耕す人もいなかった」（同上二章五節）。神はアダムを楽園に「連れて来て、エデンの園に住まわせ、人がそこを耕し、守るようにされた」（同上二章一五節）。アダムは最初の人であり、すべての人は彼の子孫だ。そして洪水後リセットされた新しい世界では、すべての人はノアの子孫となる。新しい世界におけるノアは、神が創造した世界におけるアダムと同様の位置にある。

図4　「エッサイの木」（1450年頃　木彫、マウルブロン修道院聖堂、内陣聖職者席）

　アンブロシウスは、「楽園」を出て農夫となったアダムと、「箱舟」を出て農夫となったノアを比較する。アダムは、エヴァとともに禁じられた果実を食べ、原罪を犯し、楽園から追放された。そして生きるために土を耕すことになった。「主なる神は、彼をエデンの園から追い出し、彼に、自分がそこから取られた土を耕させることにされた」（同上三章二三節）。神はアダムに言う。「お前のゆえに、土は呪われるものとなった。…お前は顔に汗を流してパンを得る／土に返るときまで。お前がそこから取られた土に。塵にすぎないお前は塵に返る」（同上三章一七―一九節）。土から造られたアダムゆえに、土とアダムは等質だ。アダムが犯した罪により、土が呪われるようになった。そしてアダムは、死により土に戻る。

またアダムの子カインも、「土を耕す者」（『創世記』四章二節）となった。ところが彼は弟のアベルを殺害する。アベルの流した血によって土が汚されたからだ。神は、殺人という罪を犯したカインに言う。「お前の弟の血が土の中からわたしに向かって叫んでいる。今、お前は呪われる。土を耕しても、土はもはやお前のために作物を産み出すことはない。お前は地上をさまよい、さすらう者となる。（同上四章一二節）」カインも呪われ、大地も呪われた。

しかし、呪われたアダムとカインの土に対する関係と、ノアのそれは大きく異なる。ノアの父レメクは、「主の呪いを受けた大地で働く我々の手の苦労を、この子は慰めてくれるであろう」と言って、その子を「ノア（慰め）」と名づけた（同上五章二九節）。洪水により大地は清められ、神の呪いを受けた世界はリセットされ、レメクの願いが現実のものとなる。晴れ上がった空にかかる美しい虹とともに、神はノアにこう伝えた。「人に対して大地を呪うことは二度とすまい。」アダムが楽園を追放された後、はじめて大地は人類にとって呪われたものでなくなり、すばらしい恵みをもたらすようになる。つまりノアが植えたぶどうと、そこから作られたぶどう酒は、新しい時代が来たことを告げるしるしなのである。

アダムとエヴァは禁断の果実を口にした結果、自分たちが裸であることを知って、陰部を隠そうとした。逆に、ノアは陰部を露出した。

ここでヴェネツィア、サン・マルコ聖堂のモザイクに戻ろう。下段左で眠るノアの姿（**図5**）は、同じ聖堂に描かれたアダム（**図6**）ととてもよく似ている。エヴァを創造するために眠らされたアダムだ。よく見ると、眠るアダムの周囲には、ぶどうの木が生えている。ぶどうの木はノアが最初に栽培したはず。だからここにぶどうの木があるのは変だ。何か意図があるにちがいない。ぶどうの木によって、眠って横たわるアダムを泥酔したノアと関係づけようとしたのだろう。

ノアとアダムの関係は、ミケランジェロが描いたシスティナ礼拝堂の天井画にも見られる。神がアダムを創造する有名な場面で地面に横たわる若々しいアダム（**図7**）と、ぶどう酒を飲んで眠る年老いたノア（**図8**）のポーズがほとんど同一なのである。泥酔したノアの背景には大地を耕すノアの姿が見える。大地を耕すアダムは、システィナ礼拝堂には描かれてはいないが、古来多くの美術作品で表されてきた。豊かな伝統をそなえる図像だ。そのため、農夫としてのノアは、楽園を追放された後の、農夫として大地を耕すアダムを想起させたにちがいない。

ノアとバッカス

　さらにルネサンスの想像力は、高難度の離れ業を演じることになる。ノアが最初にぶどうを栽培してぶどう酒を作ったことから、彼を異教の酒の神バッカスと結びつけたのだ。晩年のジョヴァンニ・ベッリーニの絵画である。(4)

　ヴェネツィア派を代表するこの画家は、自身の死を目前にして、泥酔した老人のノアを描いた（図9）。ベッリーニの画業の中でも異例のテーマである。違和感を覚えずにはいられない奇妙な作品だ。これ以前の作品と異なり、ノアの物語の一部だったり、旧約または新約聖書のほかの主題と関連づけられたりしているわけではない。「ノアの泥酔」のテーマが独立した絵になっている。ノアの肉体は、ピントがぼやけたような筆致で描かれているが、なぜかとても生々しいリアルな感触を呼びおこす。それは画面と平行に私たちの目前に提示され、奥行きが感じられず、息苦しささえ感じてしまう。ところでこの画家は、ノアを描いたのとほぼ同じ頃、美しい自然を背景に座る幼いバッカスを描いている（図10）。

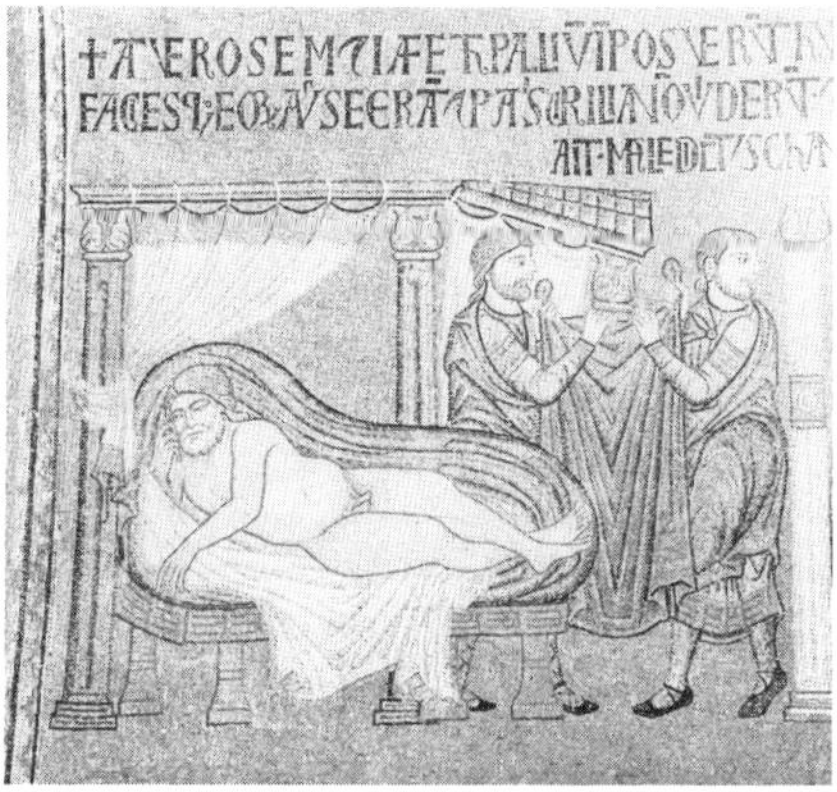

図5　「ノアの泥酔」（13世紀　モザイク、ヴェネツィア、サン・マルコ大聖堂）

図6　「エヴァの創造」における眠るアダム（13世紀　モザイク、ヴェネツィア、サン・マルコ大聖堂）

図7　ミケランジェロ「アダムの創造」（1510年　ヴァチカン、システィナ礼拝堂天井画）

図8　ミケランジェロ「ノアの泥酔」(1508～9年　ヴァチカン、システィナ礼拝堂天井画)

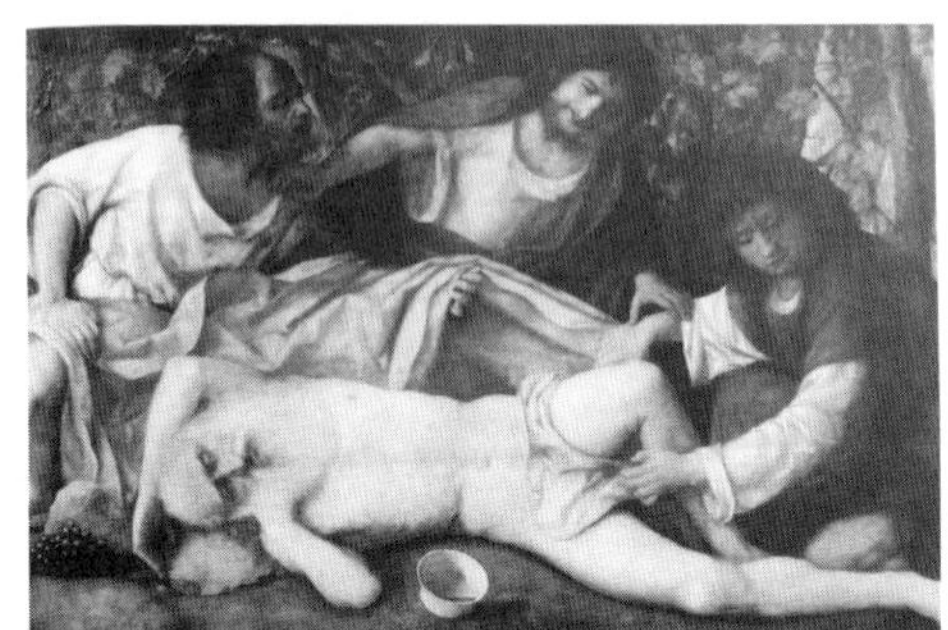

図9　ジョヴァンニ・ベッリーニ「ノアの泥酔」(1506～10年頃　カンヴァスに油彩、ブザンソン市立美術館)

図10　ジョヴァンニ・ベッリーニ「子供のバッカス」(1505～10年頃　板に油彩、ワシントン、ナショナル・ギャラリー)

年老いて横たわるノアと、永遠に若さを保つバッカスは対をなす。年老いたノアと幼いバッカスの組み合わせは、様々なイメージを次々と呼びおこす。死と再生のサイクルを年ごとに繰り返す大地と自然。アダムとキリスト。さらに死後永遠の命を得て楽園に再生する画家自身、さらに不滅の領域に達した彼自身の芸術である。

注

（1）永野藤夫訳『ローマ人物語』（東峰書房、一九九六年）二七三―二七四頁。

（2）アウグスティヌス『神の国』第16巻2。

（3）Ambrosius, *De Noe et Arca*, Jean-Paul Migne, *Patrologie latine*, t. XIV, cols. 381-438.

（4）Daniel Arasse, “Giovanni Bellini, Bacchus et la mythologie de Noé,” *Le sujet dans le tableau*, Paris, 2010, pp. 99-115, 205-208.

平安貴族の「酔い」と「まつりごと」

髙橋　亨

『源氏物語』の光源氏、また藤原道長をはじめとする摂関家の男たちは、多くが酒好きであった。酒が祭事や政治にあたる「まつりごと」と不可分であったからである。酒は人々の交流をもたらし文化を形成する媒体であったが、個人的にはストレスの解消とも病気の原因ともなる。女の飲酒についての記事は少なく、過度の飲酒によって命を落とした藤原道隆のような男もいる。

一、『源氏物語』の宴と飲酒

『源氏物語』の光源氏をはじめとする男たちは、酒をよく飲んでいる。日常的な飲食というよりも、儀式や年中行事にまつわる饗宴の場が多い。とはいえ、『源氏物語』に食事のメニューの具体的な記述は少なく、酒の種類についての記述もない。「御かわらけ参る」というように、酒を飲んだことだけが言われる。いわゆる「どぶろく」であろう。

常夏巻の冒頭、とても暑い日に、光源氏たちは六条院の「東の釣殿」に出て涼んだ。息子の夕霧や親しい殿上人が多く集まり、「西川」（大堰川）から献上された「鮎」、「近き川」（鴨茂川）の「石ぶし」（ごり）のようなものを、御前で調理させて食べた。

……大御酒まゐり、氷水召して、すいはむなど、とりどりにさうどきつつ食ふ。

左大臣方の公達も夕霧を尋ねて参上し、「大御酒（おほみき）」を飲み、「氷水（ひみづ）」を召して、「水飯」などをにぎやかに食べた。男たち

たかはし・とおる――名古屋大学名誉教授。専門は日本の王朝文学と物語・和歌の美術。主な著書に『物語と絵の遠近法』（ぺりかん社、一九九一年）、『源氏物語の詩学』（名古屋大学出版会、二〇〇七年）などがある。

図1　源氏物語絵屏風・常夏（架蔵）
常夏では釣殿で壺に入れた酒を水で冷やすか。肴は鯉と鮎か。

だけの宴会である。

また、藤裏葉巻の内大臣邸の藤花の宴では、内大臣が娘の雲居雁との結婚をようやく許すつもりで夕霧を招き、「大御酒まいり、御遊び」などを催した。内大臣は「そら酔ひ」（酔ったふり）をして、夕霧に「乱りがはしく強ひ酔はし」、「酔い泣き」により上手に意中を伝えた。これまで許さなかった娘と夕霧との結婚を認めるという、ばつの悪さを隠すための酔いの演技である。

時を見計らって内大臣は「藤の裏葉の」と和歌の一節を朗誦し、息子の柏木が、「花の色濃く、ことに房長き」藤を折って、「客人（まらうと）」夕霧の「盃に加」えた。飲みわずらっている夕霧に、内大臣が、娘を長く待たされたと、藤の紫と松（待つ）にまつわる歌を詠み、夕霧は盃を持ちながら形ばかり拝舞して歌を返した。飲んだ盃を柏木に渡して「次々順（ずん）流る」ようだが、「酔ひの紛れに」よい歌はなかったという。

現代の結婚式でも、神前で三三九度の盃の儀式が行われ、披露宴にも飲酒はつきものである。『源氏物語』藤裏葉巻の藤花宴は、年中行事の宴の場を利用して、娘の親が婿を迎える結婚式、あるいは披露宴へと、ゆるやかに移行している。

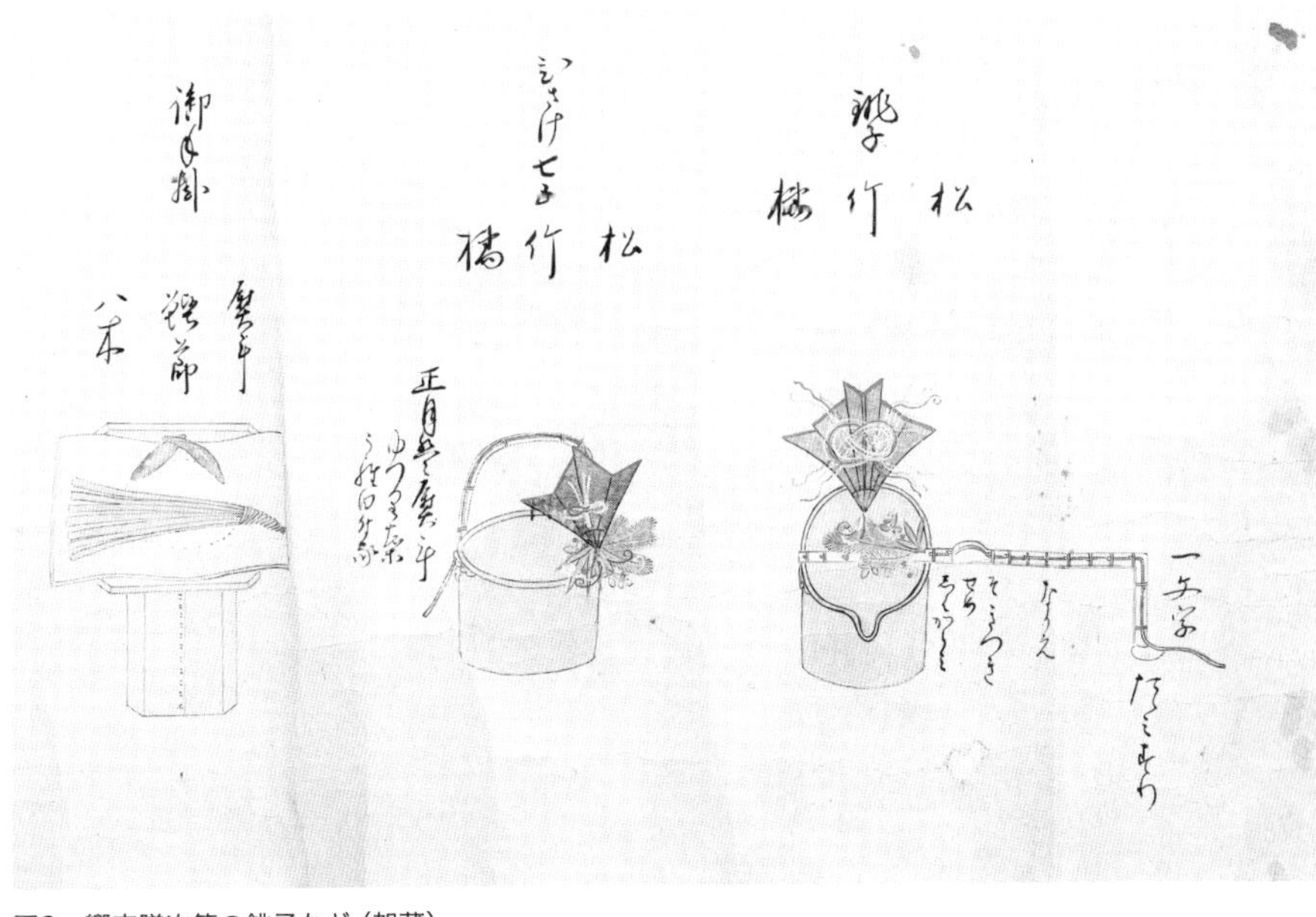

図2　饗応膳次第の銚子など（架蔵）

二、道長の祝宴と紫式部

『源氏物語』の作者紫式部が仕えた中宮彰子の父である藤原道長は、胃腸病があったようだが、酒をよく飲んでおり、豪放磊落な父兼家の血を承けているとみられる。『紫式部日記』寛弘五年（一〇〇八）九月、中宮彰子が皇子を出産し、道長が主催した五日の産養の記述がある。この日は藤原公任が宴席の歌会を主導した。「女房、盃」と、順の盃は、男性貴族たちの後、女房たちにも回って来ることを予測し、紫式部は「めづらしき光さしそふ盃はもちながらこそ千代もめぐらめ」と詠んだ。この皇子は、のちに天皇となるべき道長一族の栄華を予祝した歌である。

公任を前にして発表するにあたり、和歌の出来だけでなく、朗誦の「声づかひ」にも気を使わなくてはと、みんなが緊張していた。とはいえ、深夜に及んだので、特に女房の誰に盃をさすということもなく終わったという。この当時の宴席では、盃に酒を注がれたら、これを飲み干す前に、和歌を詠む習慣であった。

十月十六日の一条天皇の道長邸への行幸では、『万歳千秋』と公任らが朗誦し、道長が感激して「酔ひ泣き」した。そのことを、紫式部は「いとめでたけれ」と讃美して記している。

皇子誕生の五十日の産養では、道長に批判的な藤原実資が、女房たちの装束が華美ではないかと十二単の枚数を点検し、他の女房は無粋な「酔ひの紛れ」と侮っていた。紫式部は実資に共感を示し、「盃の順」が来るのを恐れていた実輔も「千歳万代」のお定まりの賀歌でやり過ごしたという。こうした祝宴の席で、紫式部のような女房たちは、ホステス役を務めていた。

『源氏物語』千年紀の根拠とされた記事も、『紫式部日記』のこの日の叙述の中にある。公任が自分を光源氏、紫式部を紫上に見立てて、「あなかしこ、このわたりに若紫（我が紫）やさぶらふ」と語りかけたと、実資への共感の直後にある。紫式部は、光源氏のような男は実在せず、まして紫上が私であるはずはないと、公任のパフォーマンスを無視して黙っていたと日記に記した。公任は晴れの宴席で、『源氏物語』作者としての紫式部を賛美したのだが、『源氏物語』が酔い乱れる公卿たちの座興とされたことへの反発であろうか。

「恐ろしかるべき夜の御酔ひ」だろうと、饗宴が終わってすぐに宰相の君と一緒に隠れようとしたら、道長に捕らえられ、「和歌」を詠んだら許すと言われた。賀の歌を詠むと、道長もすぐに返歌した。「さばかり酔ひ給へる御心地」にも、思う通りのお心を歌に詠んだのは、とても感動的でもっともだという。道長はこの皇子を将来の天皇とする決意であり、やがてそれは実現した。

三、酒による道隆の死

平安朝の貴族たちは、盃に注がれた酒を順番に飲み干しながら、和歌を作って朗唱し、また琴や笛の演奏をしたりしている。饗宴の間に酩酊しすぎては無理な遊芸である。公卿たちは儀式に伴う饗宴で鍛えられていたであろうが、女房たちも酔って醜態をさらすわけにはいかない。『紫式部日記』には、九日の産養の最後に、「こまのおもとといふ人の恥見侍りし夜なり」とある。これについて、高嶋采女が諸卿により宴席で「酔談」させられたことだという益田勝実による考証がある。この当否については問題も残るが、女房が男たちの前で酔態をさらすことが恥とされた例である。

平安貴族たちが、みんな上手に酒を飲んでいたわけではない。道長の兄の道隆はアルコール中毒とみられ、その死因も当時流行の疫病ではなく、酒の飲み過ぎであったと『大鏡』の世継は次のように言う。

関白になり栄えさせたまて六年ばかりやおはしけむ、大疫癘の年こそうせたまひけれ。されど、その御病にてはあらで、御酒のみだれさせたまひにしなり。

次いで、「男は、上戸、一つの興のことにすれど、過ぎぬるはいと不便なる折はべりや」と言い、その具体例として、道隆が藤原済時・朝光という二人の大将を伴って賀茂斎院の帰還の儀を御覧になるため、牛車に同乗して紫野に行った際、車中で飲み過ぎたことをいう。烏が止まった形の瓶を愛好して酒を入れ、牛車の前後の簾を上げ、三人とも冠を脱いで髻を露わにした醜態だったという。

とはいえ、道隆の酒の酔いは、醒めるのも早かったという。賀茂詣では、社頭の三度の杯の儀に大土器で七・八度飲み、上賀茂参拝の途中の牛車の中で爆睡し、道長らに起こされてもなかなか目覚めなかったが、やっと降りた時には、平然と「清らか」だったという。臨終の時、済時・朝光とも極楽で一緒に飲めるだろうかと言ったとも記す。

『大鏡』は道長が権力を握ったあとの栄華を記した歴史物語なので、誇張もあろうが、嘘とも思われない。道隆の娘の定子に仕えた清少納言『枕草子』の中で、道隆は洒脱な貴族として称えられている。道隆と酒の関係については、定子の妹の原子が皇太子妃として入内した段で、上機嫌で「猿楽言」を連発し、午後二時ごろに、弘徽殿の廊に殿上人が多く伺候していたのに対し、「くだもの、さかなど召させよ。人々酔はせ」と命じた。「まことに皆酔ひて、女房ともの言ひかはすほど」お互いに「をかし」と思っていたようだとある。

ところで、道隆が牛車の中に持ち込んでいたという「烏が止まった形の瓶」とはどんな酒壺であろうか。形態としては、正倉院に残る佐波理の水瓶や、仏具として用いられた志貴型の水瓶のようなものであろうか。烏は古今東西に賢い霊鳥とされ、日本神話では神武天皇を導いた八咫烏、熊野誓詞の烏などが連想される。特に酒との関わりがあるのかどうかは知らない。『枕草子』初段に、「秋は、夕暮。夕日のさして、山の端いと近うなりたるに、烏の寝どころへ行くとて、三つ四つ、二つ三つなど、飛び急ぐさへあはれなれ」とあるのをはじめ、清少納言も「烏」に好意的で、あるいは道隆と関係があるかもしれない。

四、酒をほめる大伴旅人歌と毛利元就の手紙

日本の古典文学作品の中で、大伴旅人の「酒を讃めし歌十三首」は、くったくなく酒を讃美した最初期の代表作品である。

・験なきものを思はずは一坏の濁れる酒を飲むべくあるらし（三三八）

くよくよ悩んでも甲斐はないのだから、一杯の「濁れる酒」を飲むべきであるようだという。「濁れる酒」は、『文選』にみえるような中国の隠者が飲む白濁した下等な酒だという（新日本古典文学大系『万葉集一』三三八注）。竹林の七賢も酒を欲しがったという歌もあり、旅人の酒を讃める歌の基底に、中国の古典文学があることは確かであろう。とはいえ、日本の歌人大伴旅人が正真正銘の酒好きであったことを疑う余地はない。

・賢しみと物言ふよりは酒飲みて酔ひ泣きするし優りたるらし（三四一）

「酔い泣き」という『紫式部日記』にもみえる表現は、次の二つの歌にもある。

・世の中の遊びの道にたのしきは酔ひ泣きするにあるべかるらし（三四七）

・もだ居りて賢しらするは酒飲みて酔ひ泣きするになほしかずけり（三五〇）

「賢しら」し賢人ぶるよりも、すなおな「酔ひ泣き」の方がよいというのは、人情の論理、「もののあはれ」の論理といえよう。だから有名な次のような歌の皮肉となる。

・あな醜（みにく）賢しらをすと酒飲まぬ人をよく見ば猿にかも似る（三四四）

そして、人間でなければ酒壺になって酒にひたっていたいという次の歌。

・なかなかに人とあらずは酒壺になりにてしかも酒に染みなむ（三四三）

さきにみた藤原道隆も、賢人ぶるよりは酒壺になっていたい人種であったのであろう。とはいえ、摂関家の貴族として政治を率いていくためには、やはり自制が足りなかったといえよう。

戦国大名の家の存続にとっても、酒の飲み過ぎは禁物であった。椙山女学園大学の同僚であった加藤益幹さんから、次のような毛利元就の手紙があることを教えられた。元就が後継者である孫・輝元の夫人にあてた手紙である。

……輝元事、一日ころより酒をちとちと飲み候て見え候。陶のかさなどに一つ二つほどなどは苦しからず候。中椀に二つばかりも飲み候へば、人も強ひ候物にて候間、何としてもあがり参らせ候事にて候。冷や汁椀に一つ二つほどならでは飲み候はぬやうに、よくよく内々仰せられ候べく候々。我々おやこむらの事は、ことごとく酒にて果てて候ほどに、かやうの申事にて候々。酒を御飲ませ候はぬやう、内々御心をつけられ候て給はるべく候々。此事肝要までにて候々。我々親、祖父（おうじ）、兄、皆々酒にて果て候。祖父三十三、親三十九、兄二十四、ことごとく酒ばかりにて果て候々。下戸にて我々かやうに長生きつかまつり候。酒飲み候はずは、七十・八十まで堅固に候て、めでたかるべく候々。御よろこび重ね重ね申上げ参らせ候。めでたく又々かしく。

（毛利博物館『毛利家文書』五九九、私に表記を変えた）

要旨は次のようである。

輝元はある時から酒を少しずつ飲んでいるらしい。陶の盃などで一・二杯はかまわない。中椀に二杯ほど飲むと、人が強いて飲ませるものだ。冷や汁椀に一・二杯でなくては飲まないように言ってください。私の家系では、ことごとく酒で死んでいるので、こんなことを申すのです。我々の親・祖父・兄はみな酒で死んでいます。祖父は三十三、親は三十九、兄は二十四でことごとく酒だけで死んでいます。下戸の私はこのように長生きしております。酒を飲まなければ、七十・八十まで元気でめでたく生きられましょうから、重ねがさねお慶び申し上げます。

五、酒をめぐる人生の諸相

藤原道隆は酒で死に、その弟道兼は疫病で死んで、御堂関白道長の天下となった。道隆の娘定子に仕えた清少納言が『枕草子』を書き、道長の娘彰子に仕えた紫式部が『源氏物語』を残した。私の経験からみて、ほんとうの酒豪は女性の中にいると思われるのだが、清少納言や紫式部はじめ、女性の酒豪伝承はみあたらなかった。

『今昔物語集』（巻三十一・三二）に、酒に酔った商売人の女（販婦）が、商品の「鮨鮎」に反吐を吐き、それを見た人が鮨鮎を食えなくなったという、気持ちの悪い話はある。

『徒然草』（一七五段）に、「百薬の頂とはいへど、よろづの病は酒よりこそ起これ。憂へ忘るとはいへど、よろづの病は酒よりこそ起これ」とある。長いので省略するが、この段の始めは、他人に酒を無理強いすることへの批判、酔態の醜悪さの例示と描写などが続く。とはいえ、その後半は、雪月花のもとの風流な酒は、貴人との交流もできてよいと、「上戸」の肯定へと転ずる。

平安貴族たちの政治権力闘争において、「酒」を嗜むことは有力な武器であった。須磨へ亡命した『源氏物語』の光源氏は、七絃の「琴（きん）」とともに『白氏文集』を持参した。侘び住まいする須磨の居宅は、『白氏文集』所載の香廬峰下の白居易の詩の表現の引用である。政治批判の諷喩詩が危険な不遇の時、白居易は「詩・酒・琴」で心を慰めて自重した。

その白居易を理想としながらも、菅原道真は左遷された太宰府で憤死し、藤原時平一族に祟る怨霊（天神）となった。道真は「酒」で心を慰める余裕を持てなかったらしく、「上戸」でなかったゆえに身を滅ぼした。光源氏が須磨から都に再帰して政治権力と恋愛の栄華を極めたのは、道真を反面教師として紫式部が光源氏像を構想したからであろうか。

付記　本文の引用は、『源氏物語』『万葉集』が新日本古典文学体系（岩波書店）、『紫式部日記』『大鏡』は新編日本古典文学全集による。ただし、私に表記などを改編した。

[II　飲酒とその表象]

平安後期における香薬の「酔い」——『香要抄』を中心に

アンドリュー・マッカンバー

Andrew MACOMBER——コロンビア大学大学院宗教学部博士課程修了。現在、オーバリン大学助教授。主な著書・論文にBuddhist Healing in Medieval China and Japan（共編著、University of Hawaii Press, 2020）、「密教とお灸」（『鍼灸OSAKA』一二四号、森ノ宮医療学園出版部、二〇一七年）などがある。

平安時代には酒以外の酔わせるモノとして香薬があり、それらをめぐる知識とともに寺院や貴族社会にわたって広く消費された。本稿では、酔いをモノ・信仰・身体の交差において生成する事象と捉え、平安後期に著された『香要抄』を中心に香薬の酔いを検討し、とくに異界とはどのようなつながりを可能にしたかを探る。

はじめに

酔いといえば、やはり酒による酔いが想起されるのは当然だが、人びとを陶酔させるモノはこの世に数え切れないほど存在する。日常と異なる世界へ導くそれらのモノを措いては、宗教・医学・文芸などにみられる豊穣な思考と実践を理解することはできないといっても過言ではないだろう。本稿はその一例として、日本の平安時代において、香薬というモノがもたらした「酔い」を考察する試みである。ここでは「酔い」とは、ある時代の社会的な背景下で、酔わせるモノ、それらをめぐる信仰及び摂取する人の経験の相互作用によって形成される文化産物ととらえる。近現代の生物学・医学上の身体観や薬学的な薬物概念ではなく、平安期当時の人びとがもっていた認識や信仰に沿いながら、香薬の「酔い」に肉薄することを目指す。

香薬は、香りのよいものを指す総称で、白檀や竜脳のような香木、薫陸香をはじめとする樹脂系のもの、花と果実から取れるもの、さらに動物性と鉱物性のものまで、多種多彩の香料を含む。(1) 古代からユーラシア大陸の各地に収穫されたそれらは、シルクロードではるばる運ばれ、海の道をわたって、東の果てに位置する日本列島に船来した。古代日本にこれまでになかった奇異な芳香をもたらし、嗅覚的な衝撃を与えたといってもよい。

ここで重要なのは、香薬そのものと同時に、何百年にわたって形成された香薬をめぐる知が伝えられたということである。この知は、仏教や中国古典医学のテクストに記載されることで伝来したが、平安時代になると、僧侶や貴族たちがその知を精力的に蒐めて用いたのである。香薬を摂取することと、香薬の知を求めることという二つの行為は、平安時代では密接にリンクしていたと思われる。それゆえ、香薬の知に包含されたイメージは、香薬を摂取した際の人びとの経験を媒介していたと推測される。

香薬に関する知を伝える文献は数多く現存しているが、本稿は、十二世紀に成立した『香要抄』という書物をとりあげて検討する。(2) 本・末の二巻より成る『香要抄』は、密教修法に用いられる四十九の香薬について述べる仏教系本草書である。中でも本稿で注目したいのは、香料の原産地の風景や、香がめぐり動くという空間など、ある特定の場のイメージを呼び起こすような記述である。『香要抄』に記されるそういった場は、現代に生きる私たちが実在したと認めるというところもあれば、想像にすぎないと判断してしまいそうなところもある。だが、平安時代の人々からすると、それらの場両方は、等しく異界そのものだったのである。

異界は、すぐにでも目に見えるところではないが、どこかこの世に含まれているはずのところではある。その両義性は、酔うという境地に共鳴するところがある。酔いの根本的な特徴の一つは、その人の身の回りがいつもと違うようにみえ、普段気づいていない世界が感じ取れるようになることであろう。嗅覚的に人々を魅了する香薬は、まさにそのように人びとと異界をつなげる作用をもっていたのである。(3)

一、だれが香薬に酔っていたか?

まずは、『香要抄』に内含されている知識の流通について確認しておきたい。『香要抄』の成立については、密教修法の支度に必要な知識をあつめるために集成されたというのが通説である。第一の理由に、編者とそれを書写した人々が真言僧であったということである。編者である成蓮房兼意(一〇七二〜一一五八以降)は高野山の遍照光院に住んでおり、彼の多くの写本を伝授することになる心覚(一一一七〜一一八〇)の師としても有名な僧である。(4) また、兼意と醍醐寺関係の僧たちを中心に図像集や事相書などの数多くの聖教が作成された傍らで、薬種・穀類・宝石について一連の文献が作られた。これらは香薬と同じく、修法を行うときの重要なモノである。(5)

しかし、以上の実用的な意図で制作されたとしても、『香要抄』には、修法の枠をはるかに超える豊かな世界が詰め込まれている。(6)それは中に包含されている文献からも窺い知ることができる。仏教系のものに関して言えば、密教の儀礼書とともに、経典や『一切経音義』のような音義書もある。また、『重広補注神農本草並図経』をはじめとする本草書や古典医書からの引用が非常に多いことから、『香要抄』を日本に早い段階に集成された本草書としても十分に位置けることも可能である。さらに和漢の古辞書や類書も用いられており、兼意の注も散見される。

なお一つ、『香要抄』が成立された院政期は、貴族社会と寺院との間の知の交流が著しい時代であった。『香要抄』に先行する香薬についての書物に『香字抄』がある。これは当代随一の知識人として知られる藤原通憲(信西)(一一〇六～一一五九)による撰との説がある。(7)また、信西の息である勝賢(一一三六～一一九六)は、醍醐寺座主としてつとめた人物で、『香要抄』の書写者の一人でもある。(8)

もっとも、平安貴族社会では、薫物——すなわち密教僧が香薬と呼ぶものを嗜好品とみなし賞翫する文化が根付いていた。その文化は、『香要抄』の成立や書写とも深く関わる。たとえば、香料のブレンドを専門とする合香家の秘伝の集大成である『薫集類抄』には、「金剛頂経香」「観世音菩薩留湿香」などの仏教系合香について記されている。(9)その『薫集類抄』と『香要抄』では共通している内容があり、たとえば、唐僧の合香家である長秀による「造沈香法」や、のちに紹介する『聖徳太子伝暦』における沈香の話がみられる。貴族たちは、一面では薫物を遊戯の一分野として楽しんでいたが、もう一面では仏典に内包される香料観と結びつけて享受していたようだ。それは『源氏物語』東屋巻の「経などを読みて、功徳のすぐれたることあめるにも、香のかうばしきをやむごとなきことに、仏のたまひおきけるもわりなりや」(10)との記述によく表現されている。

このように、『香要抄』は、密教僧の手を経た寺院文化圏の所産であるが、そこには平安貴族社会に広く流通していた香薬についての認識も含まれていたのである。寺院・貴族社会で共有されていた文化表象が一書にまとめられているという意味で、『香要抄』を香薬に関する信仰のアーカイブとして読むことができるだろう。そのように捉えたとき、『香要抄』から平安期の人びとが香薬を摂取した際に感じ取れた異界のありさまを総合的に見ることができるのではないか。

二、香薬を生み出す原産地

まずは、香薬の原産地についてみてみよう。原産地はもちろん、香薬が生み出されそして収穫される場所を指す。その上、香薬に関する知識が初めて生じて形成されるという意味でも原産地といえる。原産地では、香料を収穫する地元の人びとは、適切な名をつけ、その性質を特定する。香薬の意味と価値は、それから各地方に運ばれていく中でさまざまに変貌を遂げるが、もとの環境における自然と文化の交差によって構築されたイメージは残る。『香要抄』は、香薬の原産地のことをそのように綴っている。

『香要抄』中の四十九に及ぶ香薬目の各項には、原産地の名も記される場合が多い。その中で最も西にある産地として大秦国があげられており、そこからは薫陸香、青木香、迷迭香などがとれるという。また、国と香の名が符号することがある。たとえば、安息国では安息香が、また蘇合国では蘇合香がとれるとされる。ほとんどの生産地は、大秦国や安息国より東の熱帯アジアと呼ばれる広い地域に位置する。また、天竺は、多様な香材を生み出すとても肥沃な土地として描かれ、とくに栴檀の多種が重要な産物であることがわかる。なお、一つの香薬に幾多の生産地があげられるケースもある。東アジアの最も代表的な香材と言ってもいい沈香は、中国南方の嶺南、交趾や海南諸国があげられている。

この分野の先駆的研究者のベルトルト・ラウファー氏や山田憲太郎氏は、産地と香薬の実際の関係について長らく検討して、『香要抄』およびその典拠のあやまりを多数明らかにした。[11] しかし、平安時代の人びとにとってみれば、香薬の原産地の記述により形成される、以上のような世界図は、国際的であればあるほど、その虚実は確かめようがないものだったはずである。中国文化圏の周辺地を含め、はるか遠隔の地へ実際に旅することは、夢に過ぎなかったのである。しかし、香薬の産地に直接に足を運ぶことができなかったとしても、『香要抄』に広がる生産地の描写によって、それらの地はどういう場所なのかと、生々しく想像することはできたと思われる。『香要抄』は、香薬を生み出す異界のフィールドガイドとしても機能していたのである。

たとえば、白檀の項に、西域への求法の旅を記された、唐僧玄奘三蔵の『大唐西域記』より以下の文が引用される。

『西域記』第十云、秣羅矩吒国、南浜海有秣剌耶山。崇崖峻嶺、洞谷深澗。其中則有白檀香樹、栴檀你婆樹。樹類白檀、不可以別。唯於盛夏、登高遠矚。其有大蛇、索者於是知之。猶本木性涼冷、故蛇盤也。既望見已、射箭爲記、冬蟄之後、方乃採伐。(12)

この文は、二種の梅檀である白檀と梅檀伱婆が生える産地の興味深い生態を描くものである。梅檀伱婆に関するところはとくに詳しい。この香木は、この地に単に生えているのではなく、住民とこの地に棲息する蛇との関わりを調停しているのである。土地の人はまず、真夏の蛇の行為を観察することでこの樹を特定し、矢を撃って印を残して、冬に蛇が姿を消したらこの香木に戻って採伐するという。収穫が成功するためには、観察力や技術が不可欠だが、香木そのものの性質についての知識も欠かせない。もともと梅檀伱婆の性質は涼冷であり、蛇たちはその冷たさに惹かれて求める。多くのサンスクリット文学、医書や仏教の文献には、梅檀の性質を涼冷とされており、そのために熱病の薬としても頻繁に登場する。(13)

『香要抄』にも梅檀の冷たさについてより詳細な文がみられる。『新訳華厳経音義』を引いて次のように記す。

又、烏洛迦梅檀香。烏洛迦者、西域蛇名。其蛇常患毒熱、投此香樹、以身繞之。熱毒便息。故因名也。或曰、此蛇最毒、螫人必死。唯此梅檀能治、故以為名耳。(14)

西域の蛇は、その熱毒を消すために梅檀に頼るために、この種の梅檀の別名は、西域の語で蛇という意味をもつ「烏洛迦」になっているという。また、蛇の熱毒を除去するとともに、毒蛇に噛まれた人の解毒剤にもなるというやや皮肉な効果もある。『香要抄』には梅檀のもう一つの別名として「与楽」があげられているが、西域の人にも蛇にもその名前が表す意味は腑に落ちることだろう。このように、名においても性質においても、梅檀伱婆＝烏洛迦梅檀は、秣剌耶山という産地の特性とも直接、そして密接に結びついているのである。

香薬と生産地が切り離せない関係にあることは、『正法念処経』から引用されるところからもよく窺える。これは、『源氏物語』東屋巻において「おどろおどろしきものの名」といわれる「牛頭梅檀」に関する記述である。

北州有山、名高山、有五峯。其第二銀峯、多有牛頭梅檀。若諸天衆、与阿修羅闘、為刀所傷、以此牛頭梅檀、塗之即愈。此山峯状似牛頭、於此峯中生梅檀樹、故名牛頭。(15)

梅檀伱婆の例と同じく、牛頭梅檀は「北州」特定の場とともに、その特性が説明されている。だが、ここでは、蛇と人ではなく、天衆と阿修羅が登場する。仏教思想では、蛇や動物一切を含む「畜生」と「人間」の関係と同じように、「天」と「阿修羅」はそれぞれ、衆生が輪廻転生する六道の一つとして数えられる。秣剌耶山に住む人と蛇のように、天衆と阿修羅は対立関係にあるが、この対立は天界を舞台とするだけあって終わりのない印象を受ける。このまさしく〝修羅場〟で生産される牛頭栴檀は、天衆と阿修羅がお互いに刀傷を与えるときに金創薬として塗布されるという。また、「牛頭栴檀」という名についても、産地である銀峯が牛頭に似ているという由来が語られる。

このように、『香要抄』では、生産地としての秣剌耶山と高山銀峯はまさに奇妙な異界として描かれているが、ここで留意すべきことは、平安期の人びとにとっては、それは同時に人々が住まう「この世」の一部に他ならないということである。なぜなら、秣剌耶山と高山銀峯は、仏法の世界に含まれているからである。仏法の「この世」は、須弥山を中心として東西南北にある四州で構成されている。この中で日本列島は、南州の閻浮提から、東の果てに位置する粟散辺地の一地として認識されていた。閻浮提の中心に五天竺があるが、その南方に白檀と栴檀佽婆の産地である秣剌耶山がある。その一方で、牛頭栴檀は、北倶盧洲という北州に位置する高山銀峯に生える。南州は人びとの住処であるのに対し、北州は天の住処なのである。[16]

『香要抄』では、前述した香薬の産地の数々と仏教の世界観に位置する産地を並列に記している。香薬の生産地の地図に仏教の世界図が重なっているということである。その文脈で考えると、香薬の名はただの呼び方ではなく、原産地にかかわるある特定の表象を示しているのである。安息や蘇合など、産地名が香料名として使われる場合があるのと同じように、牛頭栴檀と烏洛迦栴檀という名にもその原産地との関係が反映されている。名と香が連携しており、さらに香薬そのものの性質とつながっているのである。このように考えると、粟散辺地に住む平安期の人びとにとっては、香薬はこの世のどこかに確かに存在する場の物産でありながら、異界からの形見・遺物である。この二面性をもつ香薬をくゆらしてニオイとして吸い取ることは、異界の実体を鼻から感じ取ることになるのだ。

三、沈香の漂着／香薬の伝来

原産地で収穫された香薬は、交易の末に日本に舶来する。先行研究では、古代とそれ以降に香薬が通った貿易ルートや拠点の時代的な変遷が明らかにされている。関周一氏は、江戸時代以前における香料貿易の時期を二期に分けている。八世紀～十四世紀の第一期には、東アジア産の香料は主に中国を介して輸入されたという。[17] 特に十世紀以降について皆川雅樹氏は、とりわけ東南中国の海岸王国であった呉越が及ぼした影響が大きかったことを明らかにした。(18)また、香料の需要が急激に伸びたという十四世紀～十六世紀の第二期については関氏により、明・琉球・日本・朝鮮が関与する複雑な交易ルートが形成されたと論じられている。(19)なお、本稿の課題と合致する平安時代末期の宋海商について論ずるなかで山内晋次氏は、国際交流の拠点だった博多において鴻臚館の廃絶後にそれにかわる「唐坊」という中国人居留区の形成過程を掘り出した。(20)山内氏の論文は『香要抄』が載せている中国海商の宿坊についての珍しい記録を出発点としており、平安末期における香料貿易の輪郭を復元する際における『香要抄』の資料的価値の高さをよく示しているといえる。

『香要抄』には、以上のような貿易の実情とは別に、香薬の伝来を異界とのつながりで捉えようとする話もみられる。ここでは一例として、沈香の伝来をめぐる話をとりあげる。(21)古代・中世の文献に頻繁に引用する十世紀の『聖徳太子伝暦』（以降、『伝暦』）からの説話であるが、この話によって香薬は、単なる交易品である「唐物」以上の特別な価値を持つようになっていく。分析の便のために番号をふって三つにわかつ。

今案。当朝『聖徳太子伝暦』云、①推古天皇三年乙卯春土佐南海、夜有大光。亦有声、如雷、経三十箇日矣。夏四月着淡路嶋南岸。島人不知沈水、以交薪焼於竃。太子遣使令献其木。大一囲、長八尺、其香異薫。②太子観而大悦、奏曰。「是真沈水香者也。亦名栴檀香。（中略）其実雞舌、其花丁子、其脂薫陸。沈水久者、為沈香。不久者、為浅香。而今陛下、興隆釈教、肇造仏像、故釈梵感徳、漂遣此木。」③即有勅命、百済工、刻造檀像、作観音菩薩。高数尺、安置吉野比蘇寺。時時放光云々。(22)

この文章には本来異なる記録がいくつか編み合わされているので、まず構成について確認しておく必要がある。①は古く七二〇年成立の『日本書紀』推古天皇三年（五九五）条にみられる、沈水（沈香）が発見されたという記録であるが、香料の伝来を記す最古の記録と考えられている。これに『伝暦』は、沈香の霊力をさらに詳しく表すために、『日本書紀』欽明天皇十四年（五五三）条からとった記事の詳細を加えている。河内国で楠木が発見され、彫像されたものが、吉野寺（比蘇寺・現光寺とも。現在の吉野郡大淀町にある世尊寺。）の二体の仏像であるという話である。『伝暦』の説話で沈香の霊力によって生み出されたと示唆される「大光」と「雷のごとき」声は、もともと欽明天皇の十四年にみられる楠木が発する奇異譚であった。『伝暦』の最後の部分である③も多くはこの楠木の記録で構成されている。ただ、楠木の話では二体の仏像であったが、『伝暦』では一体の観音菩薩像になっている。また、『伝暦』の①〜③のすべての部分には聖徳太子による超人的な関与が加えられている。香木を宮廷に献上させるのは太子で、この香木を「真沈水香」と正しく鑑定できるのもやはり太子である。②についてはのちに詳しく述べる。

『伝暦』のこの説話を解釈するとき、まずその政治性に注目すべきであろう。『伝暦』は、『日本書紀』に基づく歴史的な記録と、太子をめぐる伝説とを重なり合わせることによって、王権と仏法がお互いに支え合う、すなわち「王法仏法相依論」と呼ばれる思想を展開させていると読み取ることができる。また、香料がその間の媒介となることに関しては、前節で示したように、平安の宮廷内の慣習と響きあうところがみられる。上記の皆川氏の論文では、貴族社会における「唐物」としての香料は、興味深いことに、贈答行為によって貴族と王権の関係を確認・交渉するという機能をもっていたことが指摘されている。[23]『伝暦』の説話でも、そのような香料贈与のはたらきがみられるが、ここで日本へ贈与する者は、仏法の護法神である梵天と帝釈天になっている。なお、この贈り物は、釈教を興隆し、仏像を彫刻させるなど、日本における仏法の受容を促進している太子と推古天皇に対する報酬と位置づけられる。仏法を広めようとする王権は異界から沈香という聖なる珍品をもらう。

それゆえ、一面では、この説話は主題である贈り物の沈香に権威をまとわせるが、当然、王権と神仏をまたがるその沈香の在りかが重要な焦点となる。上述のとおり、この沈香は比蘇寺の観音菩薩像として彫刻されたと『伝暦』はいう。しかし、法隆寺に納められたという説も見られる。『法隆寺霊宝目録』に、『日本書紀』における沈香の記録の引用に、「太子以刻本尊、以其余蔵庫。是天下第一名香、一名法隆寺、一名太子」という文が書き加えられた。[24]つまり、太子と所縁の深い法隆寺に現存する沈水香（現在は東京国立博物館法隆寺宝物館に所蔵）は、実は漂着した沈香と同じであるということである。また、正倉院所蔵の黄熟香（有名な蘭奢待）であるという説もある。[25]この二説はいつごろ成立のものか明確ではないが、沈香がまとう権威を得るために持ち主だと主張するのは不思議なことではなかろう。

しかし、沈香についての説話は『香要抄』をはじめとする多数の文献に絶えず引用し続けられていることから、寺院間での沈香をめぐる争いとは別に、もう一つ重要な面があったと思われる。[26]それは驚くべきほどの広がりをもつ香薬観である。

先掲『伝暦』の②の部分であるが、沈香を鑑定した聖徳太子の発言に注目したい。「是真沈水香者也。亦名栴檀香。（中略）其実雞舌、其花丁子、其脂薫陸。[27]」。ここに二つの奇異な発言がみられる。一つ目は、沈香の別名を栴檀香とすること、二つ目は、沈香・栴檀香・雞舌・丁子・薫陸は、同じ樹の異なる部分であるということである。たしかに雞舌と丁子（クローブ）は同じチョウジノキからとれるものだが、あとの三つはまったく異なるものである。

山田氏が指摘したとおり、この太子の発言は、五つの香薬は一体の樹木から生じるという一木五香説と概ね一致する内容である。[28] 一木五香説は、早くとも六世紀中期の『金楼子』や唐代後期の『陽雑俎』などの中国文献にみられる。北宋の巨大な類集である『太平御覧』香部に鶏舌香（花）・薫陸（木膠）・栴檀（根）・沈香（木心）・藿香（葉）があげられるように、その文献によっては組み合わせが異なるが、基本的に概念は同じである。[29]

以上のことから考えると、太子の言葉をただの誤りとするのは適切ではなく、むしろ当時の正当的な香薬観を伝えていると解釈する方が良いだろう。しかも、太子による一木五香説を述べる部分は『伝暦』説話の焦点として認識されていたと思われる。たとえば、『香要抄』に引用される位置がそれを示唆している。最もふさわしいと思われる沈香の項には入れずに、五香にあたる項の真ん中で引用している。つまり、その順番は以下のとおりである。

沈香→白檀→牛頭栴檀→『伝暦』→紫檀（栴檀の一種）
→薫陸→鶏下→丁子

また、『香要抄』に先行する『香字抄』にも『伝暦』の同箇所が引用されるが、それは太子の一木五香説の部分だけである。そのあとに『医心方』から引用した「諸香皆同一樹也」という一文を載せている。

それでは、一木五香説を敢えて記す意味とその魅力は何だろうか。一つは、『伝暦』の説話では一木五香説の導入によって、淡路嶋に漂着したその沈香の特異性を普遍化する効果があると考えられる。なぜなら、すべての香は、神仏からの贈り物である沈香とまったく等価と捉える香薬についての信仰を生み出すからである。一木五香説の立場では、奇異まで起こしたその沈香の霊力は、比蘇寺や法隆寺の仏像に閉じ込められているのではなく、どこの沈香も、そしてどんな香薬も、根本的に有していると考える。そのため、『伝暦』の説話に接した平安期の人びとは、淡路嶋のその有名な沈香をもたなくても、目の前の香薬も、神仏からの贈りものだと感じ取っていたと考えられる。そして、それを焚いて身体に取り入れることで、自分も異界と通じ合っている、すなわち、仏法の世界の中に位置していることを実感するのである。『伝暦』の説話を巧みに取り入れた『香要抄』は、そういう香薬観を伝えているのである。

四、身体と異界をつなぐ香気

最後に注目したいのは、香薬の香りそのものである。『香要抄』ではこれを「香気」と呼ぶこともあるが、本草書における五味（辛・甘・酸・苦・鹹）や四気（寒・熱・温・涼）の分類、または心身への薬効などとは別の位相を表すものである。『香要抄』に綴られる香気は、常に流動的にめぐりうごきながら、摂取する人の身体とそれを取り巻く空間に染み込み、生命に活力を生じさせるなど、ある独特な影響を与えるものとして記される。香気は、短距離から異界までの空間を含むものがあるとの言説があり、それにより、香薬が放つ香りの奇異な力を人々に明確に想像させるのである。

『香要抄』は、香薬が香気を放つ範囲について的確に記すという特徴がある。まずは、狭い範囲に香りを放つ鬱金香と竜脳香の二例をみてみよう。「鬱金香」は、サフランを指す場合もあるが、『香要抄』に掲載されている図と説明から考えるに、この場合はターメリックを指していると思われる。『香要抄』では、鬱金香は数十歩の範囲で聞くという簡潔な説明がある。(30) 香りは「嗅ぐ」のではなく「聞く」というのであるが、聞くことのできる距離は、聞く側を想定し、その人からの距離で表現するのである。それより詳しい次の竜脳香の例にも似た表現がみられる。

唐天宝中、交趾貢竜脳。皆如蟬蚕之形。彼人云、老根節方有之。然極難得。時禁中呼為瑞竜脳。帯之衣衿、香聞十余歩外。(31)

唐代の天宝年間に交趾からの献上物だったという竜脳香は、衣の衿につけると、その香は十余歩の外まで聞くという。「歩」でその香りを測るということで、『源氏物語』鈴虫巻の「名香には唐の百歩の衣香（えこう）を焚きたまへり」という文章や、匂兵部卿巻における薫の君の芳香を描く場面での「まことに百歩の外もかをりぬべき心地しける」という、「百歩香」をちなんだ文章が想起されるだろう。(32)

次に、この「歩」程度を超えて「里」まで匂う香薬の例をみてみよう。たとえば、その包みが『石山寺縁起絵巻』に登場する麝香に関して『香要抄』には「其香越山州川聞数十里」と記される。(33) 山と州と川を超え数十里まで聞くことができるという麝香のこの説明は、香薬の香りの強さと勢いをはっきりと伝えている。もう一つ兜末香の例を挙げる。その項では『漢武故事』から次の文が引かれる。

兜末香、西王母焼之。本是兜渠国所献。如大豆。塗門、聞香百里。関中嘗大疫。死者相係、此死者止。(34)

焚くのではなく門に塗るだけで「百里」の距離まで至ることも驚きであるが、伝説的な時代である漢代に西王母という女仙が焼いたとされること、また関中に起こった疫病を止めたことが描かれるのも重要である。兜末香とその背景にある不思議な世界をめぐる想像も掻き立てられよう。(35)

次に、兜末香が果たす効果と類似しているが、それを上回る力があるものにさきほどの牛頭栴檀がある。第二章の考察でみた牛頭栴檀の記述部分の紙背に、『法苑珠林』から次の文が引用される。

転輪王、福力有五奇特、乃至第四、感於牛頭之香、生於海岸。王取焼之、香気彌盛逆風、遠聞四十里香。死者聞之、悉皆還活。(36)

この文には、牛頭栴檀の香を感じ取る能力を持つことが転輪王の五奇特の一つとして数えられる。このような香薬の鑑定力は、転輪王だけに限らず、秣刺耶山の住民や聖徳太子にも共通する能力であり、『香要抄』自体も一面では、そのような能力をもつ密教僧を育てる意図で作られたのである。さらに、転輪王は牛頭栴檀を焼くと、その香気はあまねく盛り上がって、逆の風となり、四十里まで聞くことができるといい、その香気を聞くと死者がみな蘇るということである。やはりそれほどの力をもつ香薬の所在が察知できるというのは重大な能力とされるのである。

以上の文で牛頭栴檀が届くという四十里は、さきほどの兜末香の百里ほどではない。しかし、牛頭栴檀の香気が届く距離に関しては『香要抄』にいくつかの説があげられる。たとえば、

『疏』第一云、恵影。此是牛頭栴檀、非是余者。焼時、焼風五百里香也。或云、一由旬。(37)

と記される。この文の出典は、恵影の『大智度論疏』と思われるが、最後の「一由旬」というのは、兵隊が一日に行進できる距離のことで、すなわち転輪王の例と同じ四十里となる。(38)しかし、その前の文で五百里という巨大な距離もあげられる。なお、この文と転輪王の例には、『伝暦』の沈香説話に通じるところがある。淡路嶋に漂着した沈香は、その価値がわからない島人によって薪に交えて竈に焚かれたというが、聖徳太子がどのようにその価値をみいだしたのかについての説明はない。そこで牛頭栴檀の二例から推測すると、それはまず、沈香の香気が長距離まで届くという香木の力と、聖王たる聖徳太子の能力との結合だったとも考えられる。

さて、最後に、香気の範囲がさらにスケールアップされる例を挙げる。それは梅檀の項での一文で、『華厳経』からの引用箇所である。

梅檀、若焼一銖、香気普薫小千世界。三千大千世界珍宝、所不能及也。(39)

ひとつまみだけを焚けば、その香気が小千世界に普く薫ずるその香木の力は、珍宝に満ちた三千大千世界のいずれにも及ばないという。『華厳経』では、「焼一丸香時。充滿十方一切法界。一切如來及其眷屬。」(40)などのように、その巨大な世界観が香によって表現される文章が非常に多く、『香要抄』にみられる文はその一つである。『華厳経』における香の問題は、それ自体大きなテーマだが、ここでは紙幅もないため、詳細は次の機会を期したい。

このように、『香要抄』の記述における香気の範囲は、「歩」や「里」という具体的な単位で示されるとともに、「三千大千世界」のような莫大な世界観まで持ち出される。そのような香気を「聞く」ことで、香気を吸い取る人びとの身体と、西王母や転輪王が住む異世界、さらにそれらを取り巻くコスモス、これらがつながりをもつようになる。このような具体的な記述を一書にまとめることによって、『香要抄』は香薬についての新たな知の体系とそれに伴う世界像を構築する。それが香気を吸い取る平安期の人びとを導き、香薬の酔いともいうべきものを生み出したのである。

おわりに

本稿では、『香要抄』を中心に香薬がもたらした「酔い」について考察を進めてきた。とくに、原産地、伝来、香気に関する『香要抄』にみるイメージと関係付けながら、香薬の酔いが異界へのつながりを可能にした諸相の解明に努めた。だが、内容がとても豊かな『香要抄』を用いて、渡来品である香薬と、それらをめぐる信仰と、さらに実際の人びとの経験とを結びつけることは、非常に困難な課題である。その意味で本稿は試論に過ぎないが、少なくとも、香薬がもつ多面性、とくにその空間的な表象が明らかになったと考える。平安期の香薬は、儀礼・治療・遊戯という三つの異なる領域で活用されたが、その香気が流動的に動き回ったルートは、その香を聞いた僧侶・医師・貴族だけでなく、中国伝説の仙人、遼遠な国々に住む動物と住民たち、そして神仏にも含まれるのである。このように香薬から立てる香気に導かれながらこの世と異界とを行き来すること、それこそがまさに香薬の酔いといえるだろう。

注

（1）香薬の歴史に関する基礎的な情報について山田憲太郎『東亜香料史研究』（中央公論美術出版、一九七六年）を参照。

（2）『香要抄』は、天理図書館所蔵本の影印（『香要抄 薬種抄』天理大学出版部、一九七七）や『続群書類従』三一・上所収の活字本などが刊行されているが、本稿では杏雨書屋所蔵本の影印を利用した（一（本）・二（末）の二巻、武田科学振興財団、二〇〇八～二〇〇九年）。以降、杏雨『香要抄』と略し、引用する際の注に行数を示す。また、本稿中に掲げる『香要抄』本文の句読点は主に同書の釈文をもとにしたが、私に補った部分もある。

（3）香薬を史的に理解するためにはニオイの精神史が重要な課題となる。安田政彦『平安京のニオイ』（吉川弘文館、二〇〇七年）や三宅和郎『古代の人々の心性と環境――異界・境界・現世』（吉川弘文館、二〇一六年）などを参照されたい。

（4）杏雨『香要抄』前掲注2の古泉圓順氏による解題。

（5）『香要抄 薬種抄』前掲注2の森鹿三氏による「解題」を参照。なお、密教寺院における香薬の利用と消費については、古泉圓順「密教と本草」（『杏雨』創刊号、一九九八年）、上川通夫「密教と外交――『覚禅抄』に充ちる香」（『日本中世仏教と東アジア世界』所収、塙書房、二〇一二年）などがある。

（6）薬物を修法の道具としてだけではなく、新しい観点から捉えようとする研究は、治療と煉丹術との関係を指摘する二本柳賢司氏の「日本密教医学と薬物学」（山田慶兒・栗山茂久編『歴史の中の病と医学』国際日本文化研究センター、一九九七年）や、薬物による幻覚作用と憑依を結びつける小山聡子氏の『親鸞の信仰と呪術』（吉川弘文館、二〇一三年）などがある。

（7）沼本克明『香薬字抄』（汲古書院、一九八一年）。

（8）マイケル・ジャメンツ「信西一門の真俗ネットワークと院政期絵画制作」（『鹿園雑集』十、二〇〇八年）。

（9）田中圭子『薫集類抄の研究』（三弥井書店、二〇一二年）。

（10）新編日本古典文学全集『源氏物語』（小学館、一九九八年）。なお、尾崎左永子『源氏の薫り』（求龍堂、一九八六年）、同『平安時代の薫香』（フレグランスジャーナル、二〇一三年）などを参照。

（11）山田憲太郎前掲注1、Berthold Laufer, *Sino-Iranica: Chinese Contributions to the History of Civilization in Ancient Iran*, Chicago: Field Museum of Natural History, 1919.

（12）杏雨『香要抄』本、一九〇―一九四行。筆者注：（1）『大唐西域記』（大正五一・九三二上）に従い「那」を「耶」に改変。これは摩羅耶とも表記する地名である。（2）釈文に「栴檀、你婆樹」とあったのを「栴檀你婆樹」にした。

（13）James McHugh, *Sandalwood and Carrion: Smell in Indian Religion and Culture*, Oxford, New York: Oxford University Press, 2012.

（14）杏雨『香要抄』本、二一一―二一四行。

（15）杏雨『香要抄』本、一九八―二〇二行。

（16）鍋島直樹・井上善幸編『仏教の宇宙観と死生観』龍谷大学、二〇一〇年）。

（17）関周一「香料の道と日本・朝鮮」荒野泰典・石井正敏・村井章介編『アジアのなかの日本史Ⅲ 海上の道』東京大学出版会、一九九二年）。

（18）皆川雅樹「九～十世紀の「唐物」と東アジア――香料を中心として」（『人民の歴史学』一六六、二〇〇五年）。

（19）関周一前掲注17。

（20）山内晋次「『香要抄』の宋海商史料をめぐって」（『東アジ

アを結ぶモノ・場』アジア遊学（一三二）、勉誠出版、二〇一〇年）。

(21) その伝来から今日までの沈香の歴史について、松原睦『香の文化史――日本における沈香需要の歴史』（雄山閣、二〇一二年）に詳しい。

(22) 杏雨『香要抄』本、二二九―二五一行。筆者注：太子に託された言葉をはっきりさせるために引用符を加えた。

(23) 皆川雅樹前掲注18。

(24) 『法隆寺霊宝目録』は、有賀要延『香と仏教』（国書刊行会、一九九〇年）などにとりあげられるが、もともと河村秀根（一七二三～九二）の大作『書紀集解』に引用されるものであり、漂着した沈香が法隆寺に現存するという説は近世に出来た可能性が高いと思われる。

(25) 米田該典『正倉院の香薬――材質調査から保存へ』（思文閣出版、二〇一五年）。

(26) 『香要抄』のほかに、この説話やその一部が載せられる書物に、『扶桑略記』、『香字抄』、『香薬抄』（「吉野比蘇寺観音御素木因縁事」として）、『薫集類抄』、『神明鏡』などがある。

(27) ここで中略したのは、第二章でみた『大唐西域記』から引用された梅檀伱婆の話である。

(28) 山田憲太郎前掲注1。

(29) 李昉ほか編『太平御覧』九三四年（台湾商務印書館、一九三五年）。

(30) 杏雨『香要抄』本、六七行目。

(31) 杏雨『香要抄』本、三九一―三九三行。

(32) 『源氏物語』前掲注10。「百歩香」は『薫集類抄』に出てくるが、そこでも「百歩之外聞香」と記される。田中圭子前掲注9。

(33) 日本絵巻大成（十八）『石山寺縁起』（中央公論社、一九七八年）。杏雨『香要抄』末、三二行目。

(34) 杏雨『香要抄』本、四九九―五〇一行。

(35) 管見では、兜末香というものは日本に輸入された跡がなく、この文以外にそれを示す文献もないため、どういうものかは判然としない。

(36) 杏雨『香要抄』本、二二三頁裏：一―四行。

(37) 杏雨『香要抄』本、二一八―二一九四行。

(38) 恵影は『法華経疏』なども撰したが、『大智度論疏』であることは、『香字抄』（『続群書類従』三〇・下所収）と『香薬抄』（『続群書類従』三一・上所収）に「大論云。第二。」と記されることから推測できる。現存する『大智度論疏』（卍続蔵経所収）は断簡であり、引用元の第二巻は失われているが、杲寶（一三〇六～一三六二）の『大日經疏演奥鈔』には、「同論疏恵影第二云」と引いて「除摩梨山無梅檀者。此是牛頭梅檀。非餘者。燒明時逆風薰五百里香也。或云一由旬已。」とある。

(39) 杏雨『香要抄』本、二二二三―二二二四行。

(40) 大正九・七〇八上。

付記 本稿の執筆に当たり、ご教示をいただいた三好俊徳に感謝申し上げたい。

破戒と陶酔――中世絵画に見る

山本聡美

やまもと・さとみ――早稲田大学文学学術院教授。専門は日本中世絵画史。主な著書に『九相図をよむ――朽ちてゆく死体の美術史』（KADOKAWA、二〇一五年）、『闇の日本美術』（筑摩書房、二〇一八年）、『中世仏教絵画の図像誌――経説絵巻・六道絵・九相図』（吉川弘文館、二〇二〇年）などがある。

中世仏教説話画において、飲酒場面には、不飲酒戒に背くという破戒の意味が伴う。一方、物語絵などの世俗画において、酒宴場面が登場人物の雅の象徴として描かれる場合もある。飲酒は大罪か、はたまた風雅の友か。「餓鬼草紙」「紫式部日記絵巻」「酒飯論絵巻」、そして『明月記』を通じて、中世日本における酔態をひもとく。

はじめに

日本中世絵画に描かれた酔態は二種類ある。ひとつは、飲酒を仏教における破戒の行為と位置付け、酔いに身を任せる人々の暗澹たる未来を表す場合である。もうひとつは、宴席における優雅な、あるいは滑稽さを伴った陶酔の姿。精神の高揚や開放を伴う酒宴の文化は社会の潤滑油としても機能し、特に貴族社会において不可欠な営みであった。

絵画に見られるこうした二面性は、中世日本人における「飲酒に罪悪感もあるが、風雅なたしなみでもある」という複雑な飲酒文化を浮き彫りにする。本稿では、この点に注意を払いながら中世絵画の中に酔いの文化史をたどる。

一、破戒の表徴としての飲酒場面

仏教において、信仰者が守らなくてはならない生活上の規範を戒律という。そのうち律とは、出家者が集団生活を行う上で守らなくてはならない規則のことを指す。いっぽう戒とは、自分自身の内面を制御する道徳的規範のことである。戒の中でも最重要のものを五戒といい、「不殺生戒、不偸盗戒、不邪淫戒、不妄語戒、不飲酒戒（殺生をしない、盗みをしない、淫らな行いをしない、嘘をつかない、酒を飲まない）」の五つがこれに該当する。五戒の遵守は、出家者だけでなく在家者にも求められ、破れば、死後に地獄や餓鬼などの悪道へ輪廻転生する悪い因縁を生じることになる。六道絵をはじめとする仏教説話画の中には、罪の表徴としての飲酒図像が頻出する。

図1　「餓鬼草紙」欲色餓鬼（東京国立博物館蔵）

図2　「六道絵」優婆塞戒経念仏功徳幅・部分（聖衆来迎寺蔵）

飲酒に関する罪業観が絵画化された平安時代の作例として、東京国立博物館蔵「餓鬼草紙」（図1）がある。そのうち「欲色餓鬼」を表した場面では、貴族の男女が宴に興じている。高坏の上には贅沢な食事が載っており、酒もふるまわれている。彼らは、直衣を半分脱いでくつろいだ様子で描かれている。琴や鼓に興じる女性たちも楽し気で、優雅な宴席の一場面に見える。しかし画面を良く見ると、男性の肩や腹には小さな餓鬼が取りついていることに気付く。

本図の詞書は残念ながら失われてしまっているものの、典拠経典である『正法念処経』巻第十七には、「欲色餓鬼」についての説明を見出すことができる。経文に、この餓鬼は「人不能見」とあることを反映して、画中の男性たちは誰一人として餓鬼に視線を向けておらず、取りついている餓鬼に全く気付いていないものとして描かれている。つまり、この場面では、贅沢な食事や飲酒に耽ることが餓鬼を招きよせ、さらには、自分たちも死後にこのような存在に生まれ変わってしまうかもしれないということを暗示しているのである。

罪の表徴としての飲酒場面は、多くの場合、贅沢な食事とともに描かれる。例えば、十三世紀後半の制作と見られる聖衆来迎寺蔵「六道絵」のうち、「優婆塞戒経念仏功徳幅」（**図2**）は、罪深い生活を送る夫に、信心深い妻が念仏の功徳を諭す場面であるが、夫の前には、まな板の上で捌かれる鳥と

図3　「十界図屏風」人道・部分（當麻寺奥院蔵）

酒器が描かれている。また十四世紀中頃の作例である當麻寺奥院蔵「十界図屏風」においても、人道に飲酒や酔態の表現が含まれている（**図3**）。このように、六道絵における飲酒場面は悪行の最たるものとして描かれている。いわば、破戒を意味する定番の図像として機能しているのである。(1)

ただし、これらの場面は、宗教的な言説の中でのみ機能するフィクションでもある。不飲酒戒を完全に守って暮らすことは、飲酒の文化が早くから浸透していた日本においては困難なことであった。酔いの文化が社会の中から完全に排除されることはなく、酒宴を主題としたもう一つの図像が形成された。それは、貴顕にとって不可欠なたしなみとしての飲酒であり、優雅さやおかしみを伴った陶酔として表現されるものであった。

二、「紫式部日記絵巻」の制作背景

中世絵画に描かれた最も優雅な酔態を、鎌倉時代初頭成立の「紫式部日記絵巻」に見ることができる。その舞台は、寛弘五年（一〇〇八）十一月一日、一条天皇（九八〇～一〇一一）第二皇子敦成（あつひら）親王（後一条天皇、一〇〇八～三六）の誕生五十日（いか）を祝う饗宴である。公卿たちが開放的で楽しげな酔いに興じる姿が描かれている。敦成の生母は藤原道長（九六六

～一〇二八）の娘である中宮彰子（九八八～一〇七四）であり、皇子誕生は、外祖父である道長にとって輝かしい栄華の幕開けであった。五十日の賀が執り行われたのは、彰子が出産前後の時期を過ごした、道長の邸宅土御門殿である。

本絵巻は、『源氏物語』の作者で、敦成誕生の時期には道長の命で中宮彰子の後宮に仕えていた紫式部（女房として出仕した当初は父である藤原為時の官職にちなんで藤式部と呼ばれていたところ、後に『源氏物語』紫上にちなんで紫式部と通称されたようである。生没年不詳）が、皇子誕生前後の日々を記した『紫式部日記』に基づく。寛弘五年初秋から同七年（一〇一〇）正月にかけての断続的な日記で、年月不明の記事と消息文も含まれている。その全文の中から四分の一程度を抄出し、元来は全八～十二巻ほどの絵巻であったと推定されていのが「紫式部日記絵巻」である。[2] 現存するのは二十四段（うち一段は摸写）で四巻分ほどの分量である。藤田美術館所蔵の五段や五島美術館所蔵の三段の他、東京国立博物館蔵や個人蔵の断簡がある。

絵巻の成立年代は、書風や画風、料紙装飾などから、一二二〇年代から四〇年代と推定されており、特に書風と料紙装飾の傾向に着目して、貞応から仁治年間（一二二二～四三）に絞り込む松原茂の説[3]が有力視されている。つまり、絵巻の制作は『紫式部日記』の成立から二〇〇年以上の時を経て行われたこととなる。制作者や鑑賞者にとって、この日記の絵巻化にどのような動機が存在したのだろうか。

制作の契機に、寛喜三年（一二三一）二月十二日、藤原（九条）道家（一一九三～一二五二）の娘で後堀川天皇中宮の竴子（一二〇九～三三）が秀仁親王（後の四条天皇、一二三一～四二）を出生したこととの関係性が早くから指摘されている。[4] 確証となる史料は存在しないものの、論拠の一つとして、藤原定家の日記『明月記』寛喜三年二月十二日条に、道家が「不肖の身、已に寛弘の佳例を追う」と、自らの外孫秀仁親王の誕生を、道長にとっての外孫である敦成親王誕生の先例になぞらえた言動が記されていることが挙げられる。

加えて、同じく『明月記』貞永二年（一二三三）三月二十日条にて、後堀河院と竴子を中心に絵合が企画され、数多くの絵巻が作成されている状況が記されており、そこには、『紫日記（紫式部日記）』を含む十二の物語や日記を題材に、十二か月各々から五場面を選んだ月次絵（十二か月の行事や風景を描いた絵）が制作されたとの内容が含まれている。現存する「紫式部日記絵巻」とは別の絵巻制作に関する記録と思われるが、少なくとも竴子周辺で『紫式部日記』が絵巻の題材として認識されていたことが明らかとなる。また、十三世紀における同日記の流布には定家周辺が関与していたことが指摘されてもおり、[5] これらのことを考えあわせると、「紫式部日記絵巻」の制作圏を、道家父娘や九条家に家司として仕えていた定家周辺に措定する蓋然性は高い。

三、敦成親王五十日のにぎわい

五島美術館が所蔵する三段のうち、第二段と第三段が寛弘五年十一月一日の五十日を主題としており、他に東京国立博物館所蔵の断簡（一段分）及び個人蔵（旧森川家本）の断簡（一段分）が同日条に基づく。[6] 以下に各段の前後関係と内容を整理し、便宜的にA～Dと示す。

A（五島本第二段）……寝殿に設けられた中宮の御座。女房達が飾り立てて参集する様子を、『紫式部日記』に基づく詞書で「絵に描いた物合（左右二組に分かれ、歌・花・扇・絵巻などを出品して優劣を競う遊び。衣装・調度・饗応などに趣向が凝らされた）のよう」と記す。几帳を隙間なく立て廻らせた一室に、中宮の御膳が女房達によって給仕され、また若宮のために用意された雛道具のような御膳等々、詞書と絵には晴れやかな祝賀の様子がいきいきと描出されている。

B（東京国立博物館本）……道長が若宮の口に五十日の餅を含ませる場面である。詞書の冒頭では、今宵禁色を許された乳母の少輔の君が抱いていた若宮を、几帳の内で道長の北の方（彰子の生母である倫子）に手渡したとある。画面には、赤色の唐衣と地摺の裳を付けた正装で赤子を抱く倫子と対面して、淡縹色の地に浮線綾の丸紋をほどこした直衣姿の道長が座る。さらに、葡萄染めの五重の上着に蘇芳色の小袿衣姿の中宮が茵の上に後姿で描かれている。画面右隅に小さく顔をのぞかせる女房を紫式部として描いた可能性もあるが、画中にそれと特定できる指標はない。あどけない若宮を見守る道長夫婦の穏やかな表情もあいまって、幸福感にあふれた場面である。道長の日記『御堂関白記』同日条によると、餅の儀が行われたのは、「戌二剋」つまり夜八時前後のことであった。

C（五島本第三段）……中宮と若宮の御前に、道長を筆頭に公卿たちが召され、寝殿正面の階の東の間を上座にして東の妻戸の前まで居並ぶ。さらに女房達が二重三重にずらりと座り、御簾も巻き上げ華やぎを添えている。酔いに乗じて女房達に戯れかかる者、座興に催馬楽の「美濃山」を歌う者など、賑やかな饗宴が続く。藤原公任（九六六～一〇四一）が紫式部に対して「このわたりに、若紫や候」と問いかけた有名な場面を含む。この段については、後ほど詳しく見ることとする。

D（個人蔵本）……男性たちの酩酊ぶりに恐れをなした紫式部は、女房仲間の宰相君と申し合わせて、宴が終わったところで隠れようとした。ところが、東の廂では道長が公達を引き連れて騒がしい。そこで中宮の御帳台の後ろに身を潜めていると、道長が二人を捕まえて「和歌ひとつつかうまつれ、さらば許さん」と、皇子誕生を言祝ぐ歌を所望した。これに応じて詠んだ式部の歌に返して、道長自らが快心の一首を披露する。式部の文才に期待を寄せていた道長が、酔いの気分に乗じて彼女を挑発しているようにも読み取れる。もちろん、これは式部自身の日記であるので、酔っぱらいの道長をとっさの一首で感じ入らせた自身についての誇らしげな述懐でもある。画面には、酩酊しながらも威厳ある道長の前に、二人の女房が畏まって座している様子が描かれている。そのうちの一人が紫式部である。

四、「紫式部日記絵巻」に描かれた陶酔

『紫式部日記』同日条では、敦成親王誕生五十日の賀に参集した人々の歓喜の渦が、中宮・親王・道長を核にした同心円状に広がっていく様が活写されている。また夜が更けるに従い、祝賀の儀が酒宴へと移行する中で変化する参列者の振る舞いも見事に描出されている。絵巻では、上述したAとBは、中宮と親王、そして道長夫婦を主軸とする厳かな祝いの場面として表されている。続くC及びDにおいて、大勢が参加する酒宴の場面へと推移する。特に、男性たちの酔態をつぶさに観察したCの場面は酔いというものの本質をついていて興味深い。以下に、詞と絵を詳しく見ておこう（図4）。

C（五島本第三段詞書）適宜改行を加え、一部を漢字に改めた上で、濁点・句読点・鍵括弧を補った。文字の脱落やあて字と思われる部分は『紫式部日記』（新日本古典文学大系24）によって補い（ ）内に示した。割注は〈 〉内に示した。現代語訳として山本淳子訳注『紫式部日記』（角川ソフィア文庫、二〇一〇年）を参照した。

　宮の大夫、御簾のもとに参りて、「上達部御前に召さむ」と啓し給。「聞こしめしつ」とあれば、殿よりはじめ奉りて皆参り給。階の東の間を上にて、東の妻戸の前まで居給へり。女房二重三重づつ居わたりて、御簾どもを、その間にあたりて居給へる人々、寄りつつ、巻きあげ給。

　大納言の君、宰相の君、小少将君、宮の内侍と居給へるに、①右の大臣寄りて、御木帳のほころび引き断ち乱り給。「時過ぎたり」とつきしろふも知らず、扇を取り、

図4　「紫式部日記絵巻」第三段（五島美術館蔵）

戯れごとのはしたなきも多かり。②大夫、かはらけ取りて、そなたに出で給へり。「美濃山」歌ひて、御遊びさまばかりなれど、いとおもしろし。

その次の間の③東の柱もとに、右大将〈実資〉寄りて、衣のつま、袖口数へ給へる気色、人より異なり。酔いのまぎれを侮り聞こえ、「また、誰とかは」など思ひ侍て、はかなき事ども言ふに、いみじう戯れ今めく人よりも、げにいとはづかしげにこそおはす（べか）めりしか。さか月（杯）の順の来るを、大将は怖ぢ給へど、例のことなしびの「千歳万代」にて過ぎぬ。

④左衛門の督「あなかしこ、この辺り（に）若紫や候」とうかが（ひ）給。源氏（に）似るべき人も見え給はぬに、かの上はまいていかで物し給はんと聞き居たり。

当初、東の対の西の廂に宴席を設けられていた公達たちが、中宮の許しを得て寝殿東の間に参上した場面である。『御堂関白記』によると、戌二剋に餅の儀を行った道長は、続いて東の対の宴席にて数献[7]を傾け、さらにその後で公卿達を中宮と若宮の御前に召し数巡の宴飲と数曲の楽遊に興じたことを記している。また『紫式部日記』によれば、東の対における宴席で既に「(二人の大臣が) 渡殿の上にまゐりて、また酔ひみだれののしり給ふ」という状況であった。当然ながら、東の間に移動してきた段階で彼らは完全に「できあがっていた」のである。面々の酔態を、紫式部は優れた観察眼で書き記している。

まず傍線部①、右大臣藤原顕光（九四四～一〇二一）が几帳のほころびを引きちぎって、さんざんに酔い乱れている。「時過ぎたり（いい歳をして）」と陰口をたたかれているのも気づかずに、女房の扇を取り上げ聞き苦しい冗談を言い続けている。顕光はこの時六十五歳、先ほど橋の上にて大声で騒いでいたうちの一人であるが、権力の中枢にいる人物が、宴席で羽目を外す姿は今も昔も変わらない。特に顕光は政務や儀式に疎いことで有名でもあり、大事な場面での失態も多かった。そういった人物評をも含んだ紫式部の醒めた視線が日記の行間から滲み出す。

画面左上で、左手に扇を持って右手で女房の肩を抱いている男性が、顕光であろう。しつこくからまれている女房は、扇を取られてしまって顔を隠すこともできず身をよじっているという態で描かれている。

傍線部②では、中宮大夫であった藤原斉信（九六七～一〇三五）が、土器（杯）を持って進み出て、催馬楽の「美濃山」を歌い、御遊び（管弦）も披露した。『御堂関白記』にも記されていた数曲の楽遊のうちの一部であろう。これについて紫式部は、形ばかりの管弦ではあるが上手であったと好意的に記す。画面中央に後姿で描かれているのが斉信であろう。右手に持った土器を、正面にいる狩衣姿の公卿が手にする瓶子（酒瓶）に向けて差し出したところである。

彰子の中宮冊立以来中宮職に勤める斉信は、道長派の実務官僚といった立場であり、この祝宴を盛会ながらも秩序あるものに整える任を帯びていた。この場での振る舞いは、取りたてて得意というほどでもない座興を披露して、右大臣顕光の狼藉による場の乱れを挽回しようとしたものであろう。女房達からは距離をとって座す姿で描かれており、酒席においてもはめを外し過ぎない小官吏らしさが表されている。

続いて傍線部③では、次の間の東の柱側にいる右大将の藤原実資（九五七～一〇四六）が、女房の衣の褄や袖口の襲を数えている。画面中央下部に上半身だけ描かれた、両手で女房の袖を数えている男性が実資である。

酔って衣装の襲を数えることにいったいどういう意味があったのだろうか、女性との戯れを楽しむ行為であったのかもしれないが、有職故実に通じていた実資であるので酔いにまかせて職業病的な関心が昂じているのかもしれない。また、一条天皇は美服・過差を禁止する勅令を度々出しており、この場面での実資は女房達の勅令違反を点検しているとの解釈もある。[8] さらに、これを見た紫式部が「人より異なり」との感想を記しているが、「並の人と違った態度で素晴らしい」なのか、「ちょっと変わった人ね」といぶかしんでいるのか、どちらであろうか。『小右記』の記主である実資は、当代一流の学者でもあり、道長全盛期にも時としてこれを批判するなど廷臣としての筋を通して一目置かれる存在であった。逆の見方をすると、時流におもねることをしない学者肌の頑固者であったとも言え、式部による人物評も、好意的な意味で「一風変わった人」といったところではなかっただろうか。

続く波線部が面白い。紫式部は、実資が酔っていることに気を許して、また「私が誰かなんてどうせ分からないでしょう」と思い、たわいもないことを話しかけた。すると、世慣れて気の利いた返事をする他の公達と違って、式部が気後れするほどの立派な応対であった。このやり取りの後、酒に弱いのであろうか、あるいは歌の披露が苦手であるのか、杯がめぐってくるのをおそれていた実資であったが、自分の番をありきたりで無難な「千年も万代も」の祝い歌でやり過ごすのであった。紫式部や実資の人間性が垣間見られる面白いエピソードであるが、この場面は絵に描かれていない。

傍線部④が、『源氏物語』の筆者に「紫式部」の通称が付けられることとなった、またこの時点で『源氏物語』が成立していたことを示す、藤原公任と紫式部との有名な一幕である。公任が式部に対して「このあたりに、若紫はおられますか」と戯言を言った。式部は、光源氏に似た人もおられないのに、まして若紫がどうしておられましょうかと思いながら、公任の言葉を聞き流した。

酔った勢いで今を時めく才媛に声をかける公任もまた、漢詩・和歌・管弦に優れた当代一流の文化人であった。そんな公任自らが『源氏物語』を読んでいることをほのめかす戯言は、式部の自尊心をくすぐったに違いないが、素知らぬ顔でやり過ごす態度に彼女の屈折がうかがわれる。光源氏と紫上という、彼女自身が生み出した理想の男女は、式部にとって憂きことの多い現実世界には存在しない。何より、自分も紫上とは程遠い。公任と紫式部の、秘めた火花が散るような応酬。日本の文学史に輝く名場面であるが、これも詞書のみに記されており、画面に彼らの姿は描かれていない。

五、酔態へのまなざし

以上のように見てくると、詞書に記された『紫式部日記』の本文からは、酔いに興じる男性たちだけでなく女房たちも、それが仕事とはいえ宴席をそれなりに楽しんでいる様子が浮かび上がってくる。紫式部は男性たちの酔態に辟易しつつも、実資には自ら積極的に言葉をかけ、公任の戯言を軽くあしらう余裕を持ってこの場をとくと観察している。先に見た波線部で紫式部が「酔いのまぎれを侮り聞こえ」と述懐しているように、酔った人間に対して他人は警戒心を解く。数々の儀礼や行事、上下関係や規範に縛られた日常を生きる人々にとって、酒席はなくてはならない潤滑油であったのだろう。

ことに、道長にとっては将来の栄華を予感した歓喜の宴であっても、相対的に政治的立場が低下していく顕光（父兼通は関白であったが、その死後は叔父の兼家と従弟の道長父子に実権を奪われる）、斉信（道長に近侍することで朝廷内に地位を保ったが、そのことに対する批判も根強かった）、実資（藤原北家嫡流である小野宮流に生まれ、学者としての自負も強く、本来なら傍流である道長の権勢に対しては一定の距離を置いていた）ら、そこに集まった公卿たちにとっては決して心から喜ばしい出来事ではなかったはずである。彼らの心の内を百も承知である道長が率先して杯を傾け、晴れの儀を取り仕切る威勢を顕示する一方で、酔いに乗じて胸襟を開く態度を見せることで、親王誕生によって急速に変化するパワーバランスの均衡がかろうじて保たれる場でもあったのだ。人間観察に優れた一女房が、この特別な酒宴の背後に漂う緊張感を鋭く捉え、自身の日記に書き記した。

ただし、二〇〇年を経た十三世紀初頭に絵巻という形でこの酒宴が再現された時、観察者としての式部の存在感は画面の後景に退く。本作において式部が描かれるのは、例えば先に見たDの場面で酔った道長と和歌をうたい交わす一女房としてや、ある場面に居合わせた女房の一人としてであり、Cの場面で実資と言葉を交わし、公任から声をかけられるという、個人としての彼女にとって重要であったひとときは絵画化されていない。

日記を司っていたはずの記主が、絵巻においては前景から姿を消されている理由について、これまでにも多くの議論がある。特に、鎌倉時代の絵巻制作者たちにとって、『紫式部日記』が摂関家の弥栄を記した「例（ためし）」（先例、手本）として意識され、「寛弘の佳例」（前掲『明月記』寛喜三年二月十二日条）としての敦成親王誕生の歴史を、物語絵のフレームを援用しながら再現したとする、佐野みどりや川名淳子の指摘は重要である[9]。絵巻の制作者や鑑賞者たちが絵巻に見たかった、あるいは見せたかったものとは何であったのか。以下では、再び酔いの問題に立ち返り、酒宴にそそがれたもうひとつのまなざしの可能性をひもとく。他でもない、藤原定家が主催した風雅な酒宴の記録を『明月記』に追う。

六、『新古今和歌集』と酒宴

元久二年（一二〇五）二月、藤原定家（一一六二〜一二四一）は、建仁元年（一二〇一）に後鳥羽上皇（一一八〇〜一二三九）の勅命によって開始された勅撰和歌集の編纂に従事していた。同月下旬には、定家を含む、源家長、藤原秀能、藤原清範、源具親、平宗宣ら当代を代表する歌人たちが、毎日のように宮中和歌所に参内し、草稿の切継（ひと通りの撰歌後に、削除や増補を行う編集作業）に従事していた。

定家の日記『明月記』には、この頃のことがつぶさに記されている。宮中歌壇を牽引する御子左家に生まれた定家は、この度の勅撰集でも選者の一人として重責を担っていたものの、上皇とは歌の評価をめぐって衝突しがちであった。歌の家を担う者としての矜持や歌に対する比類なき情熱と才能をもてあまし、この時期の『明月記』には壮年の定家が送っていた日々の鬱屈が垣間見られる。同月十九日条には上皇から「毎日参ずべし」と命じられ「なまじいに領状す（しぶしぶ了解した）」という状況であった。

時は旧暦の二月、まだまだ厳寒の時期である。定家は、同日条の末尾に「寒風、厳冬の如し。風病更に発る」と記している。翌日には雪も降ったが、宮中にて同僚とともに切継に従事していた。そうしたところ、この日は家長が酒席を設けた。寒さの中のいつ果てるとも知れない業務を抱えた同僚たちと、身も心も暖まるひと時であったのではないだろうか。翌日も同様に、切継を終えた後に家長による杯杓。次第に仕事の後の酒宴が定例となり趣向が凝らされるようになる。二十二日は具親が破子と酒を携えて参内したようであるが、「具親、破子〈草子風流〉を取り出す。酒を巻物の如き竹筒に入れる」という凝りようであった。

破子は、内部に仕切りのある白木の折箱で主に料理を盛り付けて弁当箱のように使用する。時に、造り物を付けて飾ったり、絵を描きつけたりすることもあり、それを破子（風流破子とも）と呼んだ。[10] この日具親が持参したのは、草子（冊子）に見せかけて飾り付けた破子（酒肴）と、巻子のように見せかけた竹筒（酒）であった。冊子をめくり、巻子をひもときながら連日和歌に向き合う自分たちの境遇を重ねた、気の利いた趣向であった。

七、『伊勢物語』を飲む

そうしたところ、昨年来酒宴を主催していなかった定家が、同僚たちに促されて不承不承二十三日の宴を取り仕切ることとなった。[11] 該当箇所を以下に抄出する（訓読は、今川文雄訳『訓読明月記（二）』河出書房新社、一九七七年に基づく）。

此の間、予、酒肴等を儲くべし。持ち参りて、之を取り居ゑしむ。家長・清範等帰り来たりて之を見る。響【冷】応の詞を加へ、取り破るべからず、見参に入るべき由、相議す。予、左右を答へず。遂に破らずして之を置く。

長櫃〈一〉。酒肴の様、土高器（つちたかつき）を小さき折敷に居う。①柏を敷き、海松（みる）を盛りて柏を覆ふ。其の柏に、わだつみのかざしにさすといはふもの歌ヲ書く。又、折敷（おしき）に絵かきて盃を居う。瓶子、紅の薄様（うすよう）を以て口を裹（つつ）み、実にハ鳥の汁を入る。②花橘を小さき外居（ほかゐ）に入れ、外居の紙立（かうだて）に、昔の人の袖の香の歌ヲ、文字木にて書く。花橘ヲ懸子にて上に入れて、其の下ヲ三重、中ヲ分けて菓子六種ヲ入る。③ひじきを又外居に入る。ひじき物には、袖ヲの歌を書き、其の下に魚鳥六種を菓子の如くに入る。④青き瓶は口を裹まず、藤の花を指す〈糸を以て之を結ぶ。房、殊に長し〉。件の瓶に酒を入る。⑤檀紙〈下絵〉を立て文に作りて、其の中に箸を入れ〈表書に、武蔵あふみとかく〉、⑥外居に飯を入れ、其の上に飾ちまきを積み入れて、飯ヲかくして見せず。

以上を取り据ゑしむ。此の外、密々に土器酬（かはらしゆう）等を相具し、閑所に置きて取り出さず。伊勢物語の内の物なり。

冒頭で、定家が和歌所に持ち込んだ酒肴を見た同僚の家長と藤原清範が、そこに「響応の詞」(12)を加えて、「これを上皇の御覧に入れるべきである」と提案している。「響応の詞」とは何を指すのだろうか。『明月記』において用いられている「響応（または饗応）」の語を、古記録に特有な「記録語」として分析した堀畑正臣氏によると、「対応」「同意・承諾」「へつらい・迎合」「もてなし」の意味での用例が混在しており、ここではそのうち「同意・承諾」の意で用いられていると指摘する。(13)ただし、これに先立つ建仁三年（一二〇三）三月六日条にも「巳一点許に、小童（定家の三男である為家）を相具し、春宮に参ず。狩衣を着すといえども、北面の方より密々に参ず。造物を給わる。女房饗応の詞あり」との内容で、同様の表現が見られ、ここでは「もてなしの言葉、ねぎらいの言葉」といった意味で用いられているようである。

『日本国語大辞典』には「饗応言（きょうおうごと）」の項目があり、意味を「もてなしの言葉。ねぎらいの言葉。また、相手の機嫌をとり、調子を合わせた言葉。世辞」と解説している。定家が用いる「響応（饗応）の詞」も、これと同義と捉えると解釈しやすいのではないだろうか。つまり定家の用意した酒肴を目にした家長と清範が、それを褒めそやすような一文をしたため、それを酒肴とともに上皇にもお見せしたいと提案したのであろう。その可否について定家は返答しなかったものの、最終的に取り除かずに置くこととなった。

前置きが長くなったが、酒肴に目を向けよう。日記文末の波線部に「伊勢物語の内の物なり」とあるとおり、全て『伊勢物語』を主題とした、風雅な献立がここに記されている。かつてこの記事に注目した堀田善衛が、「文学的酒宴、ここに極まれり」と感嘆した、洗練の極致である。(14)

まず傍線部①は、『伊勢物語』第八十七段に基づく。摂津国蘆屋の里に住む男の妻が、高坏に海松(海藻の一種)を山盛りにしてその上を柏の葉で覆い、葉に次の歌を書きつけて差し出した場面である。

わたつみのかざしにさすといはふ藻も、君がためにはをしまざりけり

――海神が髪飾りにして挿すために大切にしておられる海藻も、あなた様のためには惜しまずに分けてくださいましたよ。

さらに、絵を描いた折敷(木製方形の盆)に盃を据え、紅の薄様で口をつつんだ瓶に鳥のスープを入れる。続く傍線部②では、小型の外居(曲物の弁当箱、円筒形で三つの脚が付く)に花橘を入れ、飾りに紙立(折り紙の飾り物)を置き、そこに第六十段に基づく次の歌を文字木(木を燃して炭にしたもの)で書いた。これは自分の元を去って他の男の妻になった女と偶々邂逅した宴席で、棄てられた男が酒肴として出された橘を手に詠んだ歌である。

さつき待つ花たちばなの香をかげば、昔の人の袖の香ぞする

――五月を待って咲く橘の花の香をかぐと、昔親しんだあなたの袖の香がなつかしく匂ってきます。

また傍線部③では、外居に入れたひじきに、第三段に基づく次の歌を添えた。

思ひあらばむぐらの宿に寝もしなむ、ひじきものには袖をしつつも

――私を思ってくださる情がおありなら、荒れた家でも構いません、袖を重ね敷いてそこであなたと共寝をいたしましょう。

これは、男が心を寄せた女に贈ったひじきに添えられた歌である。「ひじき藻の」(海藻のひじき)と、「引敷物」(寝具)が掛詞となっている。

続いて傍線部④は、在原行平の家で酒宴が開かれた際、瓶に挿した藤の花の長さが三尺六寸もあったという、第百一段の内容に基づく。

そして傍線部⑤は、京にいる女に心を寄せた武蔵野国に住

図5 「源氏物語絵巻」第三段・若紫帖（天理図書館蔵）

む男が、上書きに「武蔵鐙」とだけ書いた手紙を送ったという第十三段のエピソードを踏まえる。

最後の傍線部⑥も第五十二段に登場する飾り粽（もち米を笹、茅、菖蒲などの葉で巻いて蒸し、五色の糸や花で飾ったもの）を再現したものである。

八、酒宴のエレガンス

ここに記されたひとつひとつの食材は、現代の我々の目からみると大変質素なものである。しかしながら、手の込んだ盛り付けや飾り、そして入念に用意された『伊勢物語』世界への架け橋が、膳の上に箸を運び杯をめぐらせるたび、またとないもてなしとなって宴に参集した人々の心を潤しただろう。さらに、厳寒の二月にあって、海松、花橘、ひじき、藤、飾り粽といった、春から初夏にかけての風物を丁寧に選び取り、待ち遠しい季節を演出してみせたのも、平安王朝の歌や物語に抜群の造詣を誇った定家ならではの心配りである。そして、これを汲み取る高度な文学的資質が上皇にそなわっていることを、誰よりも深く理解していたのは定家であった。

残念ながら、この場面そのものを描いた絵画作品は存在しないが、中世絵画を広く渉猟すると、そのあちこちに、色とりどりに飾られた酒肴を見出すことができる。一例をあげると、十三世紀末頃の制作と見られる「源氏物語絵巻」（天理大学附属天理図書館蔵）第三段（若紫帖）において、都の喧騒を離れ北山に向かった光源氏が、美しい桜の下で供の者たちと杯を交わし、管弦の遊びをしている場面が描かれている（図5）。

琴、横笛、篳篥、笙を奏で、扇で拍子をとって「とよらの寺の西なるにや」と催馬楽「葛城」の一節をうたい、寛いだ酒宴を楽しんでいる公達たちの傍らに、口を薄様でつつんだ青磁の酒瓶、長柄の銚子、折敷の上の土器、衝重の上に美しく盛られた料理が並ぶ。詞書にはただ一言「かわらけまいる」とのみ記された酒の設けを、絵巻の制作者は一層優雅に演出してみせた。

九、狂言綺語と破戒の図像

天理本「源氏物語絵巻」に描かれたモチーフのひとつひとつは、先に見た同時代の仏教説話画においては、罪の表徴として機能する図像であった。しかしいったん、文学という別のフィクションに取り込むことで、一転して風雅な王朝風のたしなみとして肯定的に受容される図像となる。

そして、中世絵画に描かれた飲酒場面をめぐるこのような両義性は、文学をめぐる狂言綺語観を想起させはしないだろうか。狂言綺語とは、いたずらに言葉を飾った和歌や物語といった虚構に興じることが、五戒のうちの不妄語戒を破る行為であるとして戒める、仏教的な考え方である。

ところが、中世日本では、唐代の詩人白居易による「我に本願あり、願はくは今生世俗文字の業、狂言綺語の過ちを以て、転じて将来世世讃仏乗の因、転法輪の縁となさんことを」（『白氏文集』十一）などを根拠に、和歌や物語こそが修行を助ける機縁であるとする考えが進展した。つまり、狂言綺語の罪を犯してしまう凡夫こそが発心の可能性を秘めているとする発想の転換が行われたのである。不飲酒戒についても同じことが言える。

中世末期に成立した、飲酒を主題にしたひとつの絵巻がある。酒と飯のどちらが優れているかという滑稽な議論を主題とする「酒飯論絵巻」である。十六世紀前半から近世にかけて、十数本の模写本が確認されており、現在文化庁で所蔵されている一巻が、狩野元信周辺で制作された原本かそれに近い現存最古本と位置付けられている。(15)

この絵巻には三人の登場人物がいる。一人は大酒飲みの武家で造酒正糟屋朝臣長持、そしてご飯好きの僧侶で飯室律師好飯、最後の一人が酒もおかずもほどほどに好む公家の中左衛門大夫中原仲成である。詞書と絵で一段を構成し、全四段から成る。第一段では三人の登場人物紹介、第二段では酒好きの長持ちが酒の徳を説くが、第三段ではご飯好きの好飯が酒の害悪を説いて反論し、ご飯とおかずの良いところを四季折々の献立を挙げながら主張する。ところが第四段で仲成が登場し、何事もほどほどが良いと結論したことで決着となる。三人の登場人物は、随所で仏教の教えを引き合いに出して自説を展開しており、長持が念仏宗、好飯が法華宗、仲成が天台宗の立場をとる。「酒飯論絵巻」は、酒と飯に関する議論になぞらえて、実は念仏宗・法華宗・天台宗各々の優位性を論じるという、宗論のパロディとして理解できる。

図6 「酒飯論絵巻」第二段（文化庁蔵）

本作第二段の画面で繰り広げられる酒宴は、一面では罪の表徴として、別の一面では風雅の象徴として描き継がれた図像が両義性を保ったまま継承されたものにほかならない（**図6**）。同段の詞書では、酒を飲むことの正統性を長持が次のように主張する。

もとより我らは凡夫にて、無明の酒に酔しより、さむるうつゝもえそしらぬ、かゝる罪悪生死には、中〳〵魚鳥さかなにて、酒を飲たる口にても弥陀の名かうととなふれは、不論不浄とすてられす、不簡破戒ときらはれす、光明遍照十方の光にのる事うたかはす、南無阿弥陀仏〳〵。

ここで展開されているのは、どのような悪人でも救われるという専修念仏の考えを借りた、飲酒行為の正当化である。つまり、心弱く無明の酒に酔い、酔いが醒めたところに存在する現実にも目を向けようとしない凡夫こそが、阿弥陀如来の救済の対象となるのだと主張する。これは、宗論を笑いに転化させる目的のもとに記された一種のパロディであるが、このような論理が、中世日本における飲酒文化の中で醸成されていたことの証左となる。まさに、狂言綺語観を凡夫救済の論理で読みかえていったことと同じ現象が、不飲酒戒に関しても生じていた。

『新古今和歌集』編纂の日々のただ中で定家が企んだ文学

的饗宴、それは、狂言綺語というもう一つの罪に日々を捧げる人々が、破戒を作善に転じる妙薬として美酒を注ぎ合う場でもあったのだ。

おわりに

さて、二十三日に行われた酒宴の首尾について、定家は翌々日の二十五日条に以下のように記している。

彼れ是れ語りて云ふ、一昨日の物、即ち御前に取り出す。皆召し入れられ了んぬ。柏の高器許りを、和歌所に返し給ふと云々。籠居凶服の者初めての出仕、事に於て恐れを成すの間、此の如き事、聊か以て安堵す。御気色の程を知るか。

すなわち、定家の用意した酒肴を上皇はいたく気に入り、海松を載せた柏の高器のみが和歌所に戻された（他は全て召しあがった）。

後半部分に記された定家の心情が興味深い。「籠居凶服の者」とは、前年にあたる元久元年十一月三十日に父の藤原俊成が没し、定家が服喪中であったことを指す。喪中を理由に、この時期の定家は参内も滞りがちであった。酒宴を準備した二十三日も、宮中での神事を理由に当初は家に引き籠っている予定であったところ、神事が延期となり急遽和歌所へ出仕したという状況であった。憚りある身で恐る恐る提供した酒肴が、同僚たちの賛辞を得、さらに上皇の御意にも適ったようである。

上々の評判であったにもかかわらず、「聊か以て安堵す（ひとまず安堵した）」と控えめな感想を記すところが、いかにも定家らしい。褒められるほど頑なになる屈折した態度は、先に見た『紫式部日記』の書きぶりにも通じている。摂関家出身の中宮に仕える女房としての紫式部と、九条家の忠実なる家司にして和歌所を担う廷臣としての定家。生きた時代と立場を異にしながらも、主家の繁栄と宮中における文芸の潮流を捉える怜悧なまなざしは通底しており、酔いに興じる人々と一線を画す醒めた筆致が両日記の底知れぬ魅力でもある。さらに想像を逞しくして、本稿で取り上げた「紫式部日記絵巻」制作に定家が関わった、あるいは少なくともこの絵巻を目にする機会があったとするならば、五十日の酒宴に紫式部の姿を描かず、あたかも画面の外側から人々の酔態を眺める者のように位置付けることは、定家にとって最も有り得べき式部の姿であったのではないだろうか。

注

（1）以上の点については、拙稿「破戒の図像　酒と飯のイコノロジー」（伊藤信博、クレール＝碧子・ブリッセ、増尾伸一郎編『酒飯論絵巻』影印と研究　文化庁本・フランス国立図書館本とその周辺』臨川書店、二〇一五年）において詳しく論じた。また、六道絵における飲酒場面については、髙岸輝「「酒飯論絵巻」のなかの中世」（加須屋誠編『図像解釈学——権力と他者』仏教美術論集四、竹林舎、二〇一三年）参照。

（2）元の巻数については諸説あり、小松茂美「「紫式部日記絵詞」——中宮嫜子の後宮」（『日本の絵巻（九）紫式部日記絵詞』中央公論社、一九八七年）にて研究史を追うことができる。また、断簡となって各所に分蔵され、錯簡も生じている現存箇所の復元案については、村重寧「「紫式部日記絵詞」の構成と画風の特質」（『日本絵巻大成（九）紫式部日記絵詞』中央公論社、一九七八年）参照。

（3）松原茂「「紫式部日記絵詞」の伝来と成立」（『日本絵巻大成（九）紫式部日記絵詞』中央公論社、一九七八年）。

（4）源豊宗「紫式部日記絵巻の研究」（『人文論究』七‐三、一九五六年、同『大和絵の研究』角川書店、一九七六年所収）、小松茂美「「紫式部日記絵詞」——中宮嫜子の後宮」（『日本の絵巻（九）紫式部日記絵詞』中央公論社、一九八七年）。

（5）安藤徹「物語作者の自己成型」（『源氏物語と物語社会』森話社、二〇〇六年）。

（6）なお、日野原家蔵（旧久松家本）六段分のうち第四段の絵を、敦成親王五十日の場面に比定する秋山光和の説があるが、ここでは採らない。御簾の奥に五つの几帳が立てられている点などから、これを寛弘五年十一月二十一日五節の寅の日の、五節所の饗応場面とする小松茂美の説が妥当ではないかと考える。秋山光和「日野原家本「紫式部日記絵巻」の考察」及び「「紫式部日記絵巻」をめぐって」（同『日本絵巻物の研究（上）』中央公論美術出版、二〇〇〇年、初出は前者が一九七五年、後者が一九八五年）、小松茂美「図版解説」（『日本絵巻大成（九）紫式部日記絵詞』中央公論社、一九七八年）参照。

（7）饗応の際、膳部に杯を添えて出しひとつの膳につき酒を三度つぐことを作法とした。膳を出す回数を一献、二献、と数えたのである。単に酒杯を飲みほす回数を数える場合もあったが、敦成親王五十日賀に伴う晴れの席であるので、正式な作法に基づく「数献」だったものと思われる。

（8）山本淳子訳注『紫式部日記』（角川ソフィア文庫、二〇一〇年）一七七頁（補注三十二‐三）。

（9）佐野みどり「『紫式部日記』と『紫式部日記絵巻』の間」（『新編日本古典文学全集（二六）』月報七、小学館、一九九四年）、川名淳子「紫式部日記と紫式部日記絵巻——〈例（ためし）〉としての絵画化と日記の物語絵化」（秋山虔『紫式部日記の新研究　表現の世界を考える』新典社、二〇〇八年）、同「「紫式部日記絵巻」に見る『紫式部日記』享受の諸相——楽府進講場面を中心に（『愛知学院大学文学部紀要』四六、二〇一六年）。

（10）『徒然草』第五十四段にも登場し、美しい稚児を誘い出そうと企んだ法師たちが用意した趣向が風流破子であった。室町時代、伏見宮貞成親王の『看聞日記』にも頻出し、酒宴を好んだ貞成にとって身近な楽しみであったようだ。破子風流について、片桐弥生「室町時代における古歌の造形」（『日本文化研究』五、一九九三年）、泉万里「庭風流・破子風流・調度風流」（『国立歴史民俗博物館研究報告』一一四、二〇〇四年）参照。

（11）二十日条、家長による盃杓の記事に続けて、「昨年、予、此のことに接せず。所役を果すべきの由、各々之を示す。なまじいに領状す。」とある。前年秋に父を亡くし喪中にあった定家は、しばらくこういった役割から遠ざかっていたものと思われる。

（12）『訓読明月記（二）』においては、「饗応」と翻刻するが、冷泉家時雨亭文庫編『冷泉家時雨亭叢書別巻二　明月記翻刻（二）』朝日新聞出版、二〇一二年に拠って「響応」と改めた。

（13）堀畑正臣「『明月記』に見える「記録後」（その二）――斎木一馬氏の「記録後例解」との比較」（『明月記研究』六、二〇〇一年）。

（14）堀田善衛『定家明月記私抄』（新潮社、一九八六年）。

（15）諸本に関する基礎研究は、並木誠士「酒飯論絵巻考――原本の確定とその位置づけ」（『美学』一七七、一九九四年）、同「酒飯論絵巻と狩野元信」（『美術史』一三七、一九九五年）、同『日本絵画の転換点『酒飯論絵巻』』（昭和堂、二〇一七年）参照。なお、土谷真紀「狩野派における「酒飯論絵巻」の位相――文化庁本を中心に」（阿部泰郎・伊藤信博編『『酒飯論絵巻』の世界――日仏共同研究』勉誠出版、二〇一四年）において、文化庁本は、元信筆の原本に基づいて制作された、元信周辺の絵師による作品と位置付けられている。

図版出典一覧

図1　東京国立博物館蔵「餓鬼草紙」欲色餓鬼（『源信　地獄極楽への扉』奈良国立博物館、二〇一七年）

図2　聖衆来迎寺蔵「六道絵」優婆塞戒経念仏功徳幅・部分（『国宝六道絵』中央公論美術出版、二〇〇七年）

図3　當麻寺奥院蔵「十界図屏風」人道・部分（『日本美術全集』一三、講談社、一九九三年）

図4　五島美術館蔵「紫式部日記絵巻」第三段（『時代の美　第二部　鎌倉・室町編』五島美術館、二〇一二年）

図5　天理大学附属天理図書館蔵「源氏物語絵巻」第三段・若紫帖（『日本の絵巻』一八、中央公論社、一九八八年）

図6　文化庁蔵「酒飯論絵巻」第二段（『『酒飯論絵巻』影印と研究　文化庁本・フランス国立図書館本とその周辺』臨川書店、二〇一五年）

黄表紙に擬人化される酒

畑　有紀

黄表紙の中には、酒宴などの場面の小道具として用いるだけでなく、酒を個性のある人物に見立てる、つまり擬人化する物語が存在する。実際の生活の中に存在し、飲用されていた酒が文芸の中で人物に模して表現されるとき、どのような特徴が文芸に反映されたのか。本稿は、黄表紙の中に擬人化された酒を通して、「食」の表現を探るものである。

はじめに

本稿は、酒を擬人化する黄表紙を取り上げ、作中に描かれた酒の種類や特徴、その表現方法を分析することで、江戸の庶民文芸の中の酒の表現を考察するものである。当時の社会を踏まえ、実際に生活の中で飲用された酒が文芸に表現されるとき、どのような現象が見られるのか、「食」の表現方法の一端を明らかにするのが目的である。

黄表紙を含む草双紙、また錦絵などの江戸中後期の文芸には、「食」が描かれる例が多い。とりわけ黄表紙には食事や宴会、調理の風景に描かれるのみならず、食物を擬人化、つまり人に見立て、彼らの恋愛や合戦を描くものも目立つ。このように「食」を中心に据えた文芸が多作されたことは、室町時代の『酒飯論絵巻』以前に、食物や飲食の風景を描く作品がほとんどないこととは対照的である。

本稿で取り上げる黄表紙は、現在約二千種が確認され、挿絵と文章の双方から江戸中後期の社会、風俗、生活を知るこ

はた・ゆき——新潟大学日本酒学センター特任助教。専門は食文化を中心とする日本文化史。特に室町から江戸時代の文芸に描かれた飲食に注目し、研究している。主な論文に"L'uniformisation des productions agricoles à l'époque d'Edo: des savoirs géographiques biaisés à l'origine de crises"（共著、*Revue de Géographie Historique No.9*, 2016）、「江戸後期「酒餅論」作品とその社会」（『軍記と語り物』第五三号、二〇一七年）などがある。

とのできる資料群である。その中には、酒や「酔い」が描かれるものが多い。特に、作中に酒宴の様子が含まれるものは枚挙にいとまがなく、最も有名な恋川春町『金々先生栄華夢』（安永四年・一七七五）はもちろん、「酒呑童子」に取材した複数の作品にも酒宴の場面は欠かせない。山本聖子氏「黄表紙――絵にみる「食」の風俗」(1)では、黄表紙の挿絵中の「食」に関する場面を分類しているが、遊郭での酒宴が最も多い点が指摘されている。また、山東京伝の『鬼殺心角樽』（寛政八年・一七九六）は、酒飲みのさまざまな行動を「酒の精」の仕業として描くものであり、「酔い」を主題とした作品まで存在するのである。

本稿で注目する作品のひとつ、『酒癖管巻太平記』（天明八年・一七八八）は、酒宴の様子ではなく、酒を擬人化し、それらの合戦を描いた特徴的な物語である。棚橋正博氏の『黄表紙総覧』(2)によれば、酒を擬人化する物語は四点数えられ、酒同士が争う物語はこの『管巻太平記』のみである。「上酒剣菱一党と冷酒党の争い」とされる本作の合戦は、通常の刀や弓矢など武器を使った戦いではなく、敵に大量の酒を飲ませて酔い潰そうとする、まさに酒と「酔い」の物語といえる。

このように、酒を一場面の小道具としてではなく、個性を持つ人物に模した作品を読み解くことは、当時の人々による酒の消費実態のみならず、人々が共有していた酒に対するイメージを浮き彫りにすることに繋がるのではないか。本稿ではこのような観点から、酒を擬人化して描く黄表紙が、実際の社会をどのように反映しているのかを検討する。具体的には、黄表紙の中で擬人化された酒の特徴を、同時代の資料の記述と対照する。このような検討を通じ、酒、ひいては食物を文芸に表現することの特徴とその意義を解明する手掛かりとしたい。

一、酒を擬人化する黄表紙

『黄表紙総覧』を用い、複数の酒を擬人化する黄表紙を調査したところ、『酒癖管巻太平記』、『其数々酒の癖』、『通俗三呑志』、『餅酒腹中能同志（おなかのよいどうし）』の四点が確認できた。以下に、四作の梗概と擬人化された酒類の名（擬人名）を挙げる。

『其数々酒の癖』市場通笑作・鳥居清長画（安永八年・一七七九）

「たらふく孫左衛門」の息子「味醂」は、馴染みの遊女「山川」のもとへ通う際、地廻りの悪者「どぶ六」らに打擲される。その後「山川」を連れ、廓を抜け出した「味醂」は、「満願寺の和尚」のとりなしで、「山川」を身請けする。

頃は保命元年、酒食院の御時。「酒の関白殿」から、酒呑

表1　『其数々酒の癖』の酒の擬人名

酒の関白方	味醂	山川	満願寺の和尚	猪名川	男山	酒の関白殿	剣菱五位の尉
悪酒郎方	どぶ六	悪酒郎	冷や蔵				

表2　『酒餅腹中能同志』の擬人名

酒方	九年酒	剣菱	焼酎	泡盛	どぶ六	新酒	味醂酒	
餅菓子方	饅頭	団十郎煎餅	大仏餅	幾代餅の守	ある平	どらやき	かのこ餅	助惣

童子のように悪事を働く「悪酒郎」を討てとの勅定が下される。武将「剣菱五位の尉」は、松尾大明神から賜った酒を手に、五人の手下とともに「悪酒郎」を討つ。「剣菱五位の尉」は、池田・伊丹・西宮を治める総追捕使を任じられ、五人も上酒と呼ばれるようになる。また、「味醂」・「山川」も無事夫婦となった（**表1**）。

『酒餅腹中能同志』女嬪堂作・鳥居清長画（安永九年・一七八〇）

「なんと庄兵衛」は、上戸と下戸、二人の息子兄弟のどちらに家督を譲るか思い悩んでいたところ、夢を見る。夢の中では、酒軍の大将「九年酒」が、「剣菱」など仲間の悪酒とともに、庄兵衛を悩ませる餅菓子を滅ぼそうと企む。「饅頭」を大将とする餅軍はこれを聞き、両者は敵対する。そうした中、「味醂酒」と「助惣」が恋仲となり、嫉妬した「どぶ六」が二人の仲を裂こうと喧嘩を仕掛けたことをきっかけに合戦が始まる。両軍大いに戦うも、大通神の仲裁により戦は鎮まる。夢から覚めた庄兵衛は、家督を息子兄弟に分け与えることにしたのであった（**表2**）。

『癖酒管巻太平記』七珍万宝作・北尾政美画（天明八年・一七八八）

男山の城主「酒盛入道上閑」は、「剣菱五位の尉」の館に参上し、「冷や酒の大守」が謀反を起こし、様々に害をなしていることから、このまま放っていては検非違使の威光に傷が付く、と訴える。「徳利」が「冷や酒の太守」に謀反をやめるよう説得するも、話し合いは決裂、「徳利」は「剣菱五位の尉」方につき戦となる。この戦は、相手方に大量の酒を飲ませ酔い潰すというもので、両者負けず劣らずの戦いを繰り広げ、特に「冷や酒の太守」方に加勢した「焼酎泡盛」の活躍ぶり（酒の飲みっぷり）には皆大喜びする。「満願寺の上人」が両軍の間に入り和睦を結ばせるが、この物語は二日酔いの人の夢であった、と締め括られる（**表3**）。

『通俗三呑志』萩庵荻声作・栄松斎長喜画（享和三年・一八〇三）

茶の島である女護島の大王は二十三歳の頃、男子に恵まれる。この島では初めての男子誕生に皆が驚くが、占いの結果が凶であったため、この男子は海に流され、煙草島の煙草公に拾われ育てられる。酒島では、酒の酔いを醒ましてしまう茶を成敗しようとの声が上がり、挙兵する。茶島は縁のある煙草島に助けを求め、合戦になる。竜宮の八大竜王が現れ、酒と煙草を和睦させる（**表4**）。

表3 『酒癖管巻太平記』の擬人名

燗酒方	酒盛入道上閑	剣菱五位の尉	徳利
冷や酒方	冷や酒の大守	焼酎泡盛	
調停者	満願寺の上人		

表4 『通俗三呑志』の擬人名

酒方	地回り酒	四方の赤	味醂	万願寺	男山	剣菱	片白	鬼殺し
茶方	足久保茶	信楽茶	川上茶					

※煙草方については省略した。

二、擬人化される酒の特徴

以上のように、『其数々酒の癖』と『管巻太平記』は、酒同士が対立し合戦を繰り広げる物語であるのに対し、『腹中能同志』は、酒と菓子（餅）が、『通俗三呑志』は酒と茶（および煙草）が戦う物語となっており、趣向を異にする。ただし、**表1**から**表4**を見ると、作中に取り上げられる酒の種類には類似性が窺える。そこで、作中に共通して擬人化される酒について四点を指摘したい。

（1）高位に置かれる下り酒「剣菱」

剣菱は四作を通じて描かれた酒であり、特に『管巻太平記』、『其数々酒の癖』では、検非違使をもじって「剣菱五位の尉」とされる。剣菱は、元文五年（一七四〇）、八代将軍吉宗の御膳酒ともなった伊丹産の酒銘である。[3] 黄表紙とほぼ同じ年代に出版された『冨貴地座位』（安永六年・一七七七）「酒之部」には、江戸で販売されていた酒の位付けが示され、七種の酒屋とその店の酒の名が挙げられているが、万屋巳之助の剣菱が最上位の「大上上吉」に位置づけられている。[4] また、時代は下るが、『守貞漫稿』（天保八年～嘉永六年・一八三七～五三）には「今世ハ摂ノ伊丹、同池田、同灘ヲ第一ノ上品トシ、又醸酒家多ク甚タ昌也。[5]」という解説とともに、剣菱の商標が描かれている。

　江戸においては、江戸近郊で醸造された「地回り酒」よりも、伊丹、池田、灘などの上方で醸造、運送されてくる「下り酒」が高く評価されていたことはよく知られているが、江戸中期から後期にかけては、特に伊丹酒が最上とされていた。『日本山海名産図会』（寛永十一年・一七九九）には、次のようにある。

> 摂州伊丹に醸するもの尤淳雄なりとて、普く舟車に載て台命にも応ぜり、依て御免の焼印を許さる、今も遠国にては諸白をさして伊丹とのみ称し呼べり、されば伊丹は日本上酒の始とも云べし、（中略）今は伊丹、池田、其外同国、西宮、兵庫、灘、今津などに造り出せる物また佳品なり、[6]

　この下り酒は、単に旧来の名産地である点のみだけで評価されていたのではなく、味わいも良いとされていた。次の『万金産業袋』巻之六（享保十七年・一七三二）「酒之部」では、池田の満願寺屋、伊丹の稲寺屋などの酒を例に、上方で造られた酒が、樽廻船によって海上輸送されることで味わいがまろやかになるとされている。

> 伊丹富田の作り酒。生もろはくといふは。元来水のわざにや。作りあげたるときは。酒の気ははなはだからく。鼻をはじき。何とやらんにがみの水やうなれとも。遥の海路を経て江戸に下れは。満願寺は甘く。稲寺には気あり。鴻の池こそは。甘からず辛からすなどとて。その下りしまゝの樽にてのむに。味ひ格別也。これ四斗樽の内にて。浪にゆられ。塩風にもまれたるゆへ酒の性やはらき。味ひ異になる事也。[7]

　海上運送によって酒の味が向上することを利用し、上方では一度江戸へ出荷した酒を再び運び戻して賞味する「富士見酒」が存在したほどである。随筆『見た京物語』（安永十年・一七八一）には「酒は富士見酒とて、一たび江戸へ乗出したるを賞翫す[8]」とあるほか、『ひともと草』（文化三年・一八〇六）には「この大江戸にくだれるは、ことどころにことなりて、味も薫もになくぞ世にもて賞すなる（中略）其国にさへ十二樽残しもてかへりて、富士見酒となん賞しけるとぞ[9]」と記されており、波にもまれて酒の味や香りがまろやかになることは、江戸のみならず上方でも知られ、実践されていたようである。このように、知名度だけでなく味も良いとされ賞美された下り酒、その筆頭とも言える剣菱は、「検非違使」の語との言葉遊びに加え、評価の高さもあいまって、物語の中でも高位に描かれたことは明らかである。

（2）「味醂」の恋

次に、『其数々酒の癖』、『腹中能同志』の二作の共通点として、「味醂」の恋に注目したい。「味醂」酒は、『其数々酒の癖』では「山川」、『腹中能同志』では「助惣」と恋仲になる。現在では主に調味料として用いられる味醂だが、当時は飲用もされていた。[10]『和漢三才図会』（正徳二年・一七一二）には、「美淋酎」として次のように記されている。

按、美淋酎ハ近時多ク造ル之。其味甚タ甘テ而、下戸ノ人及婦女喜テ飲ム之。用テ糯米三升ヲ漬ルコト之ヲ一宿ニテ而、蒸為飯ト、待冷ルヲ、麹二升、焼酎一斗、和匀ヘ、毎ニ七日ニ一次攪キ之ヲ、三七日ニテ而成ル。搾リテ去リ糟ヲ用フ。其糟モ亦甘シ。賤民代フ菓子ニ。[11]

このように「味醂」は甘く、特に下戸や女性が飲むものとされていた。なお、『其数々酒の癖』においては、「たらふく孫左衛門」の息子が「味醂」であるが、その名の由来は「少し虚性なる生まれつきゆえ」とされ、のちに「地回りの悪者」に打擲された際、「甘口な野郎めだ」と罵られるのも、このような味醂の特徴を踏まえているのであろう。

では、「味醂」の恋の相手はどのようなものであったのか。『腹中能同志』の「助惣」とは、餅菓子方に属しており、助惣焼のことだとわかる。この助惣焼は、小麦粉をこねて薄く伸ばし、餡を包んで焼いた菓子である。『続江戸砂子温故名跡志』巻之一（享保二十年・一七三五序）では、「江府名産」の一つに麹町三丁目橘屋佐兵衛の「助惣麩の焼」が挙げられており、「此の助惣が製は、上方にも召され、味はひ優れて美なり」[12]と評されている。先の『和漢三才図会』「味醂酎」の引用末尾に、味醂を作った際の糟を菓子代わりにする、とあることも踏まえると、菓子に近い味醂が、敵方の餅菓子と恋をするのに適した酒だったのであろう。

一方で、『其数々酒の癖』における「味醂」の恋の相手「山川」は酒である。『雍州府志』六（天和二年〜貞享三年・一六八二〜一六八六）「山川酒」の頃に「六条、油の小路の酒店に之を醸す。凡そ山間の流水、多くは白く濁る。此の酒、其の色に似て、甘美なり」[13]とあるように、京都で白酒のことを「山川酒」と呼び始めたとされる。無論、『江戸買物独案内』（文政七年・一八二四）に掲載された酒問屋のうち、常陸屋権兵衛の広告に「極製 山川白酒　十二月下旬より三月節句まで」[14]とあり、江戸でもこの語は使われている。また、『華鳥百談』四（延享年間・一七四四〜四八頃）「大磯の宿化地蔵の事」に、大磯で旅人を驚かせていた化地蔵が、どこに行っても丁重に扱ってもらえない身の上を嘆き、「御酒なら山川、味淋のたぐひ、蒸菓子なんどを備へてくれ。我は生得の下戸なり。唐辛子は、深く無用にしてくれと。皆へよういふてたも。(15)」と話す様子が描かれる。味醂同様、山川酒もまた味が甘く、下戸にも飲める酒とされていたのである。

さらに、味醂と白酒には、製法の類似性も指摘できる。白酒の製法は『童蒙酒造記』（貞享四年・一六八七）に「餅米上白壱斗、地酒一斗。仕込様以下練酒同前也。濃き・薄き違計也。」と書かれており、地酒に糯米を仕込んだだけのもので、練酒と同様とされる。(16)そこで、時代を下り『万金産業袋』巻之六（享保十七年・一七三二）「ねり酒の造やう」を見ると、練酒の原料が糯米、粳米、麹米、焼酎とされているのは、次の通りである。

上白のもち米五斗。上白米五斗。別〱にこはいゐにむし。よく莚にてさまし。上白のかうじ。米にて壱斗。生しやうちう壱石入レ。右三品を一つにし。桶に仕こみ凡日数三十四五日。但夏冬にて。大分のかげんある事(17)

そして、同書は「みりん酒」の製法を次のように記す。

上白の糯米壱石。上白米のかうじ米にて弐斗是も花をあらひ生しやうちう壱石弐三斗。右もち米ハ常のこはいひ占なをよくむして。莚に廣げよくさまし。あらひあげのかうしと一ツにし。しやうちうにて造りこむ。日数五十日ほとして常酒のことくにあぐる。(18)

つまり、味醂の材料は糯米、麹米、焼酎とされており、味醂と練酒、さらには白酒の原料に、米と焼酎が共通して用いられたことがわかるのである。なお、これらの原料は、先に引用した『和漢三才図会』の「味淋酎」の原料とほぼ同様であり、『童蒙酒造記』に記された練酒の仕込みの配合は、今日の白酒や味醂の原型といわれる。(19)したがって、「山川」は、「味醂」同様に甘く、下戸や女性向けと考えられていたことに加え、製法や原料が似ていることからも、恋の相手にされたと考えることができるのである。

(3) 乱暴を働く「冷や酒」

『其数々酒の癖』、『管巻太平記』における主役が「剣菱五位の尉」であるのに対し、敵役とされた中に「冷や蔵」、「冷や酒の大守」が見える。この「冷や酒」は、先の「剣菱」とは異なり酒銘や産地が明らかでない。しかし、この当時、酒は燗で飲むのが普通であったことはよく知られており、次に挙げる江戸後期の随筆『さへずり草』に見える通りである。

酒を煖(たゝめ)るをカンと云、カンとは熱からず、冷からぬ間をいへるにて間(かん)也、さて燗(かん)の字は火燗(ひがん)に用うべき文字にや、

> さて又今は都会の人は、酒を四時ともにあたゝめ飲こと常となれど、近き頃まで冬ばかりあたゝめ飲しもの也、そは徳元が初学抄に、「近ごろ酒も四時ともにあたゝめ飲ど、煖酒といへば冬の季になる也」と見えたり、[20]

さらに、貝原益軒『養生訓』（正徳二年・一七一二）に見るように、酒は燗で飲むのが体によいとされ、冷たいものを飲むことは体に悪いとされていた。[21]

> 凡酒は夏冬ともに冷飲熱飲に宜しからず、温酒をのむべし、熱酒は気升る、冷飲は痰をあつめ胃をそこなふ、丹渓は酒は冷飲に宜しといへり、然れ共、多くのむ人冷飲すれは脾胃を損す、少飲む人も冷飲すれは食気を滞らしむ、凡酒をのむは其温気をかりて陽気を助け食滞をめくらさんかため也、冷飲をすれは二の益なし、温酒の陽を助け気をめくらすにしかず[22]

また、『隣語大方』に「ヒヤ酒ヲノメハ痰カシヤウシマスルニ、ヒサシウカンヲセズニウスガンシテアゲマセイ」[23]ともあり、冷たい酒を飲むことで痰が生じるとされるのは、『養生訓』同様である。ここで「ウスガン（薄燗）」とあるように、当時から「熱燗」、「上燗」、「ぬる燗」など、同じ燗酒でも温度の違いによって多様な表現があり、燗酒を飲む際、温度に注意が払われていたことが窺える。[24]

その一方で、「冷や酒」についての記録は少ない。文字通りに解釈すれば、「冷や酒」は燗をしない、冷たい酒である。『醒酔笑』に、夏に燗酒と冷や酒を用意したという話があるほか、[25]其角の句に「冷酒やはしりの下の石だたみ」とあるように、「冷や酒」は夏の季語として知られる。また、『俚言集覧』には「ひや酒と親の異見は後薬〔享保十一年板民のかまど〕」[26]ともあるが、これは後から効いてくることを指しているのであろう。これらの記述から、冷や酒は、身体によくないとされながらも飲まれていたことはわかるが、どのような酒が冷や酒として飲まれたのかはわからない。

この点について、四作の中でも燗酒方と冷や酒方の合戦を主題とする『管巻太平記』を取り上げ、少し検討してみたい。ここでは、特に擬人化された人物の挿絵に注目する。**図1**は、「徳利」（画面左下）が「剣菱五位の尉」（画面右上）に対し、「冷や酒の大守」が説得を聞き入れず、謀反を起こした旨報告している場面である。「剣菱五位の尉」は、剣菱の商標の入った薦樽（こもだる）を胴とし、唯一、折烏帽子を被った姿で描かれる。肩に袖のように描かれた「御酒之通」は酒の通い帳で、作中ほとんどの人物に同様の袖が見える。

また、「徳利」は「うちた」と書かれた行灯が胴となっており、江戸に複数あった「内田屋」を名乗る酒屋のうち、下り酒を扱っていた店なのだろう。たとえば外神田の内田屋清左衛門の店は、『冨貴地座位』「酒の部」にも商標とともに見え、[27]「剣菱」や「菊」といった下り酒が扱われていたことが知られる。加えて、この場面に描かれた人物は、「徳利」を除いてすべて胴が薦樽で描かれている点にも注目できる。元来薦樽は、運送中の樽の破損を防ぐものであるから、これら燗酒方に属する人物が、長時間の運送を経て運ばれた下り酒であることが想像される。実際に、『江戸名所図会』巻一で

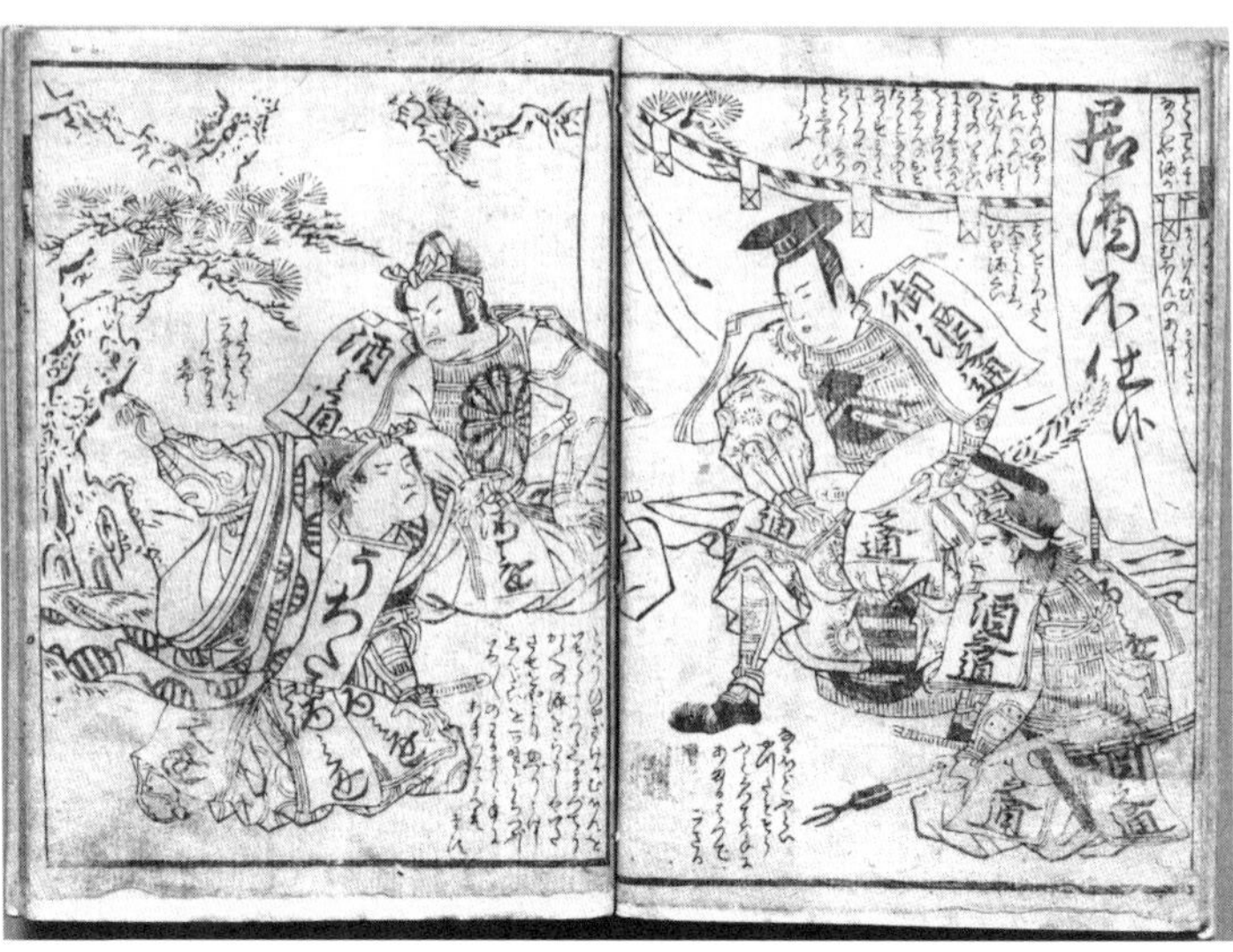
図1　『管巻太平記』「剣菱五位の尉」に謀反を伝える「徳利」（三丁ウ・四丁オ）

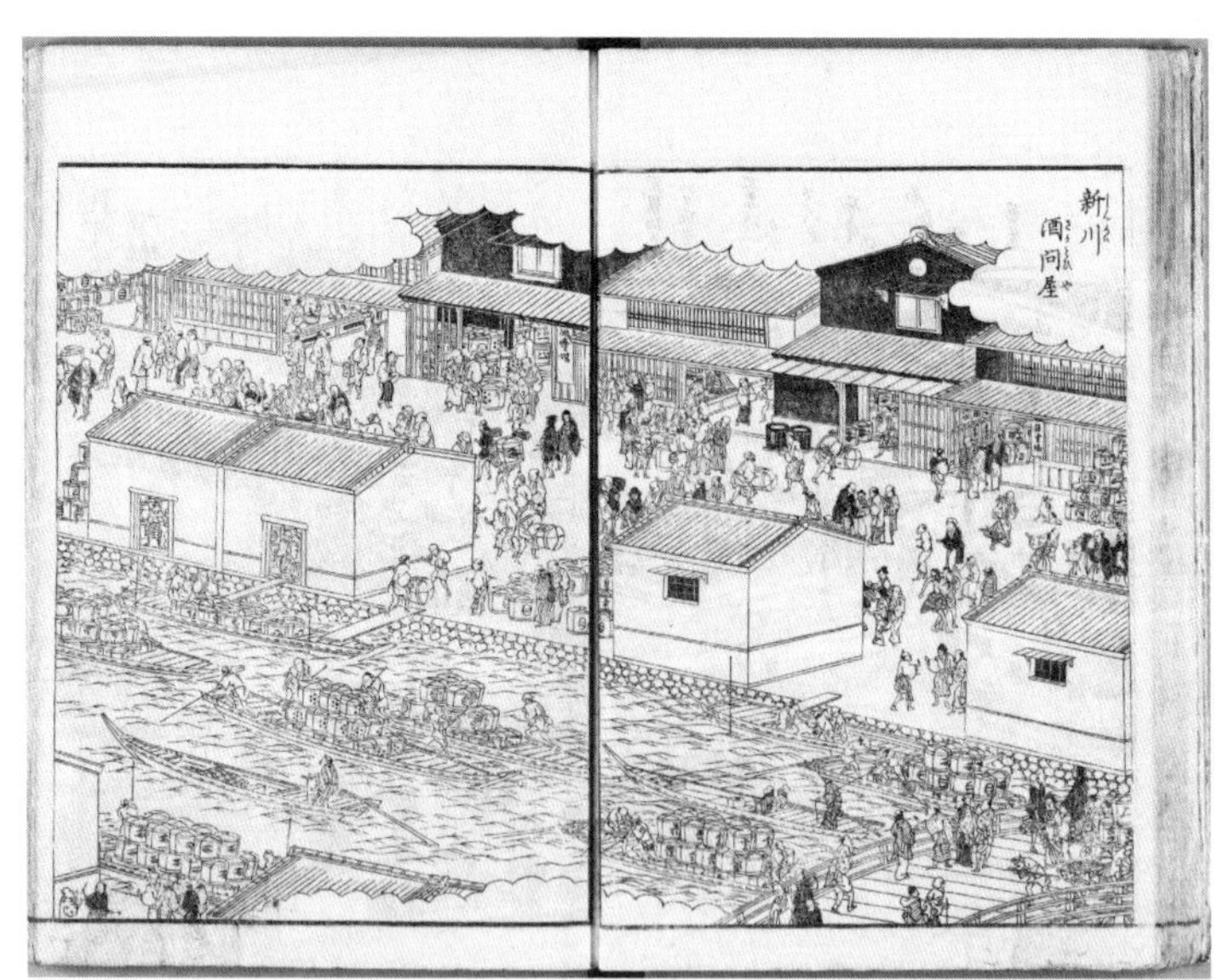

図2　『江戸名所図会』新川酒問屋

は、下り酒問屋が軒を連ねる新川の様子が描かれているが、描かれるのは薦樽ばかりである（図2）。

物語後半、図3は「焼酎泡盛」（画面左）が大酒を飲み、皆が大喜びする様子である。ここでは、画面右中央の人物が、「焼酎泡盛」に肴を運ぶ様子が描かれる。画面右の三人はすべて胴が薦樽であり、薦樽そのものも置かれていることから、燗酒方が冷や酒方に肴を送る（敵に塩を送る）様子を描いたものといえる。図4の『浮世酒屋喜言上戸』（天保七年・一八三六）には、内田屋が酒の小売りだけでなく、居酒を行っていた様子が描かれている。先述の「徳利」が内田屋を模して

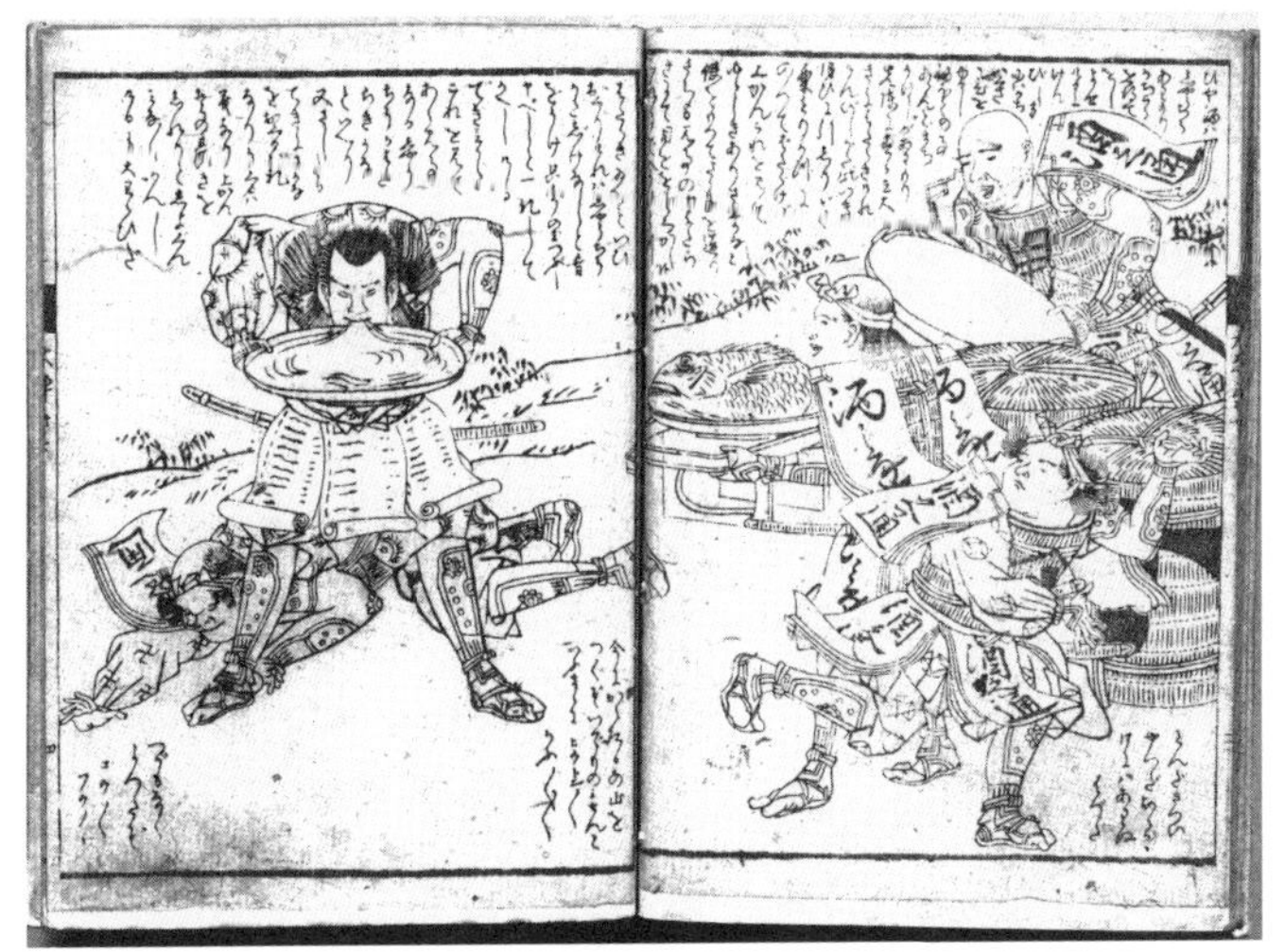

図3 『管巻太平記』燗酒と冷や酒の合戦（八丁ウ・九丁オ）

図4 『浮世酒屋喜言上戸』

いることに鑑みれば、この場面も、同じく内田屋での居酒を踏まえているのではないかとも捉えられるのである。[28]

一方、物語は前後するが、**図5**は「冷や酒の太守」(画面左上)らが「剣菱五位の尉」(画面右中央)を退ける場面である。「冷や酒の太守」とその右の人物は木樽が胴となっており、敗走する燗酒方の薦樽とは区別される。特に「冷や酒の太守」の胴には「うちた」の文字が見えるものの、これは木樽であることから、長距離の運送を必要としない、江戸近郊

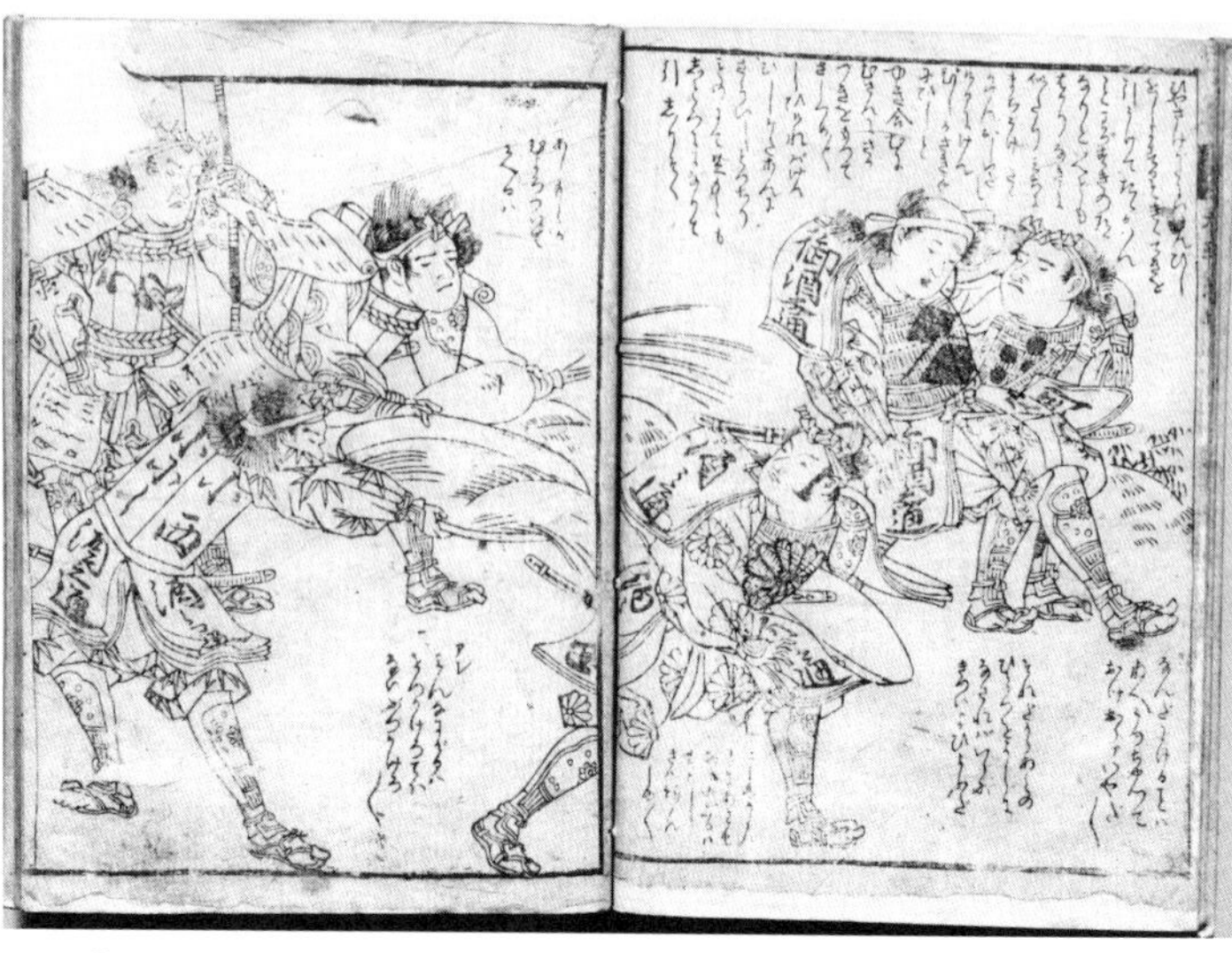

図5 『管巻太平記』燗酒と冷や酒の合戦(四丁ウ・五丁オ)

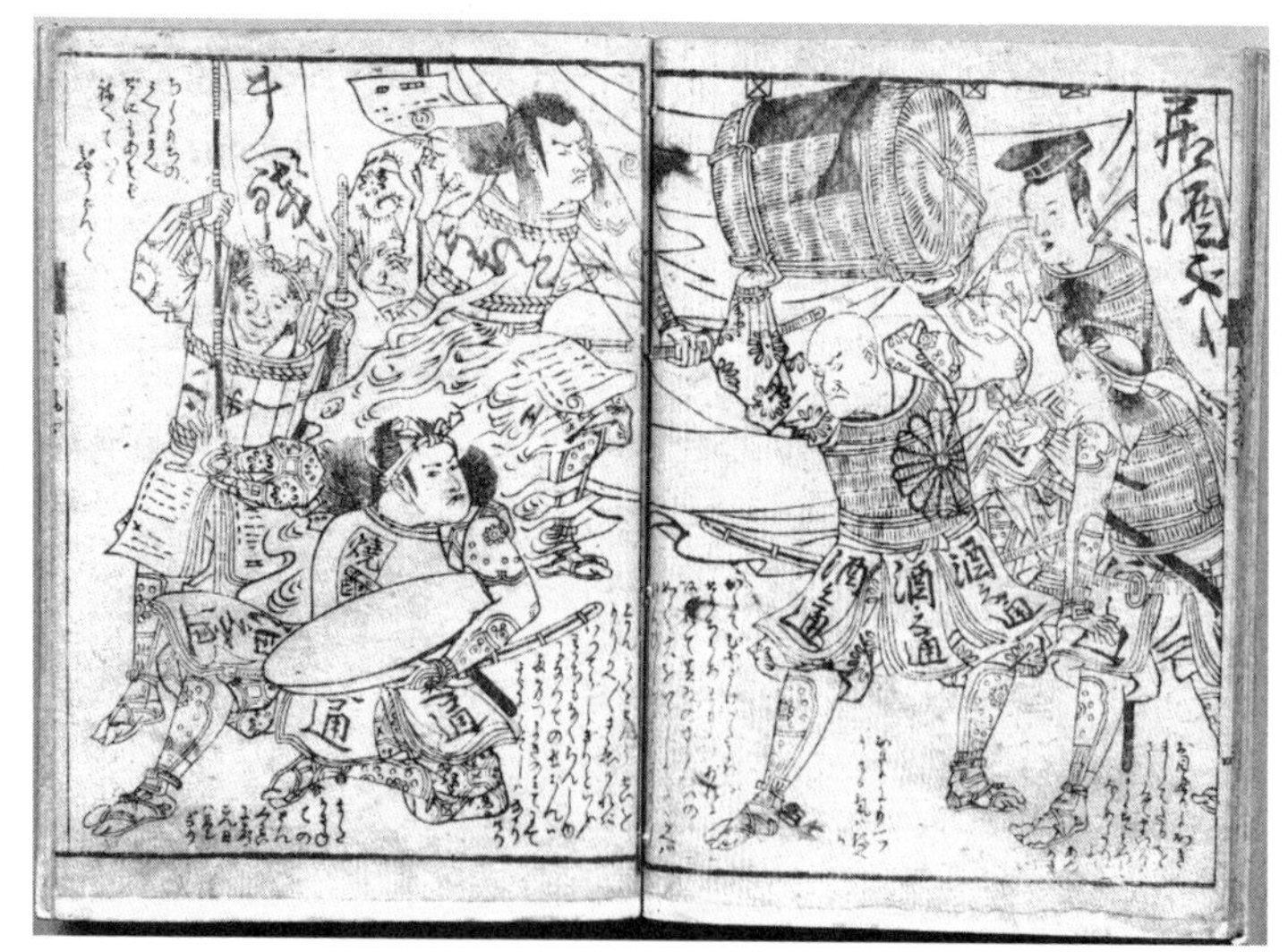

図6 『管巻太平記』燗酒方と冷や酒方のにらみ合い(九丁ウ・十丁オ)

の地酒ではないかと考えられる。したがって、先の下り酒を扱う内田屋とは異なり、江戸の地酒を扱っていた内田屋を指すのであろう。「宮戸川」や「都鳥」といった、江戸の地回り酒を扱う有名店として、浅草駒形町の内田屋甚右衛門が知られ、この「うちた」の木樽は、こうした酒屋を指していると考えられる。[29]

そして**図6**は、物語の終盤で燗酒方（画面右）と冷や酒方（画面左）が睨み合う場面である。燗酒は薦樽、冷や酒は木樽で描かれる中、画面左下の「焼酎泡盛」の胴は、焼酎や泡盛を保存する甕に描かれている。以上のように、本作は詞書だけでなく挿絵からも、燗酒対冷や酒というより、下り酒対江戸地回り酒という構造になっていると読むことができるのである。

ところで、花咲一男氏は、このうち冷や酒を中汲、つまり、濁り酒であろうと推論する。[30] その理由として、中汲は冷やで飲むことに加え、本作が天明八年春の刊行であることに着目し、成稿時の天明七年、前年の飢饉の影響で醸造用米が減少したため、江戸地酒問屋が、下り酒より安価で市場への出荷が早い中汲を大量に販売した可能性を指摘する。すなわち、天明七年の新酒発売時に江戸の酒類販売業界にトラブルがあったと推定し、その内紛を取り上げた「『下り清酒対江戸中汲』の販売合戦」と位置づけたのである。

しかしながら、冷や酒は必ずしも濁り酒ではなく、清酒を燗につけた後に冷ました「燗冷まし」を指している可能性もある。清酒に含まれる成分には、アルコールのほか、アミノ酸、有機酸、糖類などが挙げられ、このうち、アミノ酸度は、高いほど旨みが強く芳醇な味わいになるが、高すぎると雑味の原因になるとされる。明治三十九年（一九〇六）に「沢の鶴」が火入れ貯蔵した市販酒を分析したところ、アミノ酸度が三・九ccという結果が出ている。[31] この市販酒のアミノ酸度は、現在の市販酒の三倍もの数値であり、冷やでの飲用には向かず、燗か燗冷ましにして飲んでいたと考えられる。また、このアミノ酸度の高さは、当時の原料米の精白度が低かったためと考えられており、この市販酒以前の江戸時代の酒も同様に、燗か燗冷ましにして用いられていたことが推測されるのである。

（4）調停者・仲介者としての「満願寺」

先に述べた剣菱、味醂に関しては、黄表紙の中の人物造形が、実際の酒の特徴と合致する例であり、冷や酒についても、酒問屋の状況が一定反映されたものと捉えることができそうである。

これに対し、『其数々酒の癖』、『管巻太平記』に共通して現われ、調停や仲介を行う人物「満願寺」は、実際の酒と物語の中の酒とにずれがあると考えられる。「満願寺」とは、池田の酒造、特に江戸積み酒造の中心的存在であり、先に引用した『日本山海名産図会』、『万金産業袋』にもその名が見える。しかし、満願寺屋および池田の酒造は、今回取り上げた黄表紙が作られる以前、大きく衰退し、江戸での流通量は減じていたのである。

ここで、満願寺屋を含む池田の酒造の盛衰について見てみたい。『池田酒史』に収録された「池田郷酒年寄が、江戸の官憲に上申したる文書」には、「池田酒造の儀は、往古鎌倉御時代より以前の儀にて、（中略）御当代（引用元注・徳川家康を指す）大阪御陣之節、闇峠御陣中へ、池田名酒奉差上候に付、慶長十九年十月池田へ御朱印頂戴之上、毎月十二日池田市之日御定書被二下置一（後略）[32]」とある。池田の酒造が実際にいつ始まったかは明らかでないが、少なくとも江戸時代初期に名酒として認知されていたことは、様々な文献から明らかである。『摂陽群談』（元禄十四年・一七〇一）巻第十六「名物土産ノ部」には「池田酒」が挙げられており、「同郡（引用者注・豊島郡）池田村ニ造之、神崎ノ川舩ニ積シメ諸国ノ市店ニ運送ス。猪名川ノ流ヲ汲デ山水ノ清ク澄ヲ以テ造ニ因テ香味勝テ如モ強クシテ軽シ。深ク酒ヲ好者求之。世俗辛口酒ト云リ。[33]」と説明される。ここでは猪名川の水質に触れられているが、『本朝食鑑』「酒」の項には、酒造りにおいては水の次に米が重要として、「五畿濃尾海西肥壌ノ之米ヲ為レ勝タリト故ニ和州南都ノ造酒為二第一一ト而摂州ノ之伊丹鴻ノ池池田富田次レク之ニ[34]」とあることから、良い米の産地という見方もあったようである。

池田の酒造業に対しては、運上冥加金の免除、休業御免（酒造制限なし）といった特権があり、繁栄に繋がったとされる。そのうち、江戸積酒造家の代表格であったのが満願寺屋、とりわけ満願寺屋九郎右衛門である。明暦三年（一六五七）、幕府の酒造統制により酒造株が設定された際の酒造米高は六六〇石で、池田村内で十番目であったが、元禄十年（一六九七）には一一三五石となり、最大の酒造家となっている。[35]この満願寺屋九郎右衛門は、安永二年（一七七三）、同業の大和屋から三百両の借金返済を求めて訴訟を起こされてしまう。この点について、「御朱印一件覚書」（『池田酒史』所収）は次のように記録している。

安永二巳年、当村大和屋大三郎より預ケ金三百両借に付、当村満願寺屋九郎右衛門、上賀茂村諸兵衛、霜賀茂村中左衛門、右三人相手取大阪御番所様、御出訴被申上候て其後段々御日切被二仰付一、安永三年五月御日切に相成候

処、満願寺屋九郎右衛門より、先祖より東照大権現様より御朱印頂戴仕候家柄申立て家断絶御嘆き申上、右借金御切金に被二仰付一被レ下候様、書附差上被レ申候に付、右御朱印頂戴の訳、御糺に相成申候(36)

満願寺屋は、先の引用にもあった徳川家康からの朱印状を話題にし、自らが朱印状を下付された家柄だと主張したのである。一方の大和屋は、朱印状は池田全体に下付されたもの、と反論したことで、三年の係争へと発展する。結果として、安永五年に満願寺屋は敗訴、九郎右衛門は三十日間の手錠に処され、村預けを言い渡される。同時期、明和七年（一七七〇）の満願寺屋九郎右衛門の酒造石高は六五〇〇石にまで減少しており、大和屋の筆頭、大和屋金五郎の半分以下と、大きな差を付けられていた(37)。これらの状況に鑑みると、十八世紀後半、満願寺屋の地位は著しく後退していたといえるのである。

なお、『池田酒史』に掲載された当時の判決書に「御朱印、幷に御添状の儀、同年号にて虚実難二相分一候に付御取上被二為成一候」(38)とあるように、朱印状は幕府に召し上げられることになるのだが、この朱印状は、当地における自身の軍勢の乱暴行為を禁じるもので(39)、同様の禁制状は各地に見られる。つまり、朱印状によって池田のみに何らかの特権が与えられていた事実はないのだが、村にとっては非常に重要な意味を持つものとして扱われていたのである。

その後、灘をはじめとする他の下り酒生産地が隆盛を極めるのに対し、池田の酒造は衰勢に向かう。灘酒の台頭の要因としては、「宮水」の発見、水車精米による精白度の向上、高い火入れ技術、そして、海に面し、海上輸送に有利であったことなどがいわれる(40)。他方、池田酒造の衰退の背景としては、当地が陸上交通に有利であり、そのために通船を拒んできたことが挙げられる。先に引用した『摂陽群談』に見たように池田には猪名川があり、これを水運に利用することで、酒を含めた物資の運搬がより容易になろうと思われる。ところが、池田は能勢街道を経て西国街道や有馬道へも通じる陸上交通の要所であり、馬借や馬持が強い影響力を有していた。そのような事情から、池田村側が江戸時代初期からたびたび、舟入に反対してきたのである。酒造仲間も、その意図は不明であるが、池田の酒造が全盛期を過ぎた安永九年（一七八〇）に、猪名川への通船を反対する嘆願を出すよう申し合わせをしている(41)。

衰退していく池田の酒造に対し、文政九年（一八二六）の「御影村出造一件扣」には「池田村酒造之儀者往古ゟ池田酒・伊丹酒と申、（中略）然ル処三十年已来此方、村方酒造年々衰微仕、江戸積駄数減少仕候ニ付、江戸表ニおゐて不捌不位に相成、当時にては古格を取失ひ、伊丹・池田と申位ニ相成、嘆ヶ敷奉存候」[42]と嘆く様が綴られている。しかしながら、池田酒造の凋落は、他地域の酒造の興隆に圧されたというだけでなく、村内にその要因があったと見ることができるだろう。

このように、黄表紙には満願寺屋が取り上げられている一方で、黄表紙が出版された十八世紀末から十九世紀初頭においては、満願寺屋は既に失脚しており、江戸での流通量も減っていたことが推測されるのである。なお、「満願寺屋」、あるいは「池田」といった語は、黄表紙ののちに作られた、酒を擬人化する文芸にも繰り返し見える。酒と菓子が合戦を行う錦絵「太平喜餅酒多々買」(天保十四年~弘化三年・一八四三~四六)、滑稽本『滑稽五穀太平記』(弘化元年・一八四四)などがその例である。その一方で、『守貞漫稿』に「此名近年江戸ニテ大ニ行ル」[43]とされる「正宗」や、その産地「灘」といった語が見られない点などは、黄表紙に描かれた酒と、実際に流通し評価を得ていた酒との間に隔たりがあったといえるだろう。

おわりに

以上、本稿では酒を擬人化する黄表紙四点を取り上げ、描かれた酒の特徴を踏まえて読み解いてきた。黄表紙の中で擬人化された酒の人物造形、その人間関係は、それぞれの酒そのものや、当時の流通、販売の状況を反映したものであった。つまり、当該の黄表紙は実際の酒の評価、味わい、製法、品質や体への影響など、様々な特徴を踏まえた物語であり、当時の人々が酒に関してどのような知識を共有していたか、さらにいえば当時の人々にとっての酒の認識が窺える。ただし、江戸時代の酒については、その種類、製法や原料、流通ルートなどが明らかになる中で、実際の飲み方が未だ不明な点もあり、歴史資料とも対照させながら、当時の人々がどのように飲酒を楽しみ、さらには、それをいかに文芸に表現してきたのか、より深く検討していく必要があるだろう。

その一方で、黄表紙制作当時、生産量の少なかった、池田の満願寺屋が取り上げられている点は、どのように解釈すべきであろうか。池田、満願寺屋の酒は、流通量が少ないながらも、評価が高かったために描かれ続けた、と捉えることもできるのに対し、文芸の中に表現される酒のイメージが、固定化していた可能性も考えられる。すなわち、酒を文芸に描く際、どのような酒を描き、どのような特徴を用いるかは、一定の定型があり、その型の中で物語が再生産されたのではないだろうか。

「食」を描いた江戸の文芸は、人々の「食」をめぐる知識や認識、それらを踏まえた文芸の生成を明らかにするものとして、再検討する余地がある。このことは、人々にとって「食」が生命の維持以外にどのような意味を持つ営みであったのかを知る糸口となるだろう。酒以外の食物を描く文芸にはどのような特徴があるか、さらに、「食」を描く際の定型が存在するなら、それはどのように形成されるのか、といった観点から引き続き研究を続けていきたい。

注

(1) 山本聖子「黄表紙——絵にみる「食」の風俗——その題材と著者たち」(『風俗史学』第十五号、風俗史学会、二〇〇一年五月)二九—四五頁。
(2) 棚橋正博『黄表紙総覧』前編・中編・後編(青裳堂書店、一九八六～八九年)。
(3) 現在は灘で醸造されている。
(4) 中野三敏編『江戸名物評判記集成』(岩波書店、一九八七年)一九五頁。
(5) 『守貞漫稿』後集第一、国立国会図書館所蔵本。
(6) 『日本山海名産図会』巻之一、早稲田大学図書館所蔵本。
(7) 国立国会図書館所蔵本。
(8) 『日本随筆大成』第三期第八巻(吉川弘文館、一九九五年)一七頁。
(9) 『新燕石十種』第二巻(中央公論社、一九八一年)三九二頁。
(10) なお、『守貞漫稿』後集第一には、「京阪夏月ニハ夏銘酒柳蔭ト云ヲ専用ス／江戸ハ本直シト号シ美琳ト焼酎ヲ大略半々ニ合セ用フ」と、現代でも知られる飲用法が掲載されている。
(11) 『和漢三才図会』巻第百五、国立国会図書館所蔵本。
(12) 早稲田大学図書館所蔵本。
(13) 立命館大学アート・リサーチセンター所蔵本。
(14) 国立国会図書館所蔵本。
(15) 九州大学附属図書館所蔵本。
(16) 『童蒙酒造記・寒元造様極意伝』日本農業全集五一 農産加工二(農山漁村文化協会、一九九六年)一二一頁。
(17) 国立国会図書館所蔵本。なお『万金産業袋』には白酒の製法は明記されていない。
(18) 同前。
(19) 加藤百一「江戸の白酒——その系譜と造りかた(5)」(『日本醸造協会雑誌』第五八巻第六号、日本醸造協会、一九六三年六月)五四一頁。
(20) 雀庵長房著・室松岩雄編『さへづり草 松の落葉の巻』(一致堂書店、一九一一年)二五五頁。同書は天保年間から文久三年(一八六三)までに書かれた随筆である。
(21) この点については、後述するように、「冷や酒」を夏に飲む習慣があったとすれば、その酒が腐っていた可能性もある。現在では主に酒は冬に仕込むものだが、前掲『日本山海名産図会』巻之一には、「抑当世醸する酒は、新酒〈秋彼岸ころよりつくり初る〉間酒(あいしゅ)、〈新酒寒前酒の間に作る〉寒前酒、〇寒酒、〈すへて日数も後程多くあたひも次第に高し〉等なり、就中新酒は別して伊丹を名物として、其香芬弥妙なり、是は秋八月彼岸の頃、吉日を撰み定めて其四日前に麹米を洗初る、〈但し近年は九月節寒露前後よりはしむ〉（中略）但し昔は新酒の前にボダイといふ製ありてこれを新酒とも云けり、今に山家は此製而巳なり」と、時期によって「ボダイ」「新酒」「間酒」「寒前酒」「寒酒」「春酒」と分類されており、現在よりも酒造りの時期がまちまちであったことがわかる。また、発酵は夏の暑い時期の方がよく進むため、夏に発酵しすぎた酒を飲み、体調を崩していた可能性もあろう。

(22) 千葉大学附属図書館所蔵本。

(23) 筑波大学附属図書館所蔵本。

(24) 『金草鞋』十五編（文政五年・一八二二、早稲田大学図書館蔵）や「職人尽絵詞」（国立国会図書館蔵）などに描かれた居酒屋には、酒を燗につける道具チロリや、燗を担当するお燗番が描かれている。

(25) 「夏の振舞に、燗をしたる酒と冷酒と出し、『いづれをなりとも』と酌するものいひけり。座上になほりゐたる宿老いはれけるやう、『今時こそ酒を自然冷にて飲む人あれ。昔は大名小名おしなべ、燗をして飲まぬはなかりし』と、まことらしくいひて受けられける（後略）」（鈴木棠三校注『醒酔笑』、岩波書店、一九八六年、二二三頁）。

(26) 『俚言集覧』下巻（皇典講究所印刷部、一九〇〇年）二一二頁。

(27) 前掲『江戸名物評判記集成』、一九五頁。

(28) 一方で、**図1**や**図6**の燗酒方には「居酒不仕」と、酒問屋で用いられた、居酒お断りの意を示す幟が見える。**図1・図6**を内田屋清左衛門の酒問屋部分、**図3**を居酒屋部分と読むこともできるが、**図3**は単に敵に塩を送る様子を看で示したものと読むこともできよう。

(29) なお、「冷や酒の大守」の左にいる「小西」の行灯が胴となった人物が何を指しているのかは、特定に至っていない。現代でも「白雪」で知られる伊丹の小西酒造は、既に元禄七年（一六九四）に、江戸茅場町に出店を設けている（余田馨「小西酒造」、『日本醸造協会雑誌』第七八巻第二号、日本醸造協会、一九八三年二月、一三二頁）。しかし、下り酒であれば「剣菱五位の尉」同様、燗酒方に描かれたであろうから、本作中の「小西」は、伊丹の小西とは別の店を指したものとも考えられる。岩淵令治「江戸の贋酒」（『学習院史学』第五四号、学習院大学史学会、二〇一六年三月、一〇五―一二六頁）には、天保三年（一八三二）、笠原村（現・埼玉県鴻巣市）で酒造を始めた常盤屋藤兵衛が小西孝兵衛という人物と「正宗」の贋酒を取引していたことが見えるという。この小西孝兵衛は、明治二十五年（一八九二）の『商工人名録』で、京橋区南新堀の酒類問屋とされ、下り酒の仲買・小売りで地廻り酒問屋だったと推測されている。本作での「小西」がこのような人物を指す可能性もある。

(30) 花咲一男「新版酒癖 管巻太平気」（文学編集部編『酒と日本文化』岩波書店、一九九七年）一二〇―一三三頁。

(31) 伊藤恭五郎「酒とアルコールの出合い」（坂口謹一郎監修『日本の酒の歴史』研成社、一九七七年）六二五頁。なお、アルコール一七・四パーセント、日本酒度（＋）一七・五、酸度二・四cc。

(32) 池田史談会編『池田酒史』（池田史談会、一九二〇年）三三頁。

(33) 国文学研究資料館所蔵本。同書は他に「平野酒」、「富田

酒」、「福井酒」、「伊丹酒」、「鴻池酒」、「大鹿酒」、「須磨濁酒」、「道場川原酒」、「三田酒」、「山田酒」を取り上げるが、香味の良さだけでなく、甘辛度にまで言及されているのは「池田酒」のみである。

(34) 国立国会図書館所蔵本。

(35) 池田市史編纂委員会編『新修池田市史』第二巻（池田市、一九九九年）二〇二―二〇六頁。

(36) 前掲『池田酒史』、四五―四六頁。

(37) 前掲書、六二―六四頁。

(38) 前掲書、五七頁。

(39) 前掲『新修池田市史』、一六五―一六六頁。

(40) 吉田元「酒――供える謹みと飲む楽しみ」（石垣悟編『日本の食文化』五、吉川弘文館、二〇一九年）二五―五三頁。

(41) 前掲『新修池田市史』、一九七―二〇〇頁および四五四―四五六頁。酒荷物を船積みすると夏荷物が差し支えて難儀するため、という理由が記されており、通船業者の心配することだろうと指摘されている。実際に、これは必ずしも酒造仲間が考慮すべき事柄ではないだろう。

(42) 柚木学『酒造りの歴史』（雄山閣出版、二〇〇〇年）九二頁。

(43) 前掲『守貞漫稿』後集第一。

図版の出典　**図1・図3・図5・図6**は国立国会図書館蔵『酒癖管巻太平記』、**図2**は国立国会図書館蔵『江戸名所図会　二』、**図4**は林美一『江戸店舗図譜』（三樹書房、一九七八年）よりそれぞれ引用した。

付記　本研究は日本学術振興会科学研究費補助金（課題番号JP17K13385）による研究成果の一部である。

【II 飲酒とその表象】

中世文学のなかの居酒屋と放蕩息子
——クリシェか現実か

前野みち子

まえの・みちこ——名古屋大学名誉教授。専門は北ヨーロッパを中心とする中・近世文化史。主な著書・論文に『恋愛結婚の成立——近世ヨーロッパにおける女性観の変容』（名古屋大学出版会、二〇〇六年）、「書物と髑髏」（『名古屋大学附属図書館研究年報』5、二〇〇七年）、「〈快楽（ルクスリア）〉と〈貪欲（アウァリティア）〉——『歓喜の庭』の細密画から読む中世都市社会」（名古屋大学大学院国際言語文化研究科『言語文化論集』35―2、二〇一三年）などがある。

西欧中世の文学にはしばしば居酒屋が登場する。くせ者の亭主、ワインを飲んでサイコロ遊びに興じる男たち、イカサマ、賭け金を巡る争い、出没するいかがわしい女たちなど、定番の都市的舞台装置の中に、十三世紀になると農民が姿を現す。この新現象を、同時代ににわかに注目されるようになったルカの〈放蕩息子〉の譬え話との関連で探る。

はじめに

九世紀中頃に書かれた『聖フィリベルトゥスの奇跡の書』には、次のような記述がある。「八四〇年頃サン＝フィルベール＝ド＝グラン＝リュー（ナント近郊）の定期市で、一人の農民が居酒屋で半ドゥニエのワインを飲んだ」[1]。この一文が当初歴史家たちを驚かせたのは、すでにこの時期に農民が貨幣を使用していたという事実だった。しかし、ここで注目したいのはむしろ、「貨幣をもった農民が市の立つ日に居酒屋を訪れてワインを飲んだ」という寸景そのものである。この農民は、それから三〇〇年あまり経って十三世紀前半に誕生した聖書に取材する世俗劇、『アラスのクルトワ』の主人公になにがしか繋がるものを持っている。農民の息子であるクルトワは父親に財産分与を要求し、ぎっしりと貨幣の詰まった財布を持って田舎から当時の大都市アラスにやってくると、まず居酒屋に赴いてワインを注文するからである。もちろん、この三〇〇年あまりの間に、市場の規模も都市の規模も格段の成長を遂げている。諸都市の繁栄が貨幣流通を加速させ、都市と農村の経済的相互依存関係が緊密になって農村へも一定の貨幣流入をもたらしていた。『奇跡の書』から、九世紀の農民が訪れた居酒屋tabernaは、往来する商人たちのためにサン＝フィリベール修道院が自らその囲壁沿いに常設していたものであることが知られるが、[2] アラスの劇に登場する都市の居酒屋には、同時代にすでに定着していた紋切り型（クリシェ）を踏襲する典型的特徴が見てとれる。それでは、この世紀の他の劇作品や笑話（ファブリオ）などでもお馴染みの文学的トポスとしての居酒屋は、そのクリシェも含め、中世初期からすでに存在していた現実の居酒屋からどれほど隔たった想念の産物だったのだろうか。

一、中世のワイン・居酒屋・農民

この奇跡譚に言及されるナント近郊の地を含め、ロワール川流域一帯は中世初期からワイン生産によって知られ、ナントはそれをイギリスなど島嶼地方へ輸出する交易の拠点をなしていた。[3] カロリング期の各地の修道院は早くからワイン産業に携わり、在俗信者たちに葡萄畑の寄進を奨励して広大な葡萄園を営んでいたところも多い。言うまでもなく、ワインはパンと共に聖体拝領の儀式（ミサ）に不可欠の品であり、修道院は自らその十分な供給に配慮すべき大義を有していたのである。さらにこの時代には、有力な教会組織が国王からワインを含む財貨の流通特権（流通税免除等）を得て、修道士自身がその流通・商業行為に積極的に従事してもいた。[4] のちにキリスト教モラルが繰り返し説いた貨幣蓄積に関わる戒め（「貪欲（アウァリツィア）」）や商業行為への批判からすれば意外に思われるのだが、この時期の修道院は、カロリング王朝の統治政策を受けて中世初期貨幣経済の浸透を促す重要な役割を果たし、貨幣の蓄積をいち早く実現しつつあったのである。したがって、上述した農民が半ドゥニエ銀貨と引き替えに飲んだワインもまた、この居酒屋を運営していた修道院の荘園で生産され、自家用分を取り置いて流通に回されたものの一部であっただろう。

一般に商業ルートで流通するワインを提供していたと見られる「居酒屋」（多くが宿屋を兼ねる）[5]は、古くから一定の人口をもつ集住地域あるいは人々が往来する結節点に無くてはならない場所であった。七世紀始めの教会関係文書にはすでに、パリ市壁内（シテ島）の家屋に存在した居酒屋tabernaについての記述がある。[6] ラテン語のタベルナはもともと「小屋」を意味する言葉だが、そこから派生した意味の広がりは極めて示唆的で、商人たちが集まる取引所、店、職人たちの仕事場、居酒屋、両替所、宿屋、見世物小屋（娯楽の提供場所）、さらに、上述した史料と同時代の聖イシドルス（セビリャの大司教）の用例では売春宿（＝「賃貸しの宿屋」meritoriae tabernae）にまで及び、各地からやって来る人々、とりわけ商人たちの求めに応じて多様なサービスを提供する場所であったらしい。(7) この家屋の所有者が当時のかなりの有力者、富裕シリア人商人であったことを考えるならば、このタベルナでも諸外国からやって来る人々、多くは商人たちのために、この言葉が意味する多様な便宜を図っていたに違いない。というのも、シテ島は城塞都市として西ローマの衰退からフランク王国誕生に至る混乱期にも持続して商業活動を営んでおり、ローマ期のタベルナの実態は中世初期のそれへと連続してそのまま受け継がれた可能性が高いからである。そして、このラテン語が後に古フランス語、つまりフランス地域の中世の俗語に受容され、十三世紀以降の文学に頻出する場所(トポス)、居酒屋(タヴァーン) taverne となったのである。(8)

しかし、まずは冒頭で紹介した農民に話を戻そう。居酒屋（兼宿屋）業が成り立つためには、そこに集まる客が見込めなければならない。実際、この史料の時代、つまり九世紀には、中部フランス各地の都市近郊や修道院の周辺に多くの集住地域(ブルグス)（衛星都市）が生まれていた。別の史料（聖人伝）にも、ブールジュ近郊集住地域(ブルグス)に存在した宿屋のことが言及されているから、小ブール規模でも商人たちの往来があったことが窺える。(9) 居酒屋ではこの当時から、常連客であれば掛売で飲むことが許されたにしても、たまに訪れる客、とくに農民の場合は現金払いが一般的であっただろう。というのも、当時の農民の懐に貨幣が存在した時節は限られており、それは既に北ヨーロッパで普及し始めていた金納貢租のために彼らが是非とも貨幣を手に入れなければならない時期であった。つまり、この「半ドゥニエ」は、農産物を売るために市にやってきた農民が、それと交換に得た貨幣のうちから特別に支出したものであったと推測される。当時のドゥニエ貨がどれほどの価値を持っていたのかを正確に示す史料は多くはないが、九世紀には数ドゥニエ（デナリウス）で豚あるいは羊が一頭買えるぐらいの価値を持ち、小銭と呼べるような購買力の低い貨幣ではなかったという。(10) したがって多くはこの銀貨を半切するかたちで出回っていた「半ドゥニエ」のワインは、提供される量にもよるが、(11) 農民にとってかなりの贅沢品であっただろう。この地域のワイン生産量からすれば、自身その生産に従事する農民も多かったはずだから、ワインそのものが高値の花だったとは思われない。しかしその質ということになると、いくつかの地域で生産される流通用・輸出用ワインは当時すでに美酒として定評を得ており、季節労働者を雇い入れ、品質管理に勤しむ直接経営方式の修道院もあった。[12] 葡萄の品種改良も当時は修道院を中心に進められていたのである。[13] 美酒の生産に関する努力や美酒の評判についての記事は、すでにこの時代からさまざまの教会関係史料に散見する。この農民もまたこうした時代趨勢のなかで、普段は口にすることの少ない美酒を期待して半ドゥニエを差し出したに違いない。居酒屋はすでに、単なる酒を提供する場所ではなく、うまい酒を提供する場所として、市にやってくる農民たちの足を引き留めていたのだろう。

二、金銭勘定の場としての居酒屋

しかし、十三世紀始めに北フランスのアラスにやってきた農民と街中の居酒屋、しかも、アラスの都市民を楽しませるために作られた世俗劇のなかの農民と居酒屋ということになると、話は大分違ってくる。アラスは、この時期すでに良質の毛織物産業によって北ヨーロッパに広くその名を知られ、活発な商業活動を展開していた。ブルジョワ企業家たちは生産管理と職人の搾取を次第に強化しつつ成長を遂げ、この世紀末には王侯を相手に金融業へと転身を始める者も現れる。そんな都市に次々と生まれた世俗劇は、居酒屋を主な舞台とする作品が多いことでも知られている。その嚆矢となったジャン・ボデル作『聖ニコラ劇』(一二〇〇年頃)の居酒屋には、客から少しでも多くの酒代を騙し取ろうとする抜け目ない亭主、縄張りを争う酒の呼び売り・宣伝人、そこでワインを飲んでサイコロ遊びに興じ、酔いに乗じた諍いの果てに殴り合いに及ぶ泥棒たちなどが俗世の代表者として登場し、都市の喧騒に溢れる悪巧みの場としての居酒屋、更にはその居酒屋に代表されるアラスという都市の商業的性格を決定的に印象づけている。そして、この性格の刻印に最も寄与していると思われるのが、居酒屋を舞台とする場面で延々と展開される、酒代とサイコロ賭博と夜間の蝋燭代をめぐる貸方―借方間の細かい金銭勘定なのである。[14] この二つの役割はしばしば逆転し移転し錯綜し曖昧になって、互いに様々なペテンの機会を提供する。それは、アラスにおいて日々ますます盛んになりゆく商業的営為をミニアチュア化して(つまり金銭の高を庶民的なレベルに引き下げて)大衆の笑いに供しているものの、その後ろには、常に虎視眈々と儲けの機会を狙って止まないブルジョワ的心性が透けて見えるようである。そしてまた、居酒屋(タヴァーン)のルーツであるラテン語のタベルナが、上述したように、本来は商人及び種々の商業行為(売買や両替など)と緊密に関わる場所(トポス)であったことを想起するならば、その場所にまつわる金銭勘定の情念が、ローマ崩壊後の混乱期を経て中世商業都市が興隆するや、再び甦ったと言えるのかもしれない。

さて、九世紀の奇跡譚に記録された寸景、農民と市の居酒屋と上等のワインの結合は、それ自体すでに農民の貨幣使用という新しい時代現象を反映していた。十三世紀にこの三要素を受け継いだ作者不詳の世俗劇『アラスのクルトワ』(一二三〇年頃)[15]は、中世商業都市の縮図としての居酒屋というボデルの場(トポス)を踏まえつつ、そこに更に二つのモチーフを付加している。その一つは、「田舎から貨幣を持って都市へやってくる農民」と「都市民」の対立図式であり、二つ目は、この居酒屋に屯して単純な農民を手玉にとる娼婦たち、つまり、〈七つの大罪〉の中でも、この時期のキリスト教がとりわけ声高に戒めた〈色欲(リュクシュール)〉のモチーフの導入である。この劇では二人の女が言葉巧みにクルトワを酔わせ、その色欲を刺激してうまく財布を巻き上げると、悪巧みに協力したつもりの亭主までをもペテンにかけて早々にずらかってしまう。まさにこの色欲に絡めた笑いにおいて、この劇は同じく居酒屋での金銭をめぐる駆け引きを扱いながら、『聖ニコラ劇』の笑いとの明確な差異化を図っている。そして、ここに新たに付加されたモチーフは二つとも、作者が意識していたかどうかは措くとして、当時のアラスに生じた、そして恐らくは他の多くの商業都市にも生じていた社会経済現象と深く関わっていたように思われる。

まず、この劇の特徴を抽出するために、それが下敷きとしたルカの福音書の「放蕩息子の譬え話」(十五、11〜32)と比較しておこう。ルカのイエスはこう語り始める。

「ある男が二人の息子を持っていた」。あるとき、弟が父に財産分与を求め、父の元を去って遠い国に行き、瞬く間に財産を使い果たした。その国に飢饉が襲い、無一物になった彼は、豚飼いをしながらかつがつ飢えを忍んでいたが、困窮の果てに父の家を想う。悔悟して父の元に帰ると、父は喜んで彼を迎え入れ、大盤振る舞いの宴会を開く。畑から戻った兄が、放蕩の弟に対する父の寛大な処遇に不平を並べると、「父親は言った。『子よ、お前はいつもわたしと一緒にいる。わたしのものは全部お前のものだ(31)。/だが、お前のあの弟は死んでいたのに生き返った。いなくなっていたのに見つかったのだ。祝宴を開いて楽しみ喜ぶのは当たり前ではないか』(32)」。つまりこの譬え話の主眼は、父なる神から離叛した後に悔悟して神の元に立ち返ることが父(=神)にことさら嘉される行為であると教えることにある。したがって、ルカの語る11から32までの二十二のシークエンスのうち、この弟の放蕩に関する記述は、12で弟の財産分与の要求に父親が応じたことが語られた後、13（「何日もたたないうちに、下の息子はすべてをとりまとめて、[16]遠い国に旅立ち、そこで放蕩の限りを尽くして、財産を無駄使いしてしまった」）と14の冒頭部分（「何もかも使い果たしたとき」）、そして弟を歓待する父に憤った兄が訴える終結部30の前半部分（「あなたのあの息子が、娼婦どもと一緒に、あなたの身代を食いつぶして帰ってくると」）に過ぎない。ところが、この財産分けから放蕩で無一物になるまでの経緯を物語る三シークエンスにも満たない記述に対し、『アラスのクルトワ』では、主人公が小銭の詰まった財布をもって父の家を出発し、居酒屋に到着してそこですべてを失うまでの出来事に全体（六六四詩行）の約三分の二が費やされる。ルカが12と13の前半で語る田舎での出来事と旅立ち、町に到着するまでが全体の六分の一弱（一〇一行）、娼婦たちに誑かされ財布を巻き上げられた後、その亭主に酒代として身ぐるみ剥がれるまでの居酒屋の場面が全体の半分強を占めているから、この劇の関心のありかは自ずと明らかである。

それでは、そもそも『アラスのクルトワ』が演じられた頃のアラスの観衆たちは、この劇がルカの福音書に語られる「放蕩息子の譬え話」に基づくものであることを知っていたのだろうか。一般にパロディ的作品は、それが何を模倣し何を目的としたパロディなのかが理解されなければ笑いを生まない。とすれば、観衆がこの譬え話を知っていなければ、作者が狙った効果は到底上げ得ないことになる。

当時、「放蕩息子の譬え話」が庶民層にも広く知られていた可能性を最も端的に物語るのは、十三世紀始めから半ばにかけて、フランス各地（主としてパリ以南の中部フランス地域）で次々と建立された大聖堂のステンドグラスに描かれたこの譬え話の存在である。とりわけその代表例とされるシャルトルとブールジュの作品の成立時期は一二〇五年から一二一五年頃と推定されるから、[17]アラスの位置する北フランスの作例はないものの、その評判はすでにこの著名な商業都市にも伝わっていたに違いない。当時の商人たちがヨーロッパを北から南まで広く旅した人々であったことはよく知られており、庶民たちも巡礼という形でかなりの距離を旅していた。また、この譬え話に関心を寄せた当時の聖職者たちは、当然ながら説教でもこの素材をしばしば採り上げていたと思われる。[18]この世俗劇の内容もまた、後述するように、これらのステンドグラスの図像からヒントを得ていた可能性が高い。そしてそのヒントは、シャルトルとブールジュの図像に見られるルカの記述からの三つの乖離、つまり、冒頭の財産分与の場面に見られる貨幣と貴金属の器の描写（注20を参照のこと）、放蕩息子の「宮廷風」への憧れと身分上昇志向（騎士風の出立ちで娼館に向かう）、無一文になるまでの放蕩場面の細部描写、にあったことも、おそらく間違いない。ステンドグラスの図像は、これら三つの要素を華麗に視覚化し、ルカの譬え話に、同時代状況の細部を誇張して取り込みつつ、人々に警鐘を鳴らしていた。これに対して、『アラスのクルトワ』はこの三点をすべて自身の劇に生かしながら、ステンドグラスの華麗さを庶民的なみすぼらしさに逆転させて笑いを誘い出すのである。[19]

三、成金農民と都市民の対立の場としての居酒屋

『アラスのクルトワ』に付加された新たな二つのモチーフのうち、「田舎から金を持って都市へやってくる農民」と「都市民」の対立、農民―都市民関係の笑劇（ファルス）的図式化は、ルカの譬え話との接点を持たない。ルカ（十五、13）は放蕩息子が旅立った先の「遠い国」の都市民については何も語っていないからである。しかし、この息子が分与された財産をすべてとりまとめて遠い国に出かけた農民であるという放蕩の前提条件については、十三世紀の作者もその大筋を受け継いでいる。そしてなおかつ、そこに皮肉な一捻りを加えるのである。クルトワは父親に財産分与を要求する際に、その主たる財産である家畜には用はないと言って、自分から父親のもつ現ナマのすべて、六〇スー分の小銭の詰まった財布を選ぶ（四三―四八行）。[20] 彼はこれが損な取引だと知らないわけではないが、都市での酒とサイコロ遊びに直結する小額貨幣の詰まった財布の魅力に引かれ、それを手に入れると喜色満面に「いつになったら使い切るだろう」（九七行）と妄想を膨らませる。クルトワの放蕩は冒頭から、ルカの譬え話や富裕農民を描くステンドグラスの図像と比べて、著しくしみったれた話なのである。つまり、この世俗劇に付加された農民と都市民の対立は、このような金銭勘定のできない田舎者に対する都市民側の優越感に発するものであり、そこには都市の経済力の増大と密接に関わる都市民の金銭勘定に明け暮れる心性が如実に窺える。

この劇の成立前夜、十二世紀後半あたりから、都市ブルジョワたちは次第にその収益機構のなかに農村を積極的に取り込み始めていた。彼らはあの奇跡譚が語られた九世紀にはまだ一般的だった、修道院・教会勢力や世俗領主の大土地所有を基盤とする荘園制を蚕食・解体しつつ、自ら土地所有と農業経営によって農村への直接的な支配力を強めていった。[21] その結果、農村の農奴的賦役から解放された農民たち、職人

的技能をもった農民たちが近隣の都市へ流れ込むという現象が各地で生じることになる。また、農村に流れ込んだ貨幣を使用するために、様々な規模の成金農民が貨幣を持って都市へやってくる機会も自ずと増えていった。農村ではこれ以降もかなり長い間、貨幣使用の機会は限られていたからである。この劇が示す対立図式は、都市において市民と農民が金銭を介して直接出会う機会が増え、互いの存在を意識し、都市と農村を比較・対照する心性が急速に構造化していった時代を背景としているのである。

このような状況下では農村にも富裕農民層が出現していたから、経済的な次元に限ってみれば、農民がいつも搾取される側にいたわけでは決してない。しかし、『アラスのクルトワ』の作者は、他の世俗劇作者と同様、急成長しつつあったアラスのブルジョワたちをパトロンとし、一般市民たちにも娯楽を提供するジョングルールたちの一人であり[22]、その視座は明らかに都市民の側にあった。農民と都市民が登場し、ずるがしこい都市民が単純な農民を騙したり、都会誇りの都市民が粗野な農民を嘲笑したりというプロットがこの時代の都市文学で繰り返し用いられ、クリシェと化していったのを見れば、農民たちへの蔑視は確かに多くの都市民が共有する心性であったに違いない。

こうして、都市が農村を取り込み始めた当時の時代状況を背景に、農民を嘲弄する都市民という文学定型が生まれるのだが、それではこの都市民の優位性が当時の現実をそのまま写像したものであったのかどうかといえば、それはかなり疑わしい。というのも、農村を取り込み始めた都市の担い手はあくまでブルジョワ企業家たちであり、この時期の都市庶民層の生活は、細民化の圧力が徐々に強まるこの世紀末ほどではなかったにしても、貨幣を持ってやってくる農民に対し優位に立ちうるほど豊かであったとは思われない[23]。更にまた、十一世紀から始まって十二世紀後半にピークに達し、十三世紀過ぎまで続いたアラスの驚くべき人口増加と都市化は、その大部分が近郊の農村からやってきた人々によるものであったから[24]、都市的洗練を誇りうるような来歴をもつ市民はまだ限られていた。まして都市庶民層にとっては、経済的水準においても都市的洗練においても、都市と農村を隔てる現実の壁はそれほど高くはなかったのである。しかし、都市は狭い区域に囲い込まれて日々経済活動を行う（金銭を使用する）人々を瞬く間に意識の上での「都市民」にする。この当時の都市性とは恐らくこの「金銭勘定」の日常性と緊密に関わっており、農民に対する都市民の優越感はまさしくこの点にあったと考えられる。だからまた、金を持って都市へやって来る、しかし金銭勘定に疎い素朴な農民たちの存在は、ますます都市民を刺激し、その嘲笑を買い、「正当な」ペテンの対象となったのだろう。つまり、この時代に生まれた都市民の農民蔑視というファルス的文学定型は、物理的実態に支えられた確たる優位性ではなく、むしろそうした心理的かつ観念的優位性の承認欲求に大いに応えるものだったのではないか[25]。

したがって、『アラスのクルトワ』の作者が、農民と都市民が対立し、都市民が農民を嘲弄する場（トポス）として居酒屋（タヴァーン）を選んだ理由も、自ずから明らかになる。それは、すでに『聖ニコラ劇』において、商業都市アラスの居酒屋が、古代からこの場（トポス）に固有の商業的記憶と情念を継承しつつ、世相に即した金銭勘定の場として再生していたからであり、この劇もまた農民の息子が持つ小金をめぐって都市民が金銭勘定を競う、その駆け引きに主眼を置くからである。放蕩息子クルトワは[26]、酒とサイコロ遊びへの根っからの執心によって自ら居酒屋に引き寄せられる。そこにはいつも、お上りさんの持つ小金を騙し取ろうと狙う都市民たちが屯している。金銭をめぐる駆け引きの場である居酒屋は、上等のワインを求めて貨幣を持ってやってくる農民と彼らをカモにしようと待ち構える都市民を首尾良く出会わせる文学的場（トポス）として、時代に即した新たな意味を付加されるのである。

四、〈色欲（リュクシュール）〉の巣窟としての居酒屋

『アラスのクルトワ』の居酒屋に付加されたもう一つの新しいモチーフは、娼婦たちの登場による〈色欲〉のモラルの導入である。すでに見たように、ルカの放蕩息子の譬え話は、財産蕩尽の経緯を事細かに語っているわけではない。彼が「娼婦どもと一緒に、あなたの身代を食いつぶした」と訴えるのは、一文無しになって戻ってきた弟に対する父の寛大な対応に不満をもつ兄のほうであり、この兄は放蕩の現場を直接見たわけではないからである。彼の言葉は、農村から金を持って遠い国へ出かけ、それを瞬く間に使い果たした若い男について、人々が一般に抱くステレオタイプの心象にすぎず、ここに、都市とは姦淫の汚れを象徴する娼婦たちの巣窟であり、あるいは娼婦そのものであると喩える聖書の伝統が窺えるとしても、この譬え話が記された時代をリアルに反映するような細部は見当たらない。他方、十三世紀前半のアラスの世俗劇が示すのは、むしろ娼婦たちの屯する都市の居酒屋という場そのものが持つ、より高い経済効率性である。田舎者の色欲を刺激し妄想を抱かせることは、高いワインを売り、小銭をうまく騙し取るだけに終始したボデルの『聖ニコ

ラ劇』の居酒屋と比べて、より大きい、あるいは格段に大きい儲けの可能性を示している。かくして居酒屋は、都市性の本領たる金銭勘定の現場として、都市民の貨幣への貪欲さをますます露わにするのである。

アラスに着いたクルトワが真っ先に訪れるのは少し気取った居酒屋で、その主は『聖ニコラ劇』のような「亭主」taverniereではなく、「ホテルの主人」l'hôteに格上げされている。戸口にはこの店のワインを売り込む客引きの小僧がいて、誰でも掛売で銘酒が飲めると宣伝している。これを聞いたクルトワは、「ここは教会よりもずっといいところだ」と呟くのだが、魂よりも肉の喜びに奉仕する居酒屋と肉の喜びを捨てて魂の喜びを求めよと説く教会との対立は、中世キリスト教モラルの説教者がしばしば用いた対立図式であり、居酒屋は地獄への、教会は天国への入口に喩えられた。[27]

アラスのこの気取った居酒屋が提供する肉の喜びもまた、美酒に止まらない。上述したように、ラテン語のtabernaにはキリスト教世界になってから「売春宿」の意味が付加されるようになっていたが、居酒屋を〈色欲〉との連関で語る伝統はそれよりずっと早く、その主要な淵源は、初期キリスト教文学として中世に大きな影響を与えたプルデンティウスの『プシコマキア（魂の闘い）』（五世紀始め）の〈奢侈〉像に求めることができるだろう。[28] 本来はモラルとは無関係に商人の往来に関わる場所を意味した居酒屋やその類の語が、キリスト教的文脈に引き込まれた結果、明確に色欲の悪徳と結びついて表象されるようになるのである。八〜九世紀の初期写本挿絵は、ルクスリアが最初に登場する場面（三一〇―一一行）を詩行内容に即して、横臥して酒宴に臨み酩酊する古代異国風（つまり異教徒風）の姿で描いている。ところが十世紀末から十一世紀になると、フランス―アングロサクソン系写本に、男性たちと贅沢な酒宴を共にするより当世風の居酒屋の女将が登場するようになる（詩行では三四〇行に対応）。[29] つまりこの頃から、居酒屋を贅沢＝色欲（ラテン語では共にルクスリアLuxuria）と結びつける観念連合が、同時代の社会現象から何らかのヒントを得て、聖職者たちの間に形成されていったのではないかと思われる。

あたかもこの系譜を引き継ぐように、アラスの宿の主人もまた、小僧の宣伝する美酒を高値でふっかけたそのすぐ後に、[30] ここは「都会風のベッド」を備えた「アムールのためのホテル」（一三六―一三七行）なのだと田舎者を誑かす。『聖ニコラ劇』においてはもっぱら酒とサイコロ遊びの場所であった居酒屋に装飾が施され、店の常連である街の娼婦たちとの暗黙の共謀関係によって〈色欲〉の誘惑が付加されると、そこはもう「にわか娼館」に変容する。もちろんこの娼館は、同時代の人々の注目を集めた「放蕩息子」のステンドグラスとは到底比較にならず、庶民的でみすぼらしい。というのも、シャルトルやブールジュにおける放蕩場面の扱いは、ルカの素っ気ない記述に豊かな脚色を加え、息子が立派な門構えの娼館に迎え入れられ、着飾った娼婦たちとの豪勢な宴会や宮廷風の遊びで財産を蕩尽し、最後にサイコロ遊びで身ぐるみ剥がれるまでの経緯を、多大のスペースを割いて描き出しているからである。つまり、ステンドグラスが都市ブルジョワの〈宮廷風(クルトワ)〉への憧れを大枚はたいて満たす理想の遊興施設を描き出しているとすれば、『アラスのクルトワ』のほうは小成金農民が小銭の詰まった財布で同様の憧れを満たそうとするその滑稽さを嘲笑う。前者は贅沢な遊びの果てに無一文になるが、後者の色欲は、金銭勘定を優先してひたすら田舎者を酔わせるしらふの娼婦たちの甘言と手管にかかって挫折する。

ルクスリアを居酒屋(娼館)の女将として描く写本挿絵と異なり、十三世紀始めからフランス各地に次々と出現したステンドグラスは大聖堂の内部空間に置かれ、そこに足を踏み入れる人すべてに向けたメッセージを発していた。放蕩息子が贅を尽くした宮廷風の遊びによって身代を蕩尽するという図像の選択は、そこに関与したはずの聖職者たちが、当時目立ち始めた成金富裕民たちに向かい〈贅沢(ルクスリア)〉=〈色欲(リュクシュール)〉の罪を戒める必要を強く感じるようになったという時代の趨勢を暗示している。[31] それにもかかわらず、この世俗劇の観客たちは、贅沢を楽しみ始めたアラスのブルジョワたちの肉欲がもたらす転落にではなく、小成金農民がブルジョワ以上の身分を示唆するクルトワと称し、宮廷風とは似ても似つかぬにわか娼館の居酒屋で、自身の肉欲(ワインと色欲)を満たそうとして失敗する、その何重ものグロテスクな落差の生む転落に笑い興じている。同時代の諸都市の繁栄は主としてブルジョワたちの活動に負うものであり、宮廷風を模倣する奢侈文化への憧れが浸透するなかで生じたモラルの堕落もまた、主としてブルジョワたちに関わるものであっただろう。教会がこの譬え話に注目したのは、放蕩に代表されるさまざまの悪徳によって信仰を離れ神の元を去った人々が悔悟して再び神に帰依することを慫慂するためであり、田舎から都市へやってくる放蕩息子たちが現実に存在したとしても、それはこの時代の説教が向かうべき主たる対象ではなかったはずである。とすれば、『アラスのクルトワ』はステンドグラスの強調する贅を尽くした放蕩場面を脇目に見ながら、この譬え話本来の焦点を意図的にずらし、分不相応な農民の肉欲を笑う物語として卑小化することにより、あくまで都市民の側に立って、口うるさい教会の矛先をかわしているのである。

五、クリシェか、現実か

それでは、アラスの世俗劇に登場するこのような居酒屋は、単なる文学的想像力の所産だったのだろうか。十二・三世紀にはいくつかの都市で居酒屋（タヴァーン）（兼宿屋）の亭主の悪徳商行為を取り締まる条例が出され始めているから、[32]そこはしばしば汚い金銭勘定の場ともなっていたのだろう。また居酒屋には、サイコロ遊び用の卓が置かれていたことも事実であろう。そこには都市の繁栄につれてより多くの娼婦たちが出入りし、時には大盤振る舞いの放蕩の場ともなっただろう。独立した娼館が存在したとしても、[33]それはあくまで富裕層向けであり、庶民が近づける場所ではなかった。十三世紀後半に成立したと見られるアングロノルマン語の教訓詩「礼節の書」（教養の書）[34]もまた、「いかがわしい女やサイコロ遊び、酒を飲ませる店（タヴァーン）は避けるべきこと」（九九―一〇〇行）と女、賭博、酒を一纏めにして諫めている。実際、教会が繰り返し奢侈（ルクスリア）＝色欲（リュクシュール）の罪を戒め、居酒屋と地獄を二重視して魂の救済を説いても、「放蕩息子の譬え話」が教えるような悔悟者が増したという記録はない。教会の足下においてすら、すでに十一世紀から妻帯の禁を犯す聖職者や破戒修道尼、聖職売買、修道僧の奢侈化の問題が後を絶たず、十三世紀の都市文学は聖職者の偽善を嘲笑して止まなかった。その一方、この世紀半ばを過ぎると、神学者たちは「色欲」の罪に寛容さを示し始める。この流れは人々の生活を律する宗教制度や都市条例にすぐには反映されることなく、厳しい規制はしばらく続いている。ところが十四世紀末から十五世紀になると、「色欲」はもはや大罪とは見なされなくなり、以降、若者たちの性的暴発を予防するという名目で、諸都市の街中に次々と華やかな公娼館が開設されることになるのである。[35]しかし、このような時代の推移のなかで、都市の居酒屋はかつてと同様、ワインとサイコロ遊びといかがわしい女たちの出入りする場所、というイメージを保ち続ける。だからまた、十六世紀初頭に至っても、そこはお上りさんの農民を真っ先に惹きつける場所だったのだろう。

十六世紀始め、宗教改革の嵐が吹き荒れる少し前に、前世紀末から金融業と印刷業で急成長を遂げた南ドイツの都市アウクスブルクで、「シュヴァーベン男に娘がいた」という世俗歌が大流行した。この歌はその後、近隣の都市を経てネーデルラントに至るまで、数多くの異曲を生んだ。

この歌には、恐らく無名の作者自身も気づいていないように思われる、中世以来の「放蕩息子の譬え話」の換骨奪胎と再生が見られる。田舎から当時の南ドイツきっての大都市アウクスブルク(36)にやって来た農民がまっさきに訪れるのは、ここでも「最高のワインが飲める」居酒屋なのである。(37)ところが、この歌の焦点はもはや農民の息子ではなく、都会のファッションに憧れる尻軽な娘エルゼラインであり、まさしくそこにこの時代の新機軸がある。しかしもう少し詳しく観察してみると、このエルゼラインと三〇〇年前のクルトワはさらに近似した姿を示す。二人は共に田舎の退屈な生活に嫌気がさし、貨幣経済に憧れて都会にやってくるからである。

しかも、「お金持ち」農民の娘エルゼラインの世間知らずぶりは甚だしい。父親が金持ちでも、農村では娘の手元に貨幣はない。彼女は贅沢品を手に入れるために貨幣を稼ごうとして無一文で家出し、にもかかわらず「最高のワイン」を所望して大都会の居酒屋に屯する男たちの好奇の視線を集め、手玉にとられる。クルトワは居酒屋に屯する女たちの甘言に誑かされ、騙されて無一文になったが、無一文のエルゼラインは心ならずもサイコロ遊びの勝者の得るべき貨幣代りの景品にされて、不名誉にも妊娠する。ここにもまた、周囲を取り囲む都会風の意地悪い視線の中から、〈色欲〉(=〈奢侈〉)の戒めの残響が聞きとれる。それにもかかわらず、転落した二人は共に故郷にもどり、父の家に迎え入れられるのである。三〇〇年の隔たりは当然ながら、二つの物語の書き割りを大きく変容させ、エルゼラインの父の家への帰還(救出)はもはや神への回帰を全く暗示していない。「放蕩息子の譬え話」は、〈色欲〉の戒めの後退とともに宗教性を脱色された巷の戯れ歌と化し、その本義を忘れ去られて、農民、貨幣、居酒屋と上等のワインの結びつきに向ける都市民の嘲笑の眼差しに曝されている。しかし、ルターが宗教改革の火蓋を切ると、この譬え話は再び注目されて新教的メッセージを盛り込まれ、宗教劇として甦ることになるだろう。

さてそれでは、キリスト教モラルや世俗文学によってトポスと化しクリシェと化した居酒屋は、中世の現実に存在した居酒屋からどれほど隔たった存在であったのか。この最初に提出した問いに対しては、ここに至ってもまだ明快な答えは得られていない。しかし、「居酒屋」が実在する場所であり、同時に人々の記憶に蓄積され記号化された観念の場(トポス)でもあるとすれば、現実と観念の間を日々行き来し、時に皮相な常套句(クリシェ)とも化すが、時に新しい時代の現実の細部をも取り込む、その連綿とした相互作用の織りなす想念の総体が、「居酒屋」の真の実体だったと言えるのではないか。

注

（1） cf. Jacques Le Goff, *Le Moyen Age et l'argent*, 2010, p. 24. この時代の農民はいわゆる物々交換的な自然経済を営んでいたというのが、かつての研究者の一般的見解だったが、現在では、十分の一税や人頭税などの金納化への移行はかなり早かったことが知られている。

（2） この『奇跡の書』については、H. C. Peyer, *Von der Gastfreundschaft zum Gasthaus: Studien zur Gastlichkeit im Mittelalter*, 1987, p.81. 九世紀にサン・フィルベール・ド・グラン・リューに建設されたこの修道院の商業活動については、Christian Harding, Community, cult and politics: the history of the monks of St. Filibert in the ninth century, PhD Thesis, pp.125-131. https://research-repository.st-andrews.ac.uk/handle/10023/915 2010に詳しい。修道士たちは、ロワール川河口の島にあった母修道院の時代から従事した製塩、沿岸漁業、ワイン醸造を引き継ぎ、定期市の開催によって大きな収益を上げていた。その収益は新たな修道院の建設や、当時この地域をしばしば襲撃したヴァイキングに備える要塞建設にもあてられたと見られる。

（3） P. Johanek, Der Außenhandel des Frankenreiches der Merowingerzeit nach Norden und Osten im Spiegel der Schriftquellen, *Untersuchungen zu Handel und Verkehr der vor- und frühgeschichtlichen Zeit in Mittel- und Nordeuropa*, Göttingen, 1985-87, Bd.3, pp.214-254, esp. p.227.

（4） J. P. Devroey, Un monastère dans l'économie d'échanges: les services de transport à l'abbaye de Saint-German-des-Prés au IXe siècle, in *Annales-E. S. C.*, 1984, pp.570-89, esp. p.578.

（5） 修道院は中世初期から巡礼者のための宿泊施設を提供していたから、十二世紀あたりから職業的居酒屋兼宿屋が増えるようになると、これと競争関係に入った形跡が見られる。cf. H. C. Peyer, *op. cit.* pp.57-58.

（6） 佐藤彰一「9世紀末パリの教会と土地所有」（『社会科学ジャーナル』16、国際基督教大学、一九七八年、一三三―一五九頁）一三六頁。

（7） Cf. Georges *ausführliches Handwörterbuch Lateinisch-Deutsch*, 1996 (1869); Lewis and Short, *A Latin Dictionary*, 1879; Oxford Latin Dictionary, 2012.

（8） 古フランス語のtaverneとその関連語については、cf. F. Godefroy, VII, X.; Tobler-Lommatzsch. Altfranzösisches Wörterbuch, Bd. 10. taverneの初出は十三世紀半ば、tavernier（「居酒屋の亭主」の意）の方が早く十三世紀初頭であるが、後述するように、この世紀初頭の作品に既にtaverneが見える。テクストとしては残っていなくとも、実際にはもっと早くから使われていたと思われる。因みに、主に十二世紀からの無名の遍歴学生の歌を集めた『カルミナ・ブラーナ』（一二三〇年前後に成立したラテン語詩歌集）には、酒とサイコロ遊びを歌う飲酒歌にtabernaが頻出する。

（9） Cf. Michel Fixot, Une image idéale, une réalité difficile: les villes du VIIe au IXe siècle, Georges Duby, (direct.), *Histoire de la France urbaine*, t. 1, *La ville antique. Des origins au IXe siècle*, pp.495-563, p.515-6.

（10） 森本芳樹『中世農民の世界——蘇るプリュム修道院所領明細帳』二〇〇三年、一九六頁、及び同著「小額貨幣の経済史——西欧中世前期におけるデナリウス貨の場合」（『社会経済史学』57―2、一九九一年、一四七―一六六頁）一四八頁。

（11） 樽を開けて量り売りする単位は色々あるが、農民が注文した量としては、一パント（約〇・九三リットル、つまり現在のワイン一本分よりも多い）、あるいは一カルト（＝二パント）ぐらいだろうか。

(12) 佐藤彰一「中世初期のトゥールとロワール交易――一つの素描」（比較都市史研究会編『都市と共同体（上）』一九九一年二一一―四四頁）三三頁。

(13) Cf. Tim Unwin, *Wine and the vine: an historical geography of viticulture and the wine trade*, 1996 (19911), pp. 144-148.

(14)『聖ニコラ劇』のテクストは、Jean Bodel, *Le jeu de Saint Nicolas*, (éd.) Alfred Jeanroy, 1958.; Jean Bodel, Le Jeu de siant Nicolas, Presentation et traduction par Jean Dufournet, 2005. を参照した。この作品ではプロローグを除く全体の半分強の詩行で居酒屋の店先及び内部が舞台となっている。注8で触れた飲酒歌においても、居酒屋は酒とサイコロ遊びの舞台であり、衣服が酒と賭博の質草にやり取りされる所までは完全にクリシェ化している。しかし飲酒歌では相互の細かい金銭勘定は問題にならず、ただひたすら酒とサイコロの尽きせぬ魅力が思い入れたっぷりに讃えられている。

(15) この作品のテクストは、以下のものを使用した。*Courtois d'Arras, L'enfant prodique*, (ed.) Jean Dufournet,1995. 作品の成立年代については諸説あるようだが、近年のアラス劇を含むフランス中世文学研究の第一人者であるデュフルネの説に従っておく。

(16) 本稿では、ルカからの引用は基本的に新共同訳（日本聖書協会）を用いるが、新共同訳ではこの部分は「全部を金に換えて」と意訳されているので、ルカのギリシア語（ヘレニズム期の共通語（コイネー））原文に沿って訳し直しておく。この時代の地中海世界には貨幣が広く流通しており、イエスの他の譬え話でもしばしば貨幣に言及されているから、ここでも現実には弟が分与された父の不動産を貨幣に換えて旅立ったことは間違いない。なお、以降のラテン語訳（ウルガタ）や近代語訳でも「すべてをとりまとめて」となっている。

(17) 以下、シャルトルとブールジュの放蕩息子のステンドグラスについては、主に次の文献を参照した。cf. Wolfgang Kemp, *Sermo Corporeus: Die Erzählung der mittelalterlichen Glasfenster*, 1987.; 木俣元一『シャルトル大聖堂のステンドグラス』（中央公論美術出版、二〇〇三年）第3章。シャルトルとブールジュの放蕩息子の図像に見られる親近性は早くから指摘されているが、同じ職人集団の仕事であったとは考えられていない。Cf. Louis Grodecki and Mary Weedon, A Stained Glass Atelier of the Thirteenth Century: A Study of Windows in the Cathedrals of Bourges, Chartres and Poitiers, in: *Journal of the Warburg and Courtauld Institutes*, Vol. 11 (1948), pp. 87-111.

(18) デュフルネは、この時代には教会の説教やフランス各地で建立された大聖堂のステンドグラスによって、この寓話が広く知られていたと述べているが、同時代の説教で扱われていたことを証す史料は挙げていない。cf. Jean Dufournet, Courtois d'Arras ou le triple heritage, in *Le théâtre arrageois du XIIIe siècle*, 2008, p.117. 十二・十三世紀の聖職者たちが放蕩息子の譬え話に注目した背景には、本稿で示唆してきた同時代の貨幣経済の発達とも密接に絡んで、「悔悟」というキリスト教的行為の重点化とユダヤ人の位置づけの問題があったと思われる。これについては、稿を改めて論じる。

(19) 因みに、放蕩息子の派手な遊蕩場面を描くステンドグラスは、シャルトル及びブールジュという大聖堂都市の繁栄を直接映し出すものではない。とくにシャルトルに関しては、司教・聖堂参事会・世俗領主が対立関係にあり、同時代のアラスのような市民たちのブルジョワ化や上昇志向は見られない。むしろ、広大な所領を抱える教会及び世俗権力の利権・収益を巡る争いが、市民たちの経済的成長を阻んでいたことが知られている。Cf. Jane W. Williams, *Bread, Wine and Money: The Windows of the Trade at Chartres Cathedral*, 1993.

（20）一スーは一二ドゥニエだから、七二〇ドゥニエ。この当時のドゥニエ貨は三〇〇年前とは大きく異なり既に小銭である。ただし、後出のワインの値段に関してはその流通量が格段に増したためか、極端な値上がりはしていないように思われる（注29を参照）。クルトワが財産分与として父親から受け取った財布の中身を、シャルトル、ブールジュその他のステンドグラスに描かれた財産分与の場面と比較してみると、なかなか面白い。ステンドグラス図像では、父親が息子に金貨と金の器を与えている。中世ヨーロッパでは十三世紀半ばに至るまで金が不足し、金貨の鋳造は行われていなかったから、ここに描かれた金貨は見栄えを重視した脚色あるいは理想化である。しかし、銀貨（ドゥニエ）の流通が加速していた当時も貨幣の総量は不足しており、しかも高額貨幣は存在しなかったため、貴金属製品が貨幣の代わりに取引されることもしばしばあった。したがって、この図像もクルトワの財布も、当時の貨幣流通状況をかなり具体的に物語っていることになる。中世の貨幣鋳造とその流通状況については、Etienne Fournial, *Histoire monétaire de l'occident medieval*, 1970.; Peter Spufford, Le rôle de la monnaie dans la révolution commerciale du XIIIe siècle, in *Etudes d'histoire monétaire*, textes réunis par John Day, 1984. などを参照。

（21）この趨勢の概要については、cf. P. A. Février et al., *Histoire de la France urbaine*, t. 1, *La ville antique: des origines au IXe siècle*, preface de Georges Duby, France rurale, France urbaine: confrontation. アラスに関しては、cf. Robert Fossier, *Arras et ses campagnes au moyen âge*, *Arras au moyen âge: Historie et littérature*, Textes réunis par M.-M. Castellani et J.-P. Martin, 1994, pp.15-25, esp. p.22-23.

（22）アラスでは十二世紀末あたりから、ジョングルールたちがブルジョワ階級と共に同業者信心会を構成し、祝祭の催しなどで活躍したことが知られている。cf. J. Lestocquoy, *Les dynasties bourgeoises du XIe au XVe siècle*, 1945, pp. 75-77.; M. Ungureanu, *Societe et literature bourgeoises d'Arras*, 1955, p.75-77.

（23）十三世紀前半のアラスの庶民（職人・労働者）は、この世紀末から強化されるブルジョワ企業家たちの労働管理と搾取にまだ曝されていないが、金融資本家は確実に成長し続けている。cf. Lestocquoy, *op. cit.* pp,31-35.; Ungureanu, *op. cit.* p.28.

（24）cf. J. Lestocquoy, Tonlieu et peuplement urbain a Arras aux XIIe et XIIIe siècles, in *Annales. Histoire, Sciences Sociales*, 10e Année, No.3（Jul.-Sep., 1955）, pp.391-395. 十二世紀半ば過ぎにアラスが急速に商業都市として発展を遂げたのは、この都市を支配したサン＝ヴァースト修道院の商人誘致政策が功を奏し、周辺地域から多くの商人たちが流れ込んだためだという。

（25）デュフルネは、『アラスのクルトワ』に導入された都市民による農民蔑視の図式を、G・デュビーを引用しながら、貴族に憧れながら蔑視された新興ブルジョワが、自身の状況を成金農民との関係に擬えて農民を蔑視するところに生じたものと見ている。筆者はこの劇の作者がパトロンの新興ブルジョワ層を代弁しているとするデュフルネの解釈の一半は認めるが、このような図式を示す同時代の諸作品は都市庶民層自身の成金農民に対するより複雑な心性も反映していたと考える。cf. Dufournet, op. cit., pp. 95-96.

（26）農民の息子であるクルトワがなぜ「クルトワ（宮廷風）」

と名付けられたのかについては、劇中にいくつかの示唆がある。彼は劇の冒頭から兄に「暇をもてあまして、飲んではサイコロ遊びに興じるばかり」（二五―二六行）と非難されているが、当時、双六遊びやチェスなどのゲームに興じるのは閑暇を楽しむ宮廷人たちの日常とも考えられており（その様子は武勲詩や騎士物語、また種々の写本挿絵にしばしば描かれている）、この点でクルトワは皮肉にもその名に相応しい趣味をもつ。同様に娼婦プーレットはクルトワについて、「王様だって伯爵だって、何もいい仕事しないでこんなに遊んで暮らせはしない」（一六七―一六九行、傍点は筆者）とクルトワの王侯に勝る優雅な閑暇を皮肉っている。ゲーム好きに象徴される宮廷人の閑暇は、当時すでにかなりの経済的上昇を遂げてはいたものの、終始金儲けに奔走せざるを得なかったブルジョワ階層にとって大きな羨望の的であった。ここでは、本来は最下層の肉体労働者であるべき農民が貪る不当な「無為」を王侯（宮廷人）の「閑暇」に擬えて示すことにより、その落差が生む笑いを都市民に提供している。プーレットは「見てごらんよ、宮廷風の農民（le cortois vilain）って様子じゃないか」（二四八行）と嘲るが、この劇に登場する都市民も観客も、宮廷人と農民の溝は決して埋め得ないという確たる認識に立って、成金農民をその階級間の奈落に突き落とそうとするのである。Dufournet, op. cit., p. 94も参照。因みに、ほぼ同時期に成立したと思われるギヨーム・ド・ロリスの『薔薇物語』でも、詩人に宮廷風世界の寓意「〈悦楽〉の庭園」への扉を開けてくれるのは〈閑暇〉婦人である。

（27） cf. Andrew Cowell, *At Play in the Tavern: Signs, Coins, and Bodies in the Middle Ages*, 1999, Chapter 1. 因みに、一二一五年頃に書かれたラウール・ド・ウダンの寓意物語『地獄の夢』では、地獄に至る道筋に「居酒屋町」Vile-Taverne、その先に「娼館城」Chastiau-Bordelがある。つまり、〈大食大飲〉よりも〈色欲〉のほうが地獄に近い。また、街中の居酒屋とは異なり娼館は市外に囲壁を設けて存在したことを窺わせる。Raoul de Houdenc, *Le Songe d'Enfer suivi de La Voie de Paradis*, par P. Lebesgue, 1908, v. 142-325.『カルミナ・ブラーナ』第七六歌でも、詩人は、いい気持ちに酔っ払って居酒屋cauponaを出ると宿へ戻り、今度は娼館（ここでは古典ラテン詩を擬して「ウェヌスの寺」templum Venerisと呼ばれている）に出かける。「一人で赴いた、りゅうとした身なりで、ぎっしり詰まった財布を左脇に提げて」と彼は歌っている。面白いのは、その擬古典的ウェヌスが女主人をつとめる娼館は当世宮廷風にしつらえられており、そこで詩人が語る言葉もまた宮廷風のパロディとなっていることである。彼はそこで、その「ぎっしり詰まった財布」の中身をすべて使い果たすことになる。Cf. Marie-Claire Gérard-Zai, Le vocabulaire Courtois dans les Carmina Burana, in: *Courtly Literature: Culture and Context*, vol. 25, ed. by Keith Busby and Erik Kooper, 1990, pp.191-198.『カルミナ・ブラーナ』のテクストは以下を参照。*Carmina Burana: Die Lieder der Benediktbeurer Handschrift*, 1995 (1979[6]), Nr.76.

（28）『プシコマキア』において、「放蕩のルクスリア」Luxuria prodiga（三一一行）が酒と色欲によって護教兵士たちを籠絡する場はtabernaではなくganeaである（三四三行）が、この語は飲食の贅沢さを強調する点以外は基本的にtabernaやcauponaと同類の語である（cf. Thesaurus linguae Latinae, v. 6, pars 2. ganea）。他方、この軟弱な兵士たちに対し、「節制」の美徳は、「ルクスリアの醜悪な酩酊がお前たちを湿った娼家lupanarに連れて行く」（三七七―八行）と非難しており、ここに既に酒宴の場から娼家への移動及び酒（酩酊）と色欲の緊密な連関が窺える。

（29）『プシコマキア』はカロリング朝期から学校（スコラ）の教材として定着したため、多くの写本が作成され、かなりの数が現存する。また、挿絵入りのものも多い。cf. Richard Stettiner, *Die illustrierten Prudentius=Handschriften*, Tafelband, 1905.; H. Woodruff, *The Illustrated Manuscripts of Prudentius*, Reprinted from Art Studies 1929. 以下の挿絵を参照。Leyden. Universitätbibl. Codices Vossiani Lat. Oct. 15. (Le1); Cambridge. Corpus Christi College. Ms. No.23. (C); London. Brit. Mus. Additions Mss. No. 24199. (Lo1); London. Brit. Mus. Cotton Mss. Cleopatra C VIII. (Lo2). 四点とも襞付きテーブル掛けをかけた食卓に就く女将ルクスリアと客たちを描いており、酌童が酒杯を捧げ持っているところにも宮廷風奢侈の味付けがある。

（30）十三世紀のアラスのホテル主がふっかけるワインの値段は一ロ（四パント）が六ドゥニエだから、『聖ニコラ劇』で言及される値段（一パント、〇・九三リットルで四分の三ドゥニエ）に比べると二倍の高値である。ただし、作品の成立年代が三十年ほど差があるので、物価の値上がりも考慮に入れる必要があるだろう。

（31）「放蕩息子の譬え話」の最初の図像化は十二世紀後半の福音書写本挿絵（New York, Pierpont Morgan Library, M521r）に見られ、この譬え話が注目され始めたことを物語る貴重な史料であるが、ここでの放蕩描写は娼婦たちが息子の両脇に座る居酒屋風の場に限られ、宮廷風の味付けもない。

（32）H. C. Peyer, *op. cit.* pp.57-58, 62-66. ただし、フランス北部で奢侈を戒める都市の条例が出るのは十四世紀からである。

（33）注27を参照。

（34）テクストは、福井秀加「アングロノルマン「礼節の書」」（『大手前女子大学論集』23、一九八九年）一―二六頁、で翻刻された原文による。

（35）cf. J. Rossiaud, *La prostitution médiévale*, 1988. 邦訳、J・ロシオ『中世娼婦の社会史』阿部・土浪訳、筑摩書房、一九九二年、第五章及び九二―九四頁参照。

（36）アウクスブルクは十五世紀末から神聖ローマ皇帝やローマ教皇と結びつき、銀山採掘権を得て富豪となったフッガー家の興隆によって南ドイツ最大の金融都市に急成長していた。

（37）拙著『恋愛結婚の成立――近世ヨーロッパにおける女性観の変容』（名古屋大学出版会、二〇〇六年）第II編第4章を参照のこと。

付記　本研究は平成二十八年度科学研究費助成（学術研究助成基金助成基金）基盤研究（C）課題番号二四六一七〇〇八、研究課題「〈放蕩息子〉の寓話と北ヨーロッパ商業都市の変容――中世から近世へ」の研究成果である。

米と酒そしてその周辺——環境の視座から

伊藤信博・伊藤彰敏

いとう・のぶひろ——椙山女学園大学教授。専門は比較文化史。主な著書・論文に「掲鉢図と水陸斎図について」（『日本文学の展望を拓く——絵画イメージの回廊』第二巻、笠間書院、二〇一七年）、「擬人化の転換期において」（『妖怪・憑依・擬人化の日本文化——異類文化学入門』笠間書院、二〇一六年）、『酒飯論絵巻・影印と研究——文化庁本・フランス国立図書館本とその周辺』（共編著、臨川書店、二〇一五年）などがある。

いとう・あきとし——あいち産業科学技術総合センター・食品工業技術センター発酵バイオ技術室主任研究員。主な業績に糖化酵素高生産麹菌の育種選抜（あいち産業科学技術総合センター研究報告、二〇一五年）、高精白白糠を利用した麹液化仕込法による単行発酵酒の開発（あいち産業科学技術総合センター研究報告、二〇一四年）などがある。

本論は、室町における米、特に中国から渡ってきた大唐米、そしてその米から造られる麹や酒の種類、さらに現代からみると相違する米の食べ方を分析したものである。さらに麦類などの穀物類や副食物としての根菜類、豆類のこの時代の食物としての位置を食物の擬人化作品を中心に、社会や時代環境の中で育まれた文学や文化の特徴から論じた。

はじめに

現代の日本人は、コシヒカリなど有名ブランド品に代表される米の品種を中心に、炊いて食べているであろう。しかし、かつては『延喜式』や『類聚倭名抄』に記される「飯」の種類が二十種類近くもあるため、米の種類や調理方法は多種多様であったろうと想像する。

また、米から造る酒に関しても、『御酒之日記』（一三五五年）や『多聞院日記』（一五六〇年）では、麹米、蒸米には白米が使われ、「諸白」や「酘（とう）法」による「もろみ仕込み」が中世以降に定着している。そして、上述した『多門院日記』には、「火入れ」（低温で加熱殺菌）し、発酵を止め、貯蔵する方法が記され、発酵が進む夏の造酒から、じっくり発酵できる冬季の酒造りも可能となる事実も示している。

そこでは室町における「麹座」による麹菌の供給からの大量生産のお酒造りが誕生した経緯も想像できる。この「麹座」が供給した麹菌は、現在「国菌」として日本醸造協会が認定する「ニホンコウジカビ」（アスペルギルス・オリゼ）が使用されていたのであろう。この菌しか日本には育たないと、常識的には考えられているからである。

しかし、『延喜式』に記される酒は十数種類に及び、製法も様々である。また、麹の種類にも様々な麹が使用された可能性が指摘できる。『延喜式』「造御酒糟法」は、六月に酒造りを開始するとし、「小麦もやし」を使うとも記すからである。そして、愛知県豊橋市の麹屋からは、中国、韓国や韓国で造酒に使用される室町時代の餅麹（ケカビ）が見つかっており、「ケカビ」を使った酒造りが日本に存在した可能性もある。

また、我々は主食が米と躊躇することなく思っているが、『古事記』や『日本書紀』では、五穀は米、大麦や小麦、粟や稗、大豆や小豆など豆類も指している。『全浙兵制考 附日本風土記』（十六世紀末）でも、穀として、大麦、小麦、蘆、蕎麦、粟、黍稷、そして、豆として、菀豆、赤豆、緑豆も挙げている。『日葡辞書』でも、豆は五穀に入れられているのである。

このようにみると、米だけではなく、様々な穀物も同じ扱いで食していたと思われる。そこで、米の種類や多種多様な調理法、酒の飲み方や麹の種類、さらにその周辺の作物にも視点を置き、当時に栽培され、食された作物と文学や文化の関りを時代の環境の視座から考察したい。

一、室町時代における大唐米と酒

『酒飯論絵巻』を研究した際、非常に関心を抱いたのは、一般的なジャポニカ米とは相違する大唐米（インディカ米）の栽培記録である。室町時代には、大唐米を中心として栽培していたことが明らかだからである。

この大唐米は『和漢三才図会』「秈の項」に「そもそも赤米はよく舂いて糠を取り去ると白色で、微紅文を帯びている。飯にするとよくふえて粘らない。温かいうちは香気があって大へん佳い。冷えると風味は減って、食べてもすぐ腹が減る。（中略）また秈糯というのがあり、これを大唐糯という。赤・白の二種あって、どちらもやや粘る。」と記される。

この大唐米には、粳米も赤・白、糯米も赤・白の種類があり、大唐米に由来する在来稲のDNA分析では、インディカ米に類別されている。[1] また、大唐米の初見は『東寺百合文書』「教王護国寺文書二百十八号」で、延慶元年（一三〇八）の丹波国大山荘西田井村の条であり、[2] 以降、「矢野荘公文名算（散）用状」、「矢野荘供僧方算（散）用状」、「矢野荘学衆方算（散）用状」（『東寺百合文書』）では貞和二年～寛正七年（一三四六～一四六六）、『三宝院文書』の「醍醐寺領讃岐国東長尾荘算用状」では応永四年（一三九七）、『安芸文書』「大忍

図1　大唐餅の一種（実験栽培し、蒸したもの）

庄内検」（土佐国安芸郡・香我美郡）では応永二十九年（一四二二）に記録がある（図1）。

「田植草子」には「きのふ京からくたりたるめくろのいねはないね三ばにな米は八石な、ふくのたねやれ三合まいては三石、かこかさし候けにちもとこのいねにわ、まかうやふくのたねをは。」とあり、京から来る「目黒」稲は福の種であり、多収穫の稲を歓迎しているのである。

ところで、『和漢三才図会』が「秈の項」で、大唐米と指摘するが、厳密には、大唐米と秈米は区別する必要がある。大唐米には糯米種は存在しない。秈糯とは、ベトナム中部沿海地方に成立していたチャンパ王国（占城）から中国に流入したチャンパ米のことである。この米には紅血糯、黒糯米などがあり、日本の糯米より粘らない種類の米である。

したがって、「田植草子」の「目黒」は秈米の可能性もある。『奈良市史』民俗篇にある御田の歌謡（手向山八幡）には「唐より渡るふしくろの稲はな」と記され、「田遊び」には、「京から来るふしくろの稲はな、稲三把で米八石」とあるとの指摘も秈米であろう。(3) 大唐米（粳米）、秈米（糯）はどちらも中国を経由し、鎌倉期、室町期に流入したため、両方を大唐米と『和漢三才図会』の作者が混同した可能性が大なのである。

近世において大唐米と記載がある書物は『本朝食鑑』（「今本邦處處所種謂大唐米者似粳而粒小有赤白二色。其熟最早六七月収之而米亦多、恐是綱目之秈米也乎」）、『倭訓栞』（たうぼし、大唐米ともいう、秈也といへり）、『清良記』（太米之事。早大唐、白早大唐、大唐餅）、『毛吹草』（その他、香米もあり、芳米と記す）、『合類日用料理抄』（大唐餅米にて椿餅を作る）、『庖厨備用倭名本草』、『大和本草』、『食物知新』、『農業全書』、『好色一代女』、『世間胸算用』、『宜禁本草集要歌』、『日葡辞書』、『食物和歌本草増補』、『包厨備用倭名本草』、『書言字考節用集』など数多く、大唐米または秈米と記す。

中世には赤米種および白米種、糯米種、粳米種もある「大唐米」（占城稲）が流入し、気候条件に左右されず、どのような土地でも育つことから、新田開発の条件にも適し、低湿地帯や水はけが悪く、常に湛水状態の土地や洪水時に湛水しやすい土地、高冷地で盛んに栽培されたのである。江戸時代に、農書を初めとして赤米の栽培や流通に関する記録が多く残った理由もそこに挙げられる。

『御ゆとの丶上の日記』、天正九年（一五八一）十一月十八日の条は、「なかはしよりあかき御かゆまいる。」と記し、赤粥の記録がみえる。(4) 天正元年（一五七三）～天正十九年（一五九一）の間の日記をみると、赤御供や菱餅を「赤のかちん」と表現している箇所が多数ある。(5)

図2　大唐糯での萩の餅製作（『近世菓子製法書集成』）

『群書類従』巻第三百六十四「厨事類記」においても、「米餅。赤。蘇芳。青。花田。黄。白。或以縹用青色。以蘇芳用赤色。或濃薄色多種用之。近代以一色一折敷居之。」などと赤い餅があることを示し、延徳四年（一四九二）、万里集九作『梅花無尽蔵』は「占城之早稲　孟秋已熟　魯史所期之大有也（後略）と記し、占城米の早稲が実っていると記す。(6)『七十一番職人歌合』にも「売り尽くすたいたう餅や饅頭の声ほのか成夕月夜哉」とあり、饅頭売と法論味噌売が対となって紹介されてもいる。したがって、大唐米と占城稲が混在して記されていることに気づくのである。

江戸時代では、享保三年（一七一八）板『御前菓子秘伝抄』における大唐米を使用した菓子の種類は、「りん」（砂糖の衣をかけた一種の霰）、「醍が井餅」（一種のかき餅）、「饅頭に使う甘酒」、「物相強飯、「白藤」（一種のしんこ餅）、「鶉焼」（鶉餅を焼いたもの）、「砂糖貝」（鶉餅を焼かずにきな粉をつけたもの）、「付粉餅」、「きんとん餅」、「こわ餅」、「すすり団子」、「けいらん」、「おこし米」、「こいただき」、「茶巾包」など十五種類にも及ぶ（**図2**）。

そうした大唐米が室町時代後期に成立した『酒飯論絵巻』

には描かれており、第三段の飯室好飯住房における食事および、その準備風景が描かれた画や詞書には、

「二本三本、五本たて、本飯復飯、すへ御れう、鳥の子にきりの、わか御料、玉をみかける、すき御料、粟の御れうの色こきは、をみなへしにそ、似たりける。桃花の宴の、あか飯は、花の色かや、うつるらん、夏は涼しく、おほえける、麦の御れうも、めつらしや、地蔵かしらの、高飯は、六道のちく、たのもしく。」

と、強飯や「頓食」（鳥の子）が記されるのである。さらに、

「其後、もちゐ、色〻に、やよひも、はしめの、わか草はち〻こ、は〻この、はう子もち、手つくりからに、いたゐけや、かはらぬ色の、松もちゐ、千世とそ、君を、いのりける。ほんのうの、きつな、きりもちゐ、菩提にす〻む、たよりあり、命は水の、あわもちゐ、世の、あたなるも、知られけり。五月五日のちまきには、屈原かむかし、おもひ出、冬のはしめの、いはひには、ゐのことなつくる、かいもちゐ、秋の鹿にはあらねとも、紅葉をしくも、いとやさし、青陽の春のはしめには、たかきいやしき、をしなへて、ことさとか〻みの祝こそ、千とせの影をは、うつしける。神社、いつれの御願寺も、壇供のもちゐ、すへてこそ、修正のをこなひ、ありとき け。」

と、餅の説明がある。父子草・母子草・御形を使った草餅、松餅・笹餅、切り餅、粟餅、粽、亥の子餅（おはぎ）、鏡餅、団子または大豆餅・小豆餅となる。松餅（笹餅）は、「千代とぞきみをいのりける」を修飾し、いつまでも若々しくの意味であろう。韓国では、餡を入れた餅の下に松を敷き、松餅と読むのである。

さらに、こうした米を主題にするだけではなく、詞書には、

「粟の御れうの色こきは」や、「夏は涼しく、おほえける、麦の御れうも、めつらしや」

と粟や麦ご飯も描いている。そして、

「四季おりふしの、生珎は、く〻たち、たかんな、みやうかの子、松たけ、ひらたけ、なめす〻き、あつしる、こしる、ひやしつけ、調味あまたに、しかへつ〻、うそ〻け入の、うす小つけ、よきほとらかの、小さいしん御まへに、すへて、見さうはや、まいらぬ上戸や、おはします。」

と、アブラナ科の青葉、筍、茗荷の芽、松茸、平茸、鼠茸（ホウキ茸）、熱汁、小汁、湯漬け（水漬け）飯、菜を入れ、味付けした飯や食材は汁、羹（あつもの）の材料も記す。[7] このように五穀や野菜、茸、そして果物など多種多様な食材を記すことから、

米を物語では主題としながらも、副菜、果蔬も重要視していることがわかる。

ところで、実験として、紅血糯を使用して、お餅を作ったところ（図2）、三分搗きでは、苦みがあり、風味が強かったが、七分搗きでは、風味がないが、現代のお餅に非常に近かった。さらに、冷めると直ぐに硬くなり、味も落ちたことから、『和漢三才図会』が指摘する通りであることも分かった。また、玄米に近いほど、健康に良い影響を与えるポリフェノール分が多く含まれており、米の糠層が重要であることや、この糠層が多く残るほど、味が現代の糯米で作った餅より、風味が悪いことも明らかとなった。

一方、現代の造酒過程は以下のようである。

一、アルコール発酵「酵母が無酸素的に糖を分解し、エネルギーを獲得する様式」

二、糖化・液化「デンプンなどの多糖を酵素により加水分解、還元糖に変換するプロセス」

三、蒸留「水は沸騰せず、アルコールが沸騰する温度で、アルコールを蒸気として回収する蒸留後冷却することにより、液状アルコールに変換」

このような造酒は口噛み酒（唾液）も含み、ビール、ウィスキー（もやし↓麦芽）、日本酒、焼酎（かび↓麹菌）で、アミラーゼを利用し、糖化を行うものである。日本酒の製造は並行複発酵であり、玄米を処理し、精米歩合として五〇〜七〇パーセント程度の白米にし、蒸米に麹カビを繁殖させ、糖化酵素を生産させるのである。なお、酒造好適米は粳米である。粳米はより的確に言えば、「醸造用玄米」に分類され、心白が多く、破精込み（麹菌が入ること）がしやすいものとされる。糯は蒸米の際に粘って、作業がしにくい。また、米中のタンパク質は、麹の酵素（プロテアーゼ）で分解され、清酒の味の主成分であるアミノ酸になるが、多すぎるとくどい味になるとされる。麹と水を混合したものに乳酸と酵母を添加し、培養することにより酒母を調製し、酒母に蒸米と麹米および汲み水を仕込み、もろみを本発酵させて、日本酒を造るのである。

実験により籼米で実際に造酒したところ、アミノ酸が多すぎてくどい味になったが、熱燗にすると、今の日本酒とほぼ変わらない味になった。そこで、かつては、日本酒が燗で飲まれていた事実を思い出すのである。また、籼米で造酒すると、乳酸菌が増殖しないため、何度も重ねて醸す「古酒」には相応しい可能性も指摘できる。乳酸菌が増殖し過ぎると、お酢になってしまうのである。

ところで、『延喜式』に記される酒は十数種類に及ぶが、

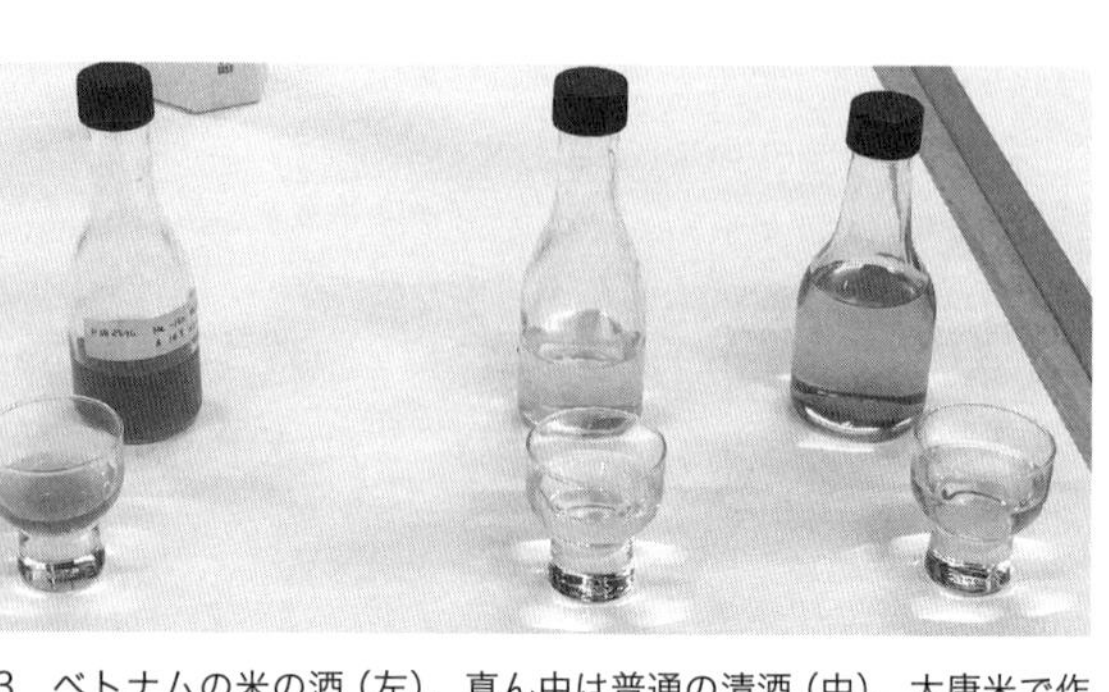

図3　ベトナムの米の酒（左）、真ん中は普通の清酒（中）、大唐米で作った酒（右）

代表的なものに「雑給酒」（下級官人への給与酒と）、「醴酒」（米、麹を酒に仕込み、しぼらずにそのまま使う酒）、「三種糟」（三種糟料八斗。五斗糟料。三斗三種麹各一斗料。糯米五斗。粱米五斗。小麦三斗（小麦もやしを使用する儀式用の酒）、「御井酒（みいのさけ）」（使用する水を減らし、できた醪を酒袋に入れて濾過した酒）、「白貴・黒貴」（白木は醪を大篩で粗越しした酒。黒貴はそれに久佐木の灰を入れた酒）、「御酒」いったん発酵の終了したもろみを濾し、この酒に、さらに蒸米と米麹を入れて再発酵させ、再び濾す製造と考えられる）などが挙げられる。

上述した『御酒之日記』には、酒母を熟成後、その中に麹と水を加え、冷やした蒸米を入れる製法（「酘（とう）」）が記され、現代の日本酒造りと同様な製法と指摘される一方、醸しては漉し、さらに、できたお酒に蒸米を入れ醸すを繰り返す「シオリ法」も記される。

この「シオリ法」は重醸酒を造る製法であり、『延喜式』に記される「御酒」の製法でもある。『日本書紀』で素戔嗚尊が八岐大蛇を退治する場面での「八醞の酒」（何回も繰り返して醸す酒）でもあり、『釈日本紀』が記す「或説、一度醸熟絞取其汁、其糟棄、更用其酒為汁、亦更醸之。如此八度。其為純酷之酒也」（何度も醸した酒）や、『播磨国風土記』「宍禾郡庭音村の条」にある神に捧げた強飯が濡れて、カビが生え、醸して、酒を造ったとする話も同様の重醸酒の可能性がある。

『本朝食鑑』では、「年を越すものを諸白古酒と称す。甕壺に収蔵して、よく年を経つべし。その三、四、五年に至るものは味濃く、香美にして、最も佳なり。」とし、まず、日本酒を造り、その酒を新酒と名付け、その後、糯米と麹を加え、古酒を製造するとするが、この古酒が「重醸酒」の可能性が高い。

名古屋大学神宮皇學館文書「菓子類製法覚書」には、梅酒の製造法が記されており「一同方　慶徳玄錫流、豊後梅〈十五〉能洗ひ紙にて水気をふき候也。白砂糖〈壱斤〉、古酒〈壱升〉、右合壺ニ入封付置也。毎度小出候時口封候てふし口明候へは梅香失申候也」と述べるが、この古酒も重醸酒と考えられるのである（**図4**）。

さらに、『本朝食鑑』は古酒を「酎」とも言うと記し、「酎」の水割りという表現があり、重醸酒の水割りと考えられるのである。因みに現在の焼酎は「焼酒」と記し、新井白石『南島志』では、「甑（こしき）ヲ以テ蒸シ、其ノ滴露ヲ取ル」と焼酎の製法を伝える。また、『和漢三才図会』では焼酒に「しょうちゅう」と仮名を振ってもいる。この焼酒は、鹿児島県大口市大口郡山八万神社の屋根裏から発見された木札（一九五九年）に「永録（禄）二歳八月十一日、作次郎、鶴田助太郎、其時座主は大キナこすでをち、やりて、一度も焼酎ヲ不被下候。何共めいわくな事哉。」（一五五九年）と記し、仕事の終わりにであろうか、焼酎も飲ませてくれないケチな人と非難を記している。

図4　古酒で作った果実の保存

ところで、古酒に関しては、室町時代では、天台宗天野山金剛寺で造られた天野酒などは上述した重醸酒であろう。また、『閑吟集』で「うえさに人のうちかづく、練貫酒の仕業かや、あちよろり、こちよろよろ、腰の立たぬはあの人のゆゑよのふ」と歌われる「練貫酒」、「蔭涼軒日録」文正元年（一四六六）正月十日の条、『碧山日録』応仁二年（一四六八）正月十七日の条に記される筑前や豊後で造られた酒も重醸酒であろう。練酒は、「奈良屋与兵衛法」で造るもので、戦国末期から江戸期にかけて造られたお酒であり、酒に糯米を加えて、新酒の糖化酵素を利用し、糯米でん粉を糖化する方法を繰り返して造り、アルコール分がかなり高かったとされる。

また、糯米で造るお酒は、他に味醂酒がある。味醂は焼酒に糯米と麹を入れて造るとされ、『太閤記』には、「上戸にはぶどう酒、味醂酎、下戸にはかすていら、こんぺい糖」と記され、宣教師が日本人と会談する手段として利用したとされるのである。

そして、擬人化された餅や酒の話が記される江戸期の本では、黄表紙『餅酒／腹中能同志』(安永九年・一七八〇)に主人公の名前として、「九年酒」、咄本『餅酒大合戦』(江戸後期?)には、「老松山本の判官」、滑稽本『滑稽五穀太平記』、弘化元年(一八四四)では、「酭見芥の太夫樽底」、錦絵『太平喜餅酒多々買』、天保十四年(一八四三)〜弘化三年(一八四六)では、「一本木割無」、「内田三ツ割」などが記される。この名前はどれも重醸酒と考えられるのであり、「一本木割無」は水で割っていない酎を指し、「内田三ツ割」は逆に酎の水割りと思われる。

日本酒を造るには糯米では、麹を混ぜにくいと記したが、占城米はあまり粘らないため、『和漢三才図会』第十八巻「糯」では、「糯は粘る性質があるので、酒に醸したり、粢にしたり、蒸糕にしたり、熬餳にしたりする。また炒って食べてもよい。その種類も多い。穀殻に紅・白の二色あって、毛があったりなかったりする。米にも赤・白の二色があって、赤いものは酒に醸すと糟は少ない」と記すのであり、米の種類の多様性が酒の種類にも大きな影響を与えていることがわかるのである。

二、周辺の植物・食物の聖性化の過程

室町時代は食物が擬人化されて描かれ始める特徴を持つ。代表的なのは『精進魚類物語』で、大豆、蕗、栗、ワカメ、大根、苣、蓮根、胡瓜、豌豆、茗荷、薢、筍、冬瓜など様々な植物・食物(精進物)が魚・獣(肉類)と戦う物語である。お伽草子では、植物が擬人化された物語としては、『あさかほのつゆ』、『花鳥風月の物語』、『桜梅の草子』、『姫百合』、『墨染桜』などが挙げられる。

このような植物・食物が擬人化される思想的背景には、中世からの仏教思想である草木も成仏するとする「草木国土悉皆成仏」思想が挙げられるが、なぜ室町後期に特に広がったのかは明らかではない。植物に関しては、『古今序註・古今集註』に記される「住吉の忘れ草」説話、『蔵玉和歌集』における植物説話、『古今和歌集』一三九番歌の注釈説話、『今物語』第二十六「桜木の恋人」、お伽草子『かざしの姫君』などの「異類婚姻譚」も影響を与えていると考えられる。(8)

食物に関しては、「往来物」である『尺素往来』や『庭訓往来』が食物尽くしを語り、これらの成立の背景には、季節を通した様々な食材について、食材の産地、季節ごとの産物や各地方の名産品の把握、料理書の確立など、室町時代を代表する「饗応文化」や「料理文化」の発展があったに違いないのである。

十三世紀前半に記された『発心集』には、加茂社の供物と

して捕らえられた鯉を聖が逃がすが、その鯉が聖の夢に現われ、供物として成仏するはずが、逃がされたため、畜生としての業を続けなければならないと嘆く説話が描かれる。[9]そして、十三世紀後半に記された『沙石集』では、神に供された生類は、仏道に入るとされるのである。[10]『古今著聞集』巻二十、第六九二話が語る、供物である「蛤」を救い、怨まれる説話も同類の話であろう。

このような説話は、古代から中世にかけて、寺社が祭祀に様々な供物を捧げてきたが、中世において、神社が祭祀の際に行う殺生の問題、「血の穢れ」をどのように解決するかの葛藤が生じたことと関係している。つまり、供物として捧げられる動物は、六道輪廻から逃れ、成仏するのであるから、神社が殺生儀礼を行うことは、正しいとする考えから生まれているのである。

捧げられる生類は聖なる供物として扱われたからである。この視点からは、動物だけではなく、植物や食物も祭祀の際に捧げられているため、「非情」とされる植物や食物も六道輪廻から逃れられるとも捉えてよいであろう。仏教では、「有情」の存在しか救われないとされるからでもある。[11]

ところで、古代において、どんな植物や食物が寺社や神との関連で描かれているであろうか。『日本霊異記』は、「女人、風聲の行を好み、仙草を食ひて、現身に天に飛ぶ縁」[12]で、仙草を食べ、生きたまま空を飛んだ女の話を載せる。さらに「未だ作り畢はらずして、棄てらるる仏像の木、慰霊しき表を示す縁」[13]では、仏像を造る途中で捨てられた木片が、通る人に「踏むな」と声をかけたとする説話を挙げる。このような説話は、神に捧げられる草が人に及ぼした作用や聖なる仏像になるはずであった木片が擬人化作用を起こした良い例である。

一方、『日本霊異記』では、「殺牛祭神」について記す。「漢神の祟りに依り牛七頭を殺し、又放生の善を修して、現に善悪の報を得る縁」[14]で、村落祭祀における神との共食である直会の飲酒や食物の習慣を示す説話であり、『日本書紀』や『類聚三代格』などにも記述がある儀礼である。

ところで、『日本書紀』天武天皇四年（六七五）四月十七日の詔は、狩猟や漁労一般を禁止する内容で、牛、馬、犬、猿、雞などの肉食も禁止するが、禁止時期は四月から九月末までとし、農耕期間に期間を限定している。『精進魚類物語』の争いの発端である主人公（御料）が「精進物」を重用し、「魚類物」を相手にしなかった時期とも重なるのである。

この詔以降の「殺生禁止令」も期間限定で、『日本書紀』持等五年（六九一）六月の条は、天候不順による肉や酒の飲食禁止である。『続日本記』天平十七年（七四五）九月十五日の条は三年間の殺生禁止、天平勝宝四年（七五二）正月三日の条[15]は、ほぼ一年間の殺生を禁止する。天平十七年は国分寺・国分尼寺の造営の発願、天平勝宝四年は、奈良東大寺の大仏開眼の年でもあることに注目すべきであろう。[16]『続日本記』天平四年（七三二）七月五日の詔、同じく天平九年（七三七）五月十九日の詔などは、天候不順のための例である。

天平勝宝七年（七五五）、天平勝宝八年（七五六）も期限付きの殺生禁断である。天平宝字二年（七五八）七月四日の詔は、その年の晦日までの殺生禁断や猪、鹿の供御を永久に禁止している。一方、天平宝字八年（七六四）十月十一日の勅[17]は、中男作物[18]によって、贄に動物や魚の肉を出すことは禁ずるが、神戸に対してだけは、「魚完蒜等類」[19]を認めている。

このように、朝廷において、伝統的な神事には、「魚完蒜等類」の御贄が必要であったのである。『延喜式』[20]の「主計上」にも、中男作物として、雉腊、鹿脯、猪脯など鳥獣の腊および脯や魚の腊、鮨などが記されているのである。また、同じ『延喜式』「内膳司」の条には、正月三節の天皇の食事に、猪や鹿の肉の他、押し鮎なども出されるとなっている。

これらの食物は、長命を願う「御歯固」の儀式に使用されている。[21]

以上からは、神に捧げられる食物が聖性を持ち、豊穣や政治的安定性をもたらすと考えられていたことは明らかであろう。桓武天皇の時代には、『続日本紀』延暦十年（七九一）九月十六日の条、同年同日、『類聚三代格』「禁制事」の太政官符に記される「殺牛祭神」の禁止令が発布され、伊勢、尾張、近江、美濃、若狭、越前、紀伊の百姓が牛を殺し、「漢神」を祀るのを禁止する。また、延暦二十年（八〇一）四月八日『類聚国史』「神祇十 雑祭」の条および同年同日『日本紀略』の条で、越前国において、再度この祭祀が禁止されている。天皇の権威が強く届く畿内などの領域に限って、禁止されていることに注目する必要がある。

また、『類聚三代格』「禁制事」延暦九年（七九〇）四月十六日の太政官府で禁止している「魚酒」も挙げられる。「應禁斷喫 田夫魚酒事」（「田夫が魚酒を行うことの禁止」）、『日本後紀』弘仁二年（八一一）五月二十一日の勅にも同様の禁止令が記されている。この「魚酒」も、『日本書紀』大化二年（六四六）三月の詔の「不合使喫美物與酒。」などと同様に村落祭祀における神との共食である直会の飲酒や食物の禁止である。

上述してきたように、食物・植物は神や仏に供物として捧げられる、または、豊穣を祈念するために捧げられ、同時に聖性化されていった。その中には、米、麦、豆などの五穀もあり、魚肉や獣肉もあった。さらに、薑（はじかみ）など病から人間の身を守る食物や酒などもその中に入る。上述した『日本書紀』の別の一書では、「汝衆菓を以て酒八甕を醸め」と記すように。果物もまた聖性化されていった。『今昔物語集』巻二十八第四十話「以外術被盗食瓜語」における奈良街道と京を結ぶ六地蔵に、柿が実らない柿木として、聖性化されていた事例が記されている。[22]

一方、妊娠を予言する果物や植物（柑子、橘、蓮華）も様々な説話に描かれる。『世継物語』（鎌倉初期～中期）上・十二「宇治殿の御夢の事」や『暮露〳〵のさうし』（十五世紀）の柑子、『曾我物語』（鎌倉～南北朝）巻二「時政が女の事」の橘、御伽草子の『村松物語』は、蓮華などが妊娠や子宝を暗示するのである。

ところで、中世に入ると、このような食物・植物はさらにその役割が分化され、表現されるようになる。『山槐記』保元四年（一一五九）三月三日の条や『今昔物語集』「魚化成法花経」[23]は、病に罹った僧が、魚を食べて病を治そうとし、童子を買いにいかせるが、帰る途中に男どもが「魚ではないか」と非難し、魚が入ったと思われる筥を開けさせると、中には「法華経八巻」があったとする話である。また、「丹後國成合観音霊験」[24]では、飢え死にしそうな貧しい僧が寺の片隅にあった猪の肉片を煮て、食したところ、その肉は寺の観音仏の太腿で、観音が猪の肉に変身し、僧を助けた話を載せる。

僧侶の肉食を肯定する説話であるが、『令義解』「僧尼令」の条には、薬餌での肉食は上司の許可があれば、期限付きで食しても良いとなっており、また、永観二年（九八四年成立の医書）『医心方』にも、蓄肉を病気治療に使用する薬と記され、養生のための使用を勧めている。そのため、薬と称しての食肉は、僧でも続けられているのである。

こうした病を払うための食物としては、米があり、邪気を払い清めるために、「散米」と称する米を撒き散らす所作も行う。『延喜式』大殿祭において、散米を行い、清めたことが記されており、[25]『左経記』長和五年（一〇一六）六月三十日の条にも「行事所設人形、散米等」や『釈日本紀』第七巻にも「散米者、解謝其罪以米分散之義也」など、同様な行為がみえる。

さらに、『今昔物語集』巻二十七第三十話「幼児為護枕上蒔米付血語」では、五寸ばかり五位の装束を着た男達が馬に乗って、幼児の枕上を通るので、怖くなった乳母が米を撒いたところ、その小人達はいなくなったと記す。小人達は病を象徴しているのである。

香雪美術館蔵「小法師の幻覚を生ずる男」(『病草子』の断簡[26])には、「たけ四五寸ばかりある法師の、紙衣着たる、数多連立ちて、枕にありと見えけり」とあり、病で伏せる男の廻りには、米が散らばっている。また、女房が男に枇杷を差し出している姿も描いている。『日葡辞書』には枇杷の葉は薬草と記されるが、その実である枇杷も何らかの効果が期待されていたのかも知れない。

また、子宝は富とも関係する。大根も豊穣と深く結びついており、十二世紀に成立した『類聚雑要抄』には、宮中における「御歯固」の儀式に使用される鏡餅の上に、大根と押鮎が飾られたり、その後の発展においては、神棚に二股大根が描かれる、『梅津長者物語』が成立したりするのである。

法華七喩のうちの一つである「薬草喩品」では、慈雨が様々な種類の草木の上に一様に降り注ぐように、どのような衆生であっても等しく仏陀の教えによって悟りを開くことを記す。そして、草木の成長を比喩として使用し、人間に役立つ植物を、仏法が衆生に利益をもたらす例えとして評価するのである。[27]そして、聖性化された食物は、中世には、少しずつ擬人化されて描かれるようになる。

『徒然草』第六十九段では、性空上人が旅の仮屋に立ち寄った時、豆の幹を焚いて、豆を煮る音が「疎からぬをのれしも、恨めしくも我をばからきめを見する物かな」と聞こえたり、豆幹が焚かれる音が「わが心よりすることかは。焼かるゝはいかばかり堪へがたけれど(後略)」と豆の茎や枝が嘆いたりするのを聞くのである。同様に、第六十八段は、薬として朝夕に常食していた「土大根」に助けられる押領使の話を載せる。[28]この押領使の館に人がいない時に、敵が囲み、襲ってきたが、屋敷から見知らぬ武士が二人現れ、敵を追い返す。その二人が「年ごろ頼みて、朝なく召しつる土大根らにさぶらう」と述べたとする話しを語る。[29]

このような植物・食物など心を持たない「非情」なものでも成仏する思想とするのが、「草木国土悉皆成仏」思想で、室町時代の謡曲に特に頻繁に描かれる思想である。[30]この思想は、元来、天台宗の「本覚思想」に基づく思想で、『天台本覚論』「三十四箇事書」には、「草木成仏事」の条があり、「真如観」にも同様な思想が記されている。[31]

上述したように、人間に役立つ植物を、仏法が衆生に利益をもたらす例えとして評価する一方、『涅槃経』「迦葉菩薩品」は、「非仏性者。所謂一切牆壁瓦石無情之物。[32]」と記し、草木などの「非情成仏」はないともする。しかし、「三十四箇事書」や「真如観」では、非情[33]である草木は存在そのものが仏であると記すのである。そして、『今昔物語集』巻第十一話「傳教大師、亘唐傳天台宗歸来語」では、「(前略)今ハ比叡山ヲ建立シテ多ノ僧徒ヲ令住メテ、唯一无二ノ一条宗ヲ立テ、有情・非情、皆、成佛ノ旨ヲ令悟メテ、國ニ令弘シ(後略)。[34]」と記し、このような思想の影響を明示している。

このように、神仏に捧げられる、または捧げられないとしても、全ての植物・食物も成仏できるとする考えは、室町後期に創作される文芸に描かれる植物・食物の擬人化に大きく影響を与える。また、六道輪廻思想が強く発達した中世以降、天道、修羅道、人間道、地獄道、餓鬼道、畜生道に生きる存在は、仏陀によって救われる。その中に、植物・食物が生きる世界も、救いの対象として含まれてくるわけである。

このようなことから、江戸時代に創建された寺院の天井画には、華やかに描かれた植物と共に食物が描かれる例が見出される。富山県高岡市瑞龍寺、愛知県知多郡大御堂寺、岐阜県本巣郡圓鏡寺などである。瑞龍寺は前田利家の菩提寺であり、利家の菩提を弔う法堂の天井には、天に住む利家と共に、狩野派による一三五種類の植物・食物が住む様子が描かれる。その中には、朝顔、菊、枝垂桜、桔梗、牡丹などと共に、米などの穀物や茄子、桃、ザクロ、サトイモ、大根、インゲン豆、葡萄なども描かれている。それらの食物もまた、豊穣を象徴し、神仏に捧げられた食物でもある。

一方、六道の中に「非情」である植物・食物の世界が含まれず、仏陀によって救いがなされないとするなら、そうした植物・食物界を救う、彼らの世界の仏陀が必要となる。そうした世界を描いたのが、江戸時代中期の伊藤若冲(一七一六～一八〇〇年)である。伊藤若冲が晩年に描いた水墨の掛幅である京都国立博物館蔵「果蔬涅槃図」(縦一八一・七×横九六・一センチ)は、二股大根が、伏せられた籠を寝台にして、中央に横たわり、その周囲に八十八種類の野菜や果物を配置している画の構図上は、釈迦入滅の情景を描いた「釈迦涅槃図」を模し、大根が入滅し、「果蔬界」の衆生を救う「仏陀」となりうる思想を描く、植物・食物を擬人化した作品と考えられるのである。[35]

三、室町後期から江戸初期に創作される様々な植物・食物の擬人化について

上述したように、室町後期における植物・食物の系譜的な擬人化は、『精進魚類物語』から始まり、食物を描く作品は、笑いを対象とするようなパロディ作品が多い。一方、植物を対象とする作品は、擬古文を駆使した王朝風の物語が数多い。また、能が扱うのは植物で、狂言が扱うのは食物が多いという事実である。さらに、室町後期から、江戸初期にかけて、

食物を擬人化した作品が徐々に増え、江戸時代は、食物を擬人化した作品が大半となる。

上述したように、草花の擬人化を創りだす基盤には、『古今序註・古今集註』に記される「住吉の忘れ草」説話、『蔵玉和歌集』における植物説話、『かざしの姫君』などの「異類婚姻譚」も影響を与えている。[36]

このように、掛詞や縁語が多用される和歌の伝統を基とし、「草木国土悉皆成仏」思想の影響により様々な植物が擬人化された物語が生まれてきたとのであろう。暗誦が貴族の嗜みとされた『古今和歌集』の巻第十には「物名」があり、梅、桜、李の花、唐桃の花、橘、黄心樹、桂、葵、リンドウ、薔薇、女郎花、桔梗、紫苑、薄、朝顔、忍ぶ草、唐萩など植物名が多く、梨、棗、胡桃、夏草、粽などの食物も少しながら、掛詞や縁語として使用されている。

一方、『山家集』には、植物だけでなく、蓬、芹、蕨、えぐ芋、瓜、もしほぐさ、薺、蓼、蓴菜、わかふのりなどの食物も歌の主題となっている。そして、『山家集』に使用される植物の多くは、『さくらの姫君』、『あさかほのつゆ』、『花鳥風月の物かたり』、『姫百合』、『墨染桜』などに、擬人化される植物と多くが共通しているのであり、『古今和歌集』の掛詞や縁語の伝統と「草木国土悉皆成仏」思想の結びつきの中から、植物の擬人化が誕生してきた可能性が高いことが分かるのである。

また、食物に関しては、「往来物」である『尺素往来』、『庭訓往来』に「食物尽し」があり、『常盤の姥』[37]などにも、「(前略)なにかな、くはん。やわくと、かきなくはん。あまくとやきたるもちの、さねもなき、あめにからめてくわはやな。しろきこめかな、ひめにして、ゆをものまはや。しなくと、ゆかう、かんし、たちはな、けんしやくろ、くり、かき、なつめ、すもゝ、りんこや、なし、くははやな。ひわや、やまもゝ、やまいちこ、いはなし、ゑのみもひろい、くわはやな。あらあちきなや。」と死を迎えた老婆が様々な食を渇望する姿が描かれるのである。

さらに、唐招提寺の修正会における「餅談義」では、「(前略)根本由来を尋ぬるに、天下泰平、五穀成就、伽藍繁栄の護摩餅、闇夜を照らす鏡餅、春は吉野の花餅、夏は富貴の牡丹餅、秋にもなれば、萩の花餅、冬は雪餅、烈しき嵐に氷餅、色黒うして味わいよきは奈良原餅、近江路や大津につける寿子餅、十万分身の栗餅、いずれも優しきは取り付き餅、松にかかれる藤の花餅、年を重ぬるおおち餅(後略)」[38]など、餅の名産物を、場所を示して列挙もする。

また、『多武峰延年詞章』「開口」は、鳥や山川草木、花、名所、『源氏物語』五十四帖などを擬人化し、争う表現を持つが、名所、名産品を列挙する構図であり、これらからは、新たな年に向けての豊穣の祈りを感じるのである。(39)

一方、一五九二年成立の『全浙兵制考附日本風土記』(40)第五巻には、日本で生産される果蔬として、梨、栗、棗、桜桃、胡桃、柿、葡萄、楊桃、橘、橙、菱、蕪、蓮、苦瓜、柘榴、栗、茄子、瓜、西瓜、胡瓜、山芋、筍、木耳、韮、蒜、昆布、海草、青菜、蕨、紫蘇、芹、白菜、昆布、唐辛子、豆を挙げる。

江戸時代初期の『毛吹草』では、畿内(五ヶ国)、東海道(十五ヶ国)、東山道(八ヶ国)、北陸道(八ヶ国)、山陰道(三十二ヶ国)、西海道(十一ヶ国)に分類し、諸国の名産品を詳細に記している。また、俳句や連歌の季語としての食物を、非常に詳細に収穫の各月ごとにも列挙する。

このように、様々な食材について、食材の産地、季節ごとの産物や各地方の名産品、食材の旬の把握などから、江戸初期には様々な料理書が成立してくるのであり、室町時代を代表する「響応文化」や「料理文化」を基礎としての「食物尽し」があるのは明らかである。食物の擬人化の背景には、上述したような文化の進展があるのである。そして、植物・食物も含め、写実的な描写が発達することやその特性などが理解され、把握されることも、擬人化には必要である。

例えば、狂言『黄精』では、僧と野老を掘り出す野老掘りの前に、野老の亡霊が登場し、「そもそも山深きところを鋤鍬にて掘り起こされて、三途の川にて、振り濯かれて、地獄の釜に投げ入れられて、くらくらと煮やうらかして暇もなきところを、御慈悲深き釈尊に掬い上げられ、少し苦患の暇かと思へは、包丁小刀おっとりもって、髭をむしられ皮をたくられ、茶の子の数々(後略)」と「野老」の正確な形態や調理法が分からなくては、この擬人化表現は成立しない。

『毛吹草』に記される根菜類や果物は、『精進魚類物語』で擬人化された果蔬とほぼ同様であり、この作品に記される果蔬は、その時代の人々が生産し、食料としており、形態、調理法などを正確に把握していたことは明らかなのである。

以上、中世の植物・食物が聖性化される過程について、様々に記してきたが、その中で、室町後期の文芸に描かれる植物・食物の擬人化に関して、重要なもう一つの要素は、上述した『沙石集』巻一・第八「生類ヲ信神明ニ供ズル不審ノ事」に記される「神に供された生類は、仏道に入るとされる」思想であり、「(前略)罪ナキ供物ヲ捧ゲ、妙ナル法味ヲ奉ルベキナリ。」と記すところにある。

無住道暁によるこの説話集では、神仏に「罪ナキ供物ヲ捧ゲ」るのであるが、中世の六道輪廻を考える時、「鹿や鯉」などの供物は、そもそも畜生道に落ちた存在であり、決して、罪なき存在ではない。彼は、神仏への供物であるがゆえに「罪なき」聖なる存在と考えたのであろうか。

中世では、天皇など「聖なる」存在も、また地獄に落ちるとされるのである。『三外往生記』第四十六話[41]では、重病で絶入した阿波守邦忠が閻魔王宮で、昨年黄泉に来た白河上皇が、善・悪行が同量のため、来世が定まらないという話を聞く。そして、『百錬抄』天承元年六月十七日の条[42]では、「白河院のおんために法勝寺にて金泥一切経を供養す。阿波守邦忠の夢に依るなり」と記し、聖なる存在も、来世が定まらないとされる。また、ギメ美術館蔵『北野天神縁起絵巻』では、一番の善政を敷いたと室町期などで理想化される延喜帝（醍醐天皇）と身体の横に記された人物が地獄の炎の中に描かれてもいる。

このように、「罪なき」供物として捧げられる聖なる植物・食物でも、地獄に落ちる話を記すのが、上述した狂言『黄精』であり、『六条葵上物語』、『月林草』である[43]。狂言『黄精』は、僧と一緒にいる野老掘りの前に姿を現し、地獄で苦しむ様子を述べ、僧に弔いを願う。

『六条葵上物語』は、調菜を担当する僧の夢に、『源氏物語』のパロディとして、六条御息所[44]と葵上が登場するが、六条御息所は、「六条豆腐」であり、葵上は、『群書類従』「大上臈御名之事」が記すように、「蕎麦」の女房詞である。この物語に登場する他の食物も、上述したように、当時、普通に食べられた食物で、蕨、大根、独活、麩、梅干し、土筆、海苔（青海苔、伊勢海苔、出雲海苔、富士海苔）、座禅豆、納豆、芋、筍、若布、古布、随喜、萵苣、蓮、茗荷、蕗などである。

そして、これらの食物が地獄で苦しむ様子を調菜担当の僧に訴え、「狂言綺語ながら、御覧ぜん人々は御経読み念佛申して、三界万霊、六親眷属、草木国土悉皆成佛と廻向し給ふべし。」と、「欲界、色界、無色界の三つの世界にいるすべての霊」、「一切の血族や姻族、そして、非情なものも含め、弔いを願うのである。

『六条葵上物語』の「葵上」の描写では、「（前略）辛きこの世に種子を残し、罪を犯すによりて、鉄の鍋の地獄に堕ち入て、熱き湯を浴び、蓼、山椒に和へられて（『月林草』では、蓼を擂りてぞ揉み立つる）、辛き目を見、剣のごとくなる向歯、奥歯に噛み立てらるゝこと、なをざりならぬ苦しみなり。願はくば、御僧経を読みて後を訪いて給給へ。」と記され、上述した『黄精』と同様に、その調理の描写に現実味のある表現がなされており、当時の蕎麦が蓼や山椒で和えられたこと、また、奥歯で、噛みしめられるという表現から、「蕎麦切り」ではなく、団子状の蕎麦であったことが想像される。

また、六条御息所と葵上が『源氏物語』のパロディとして、固有名詞を持つ存在として描かれるが、その他は、名前が付けられていない。そして、狂言『黄精』も同様である。擬人化された物語では、固有名詞が付けられることが多かった。

他にも、『精進魚類物語』では、納豆太郎、鮭の大輔、御料（米）、粟の御料、鯛赤助、『月林草』では、「大竹右衛門節しげ」、「紅梅大納言さねちか」などで、『墨染桜』では、萩、桜、薄など、普通名詞ではあるが、「年老いた薄」や「吉野の桜」、さらに、楠など「楠正成」を想像させる人物が登場するのである。

しかしながら、『黄精』も『六条葵上物語』も、一方は、野老掘りの前に、他方は、調菜担当の僧の夢に現れるのであり、野老掘りや僧が現実に調理したであろう野菜が彼らの前に出現するのである。その意味では、固有名詞になっているともいえる。そして、その地獄で受ける苦しみは、その調理の様子を示すのであり、その点が笑いの対象にもなり、また、生きるために、「罪ナキ」生命を奪う行為を非難するのではなく、死んだ後の供養を願う点は、食さなければ、生きてはいけない全ての生き物のため、殺生をする行為を否定せず、この世の道理を示しているともいえる。

また、葛に生まれ変わり愛した女を探す男を描く能『定家』は、正確に固有名詞を持つ。この物語の背景には、定家と式子内親王の悲恋があり、定家の式子内親王への思いが妄執となり、その妄執が死後に蔓（葛）となり、彼女の墓に這いまとうのである。

つまり、葛は定家が生まれ変わったとするのである。『今昔物語集』巻二十第二十二話「比叡山横川僧受小蛇見語」では、死に至る寸前に僧が使っていた酢瓶を自分の死後に誰が所有するのだろうと妄執した結果、小さな蛇となって生まれ変わったことを記すが、定家は妄執により、植物に生まれ変わり、式子内親王を追う、つまり、彼が蔓として、ある意味では、「畜生道」に落ちたことを示すのである。

以上の点からは、植物・食物が固有名詞により物語られる世界は、「人間界」とは別の世界であり、その世界では、食物・植物は、恋も、嫉妬も、さらに戦いもあり、時には妄執により、「畜生道」に落ちたり、生前の行いが悪かったのか「地獄道」に落ちたりするとするような擬人化表現がなされるようになる。さらに、『墨染桜』では、敵に殺された、愛する薄を弔うために、桜は仏門に入るとされるのであり、

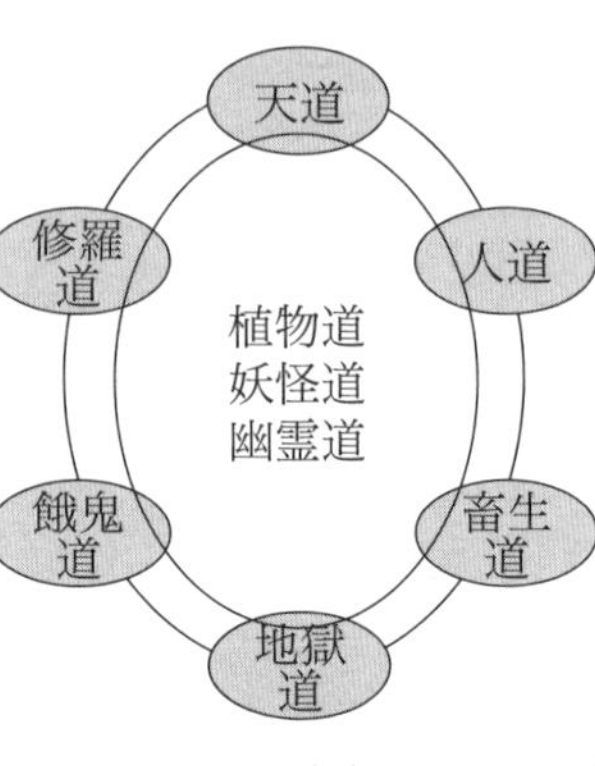

図5　植物道に住む植物も地獄や天道に輪廻する思想

「人間界」と同様な「植物・食物」の世界があるように描かれ始めるのである（図5）。

おわりに

この論文では、米の多様性と酒の多様性、さらにその周辺の植物・食物の擬人化について論じ、食物を聖性化し、その種類によって、職能が分類化していく過程において、擬人化が起こったことを考察してみた。

ところで、現代の日本酒には、タンパク質がほとんどなく、一合（一八〇グラム）に、〇・七二グラムが含まれるのみである。ご飯一五〇グラム中のタンパク質量は三・八グラムとすると、必要なたんぱく質の摂取量はお酒であれば、四十合以上、ご飯なら、九杯ぐらいが必要という計算になる。したがって、当然豆類などのタンパク質を摂取する必要が生じるであろうし、鳥の肉や魚、または獣肉も必要となってくる。これが、濁り酒であれば、ある程度のタンパク質が含まれており、お酒だけでも、ある程度のタンパク質が摂取できる。

砂野唯氏はその著書『酒を食べる』で、エチオピア・デラシャを例に、モロコシを原料に作るパルショータという酒を「食べる」文化を紹介しており、大人は、他の食べ物を摂取せず、お酒だけを「食べ」健康に生活しており、タンパク質が十分に摂取できていることを指摘する。(45)

このことに鑑みると、『御酒之日記』の諸白での造酒以前の日本酒は、ある意味一種の食物ではなかったのか。さらに、米は現代では、主食とされるが、他の食物と同等の口を満たす食べ物の一つであった可能性を考えてもしまう。もっとも、五穀の中では、作物として一番保存が効くことから、「米」の立場が他の作物より、より優位になっていったのではとも想像してしまうのである。

つまり、図6の写真のように、韓国での食事風景では、最後にご飯または冷麺を選択する場合も多い。また、中国でも、料理の最後として、五穀やイモ等が食べられるのである。このような食事が四条流などの料理書が現れる以前の食事であった可能性も否定できないのである。その理由として、文学作品などにおける根菜類や豆類、芋類の扱いが非常に豊かに描かれるからでもある。

そして、この論文では植物は、和歌などの季節感溢れる情景を描くのに重要であったが、室町では、そのような植物の文芸に関わる職能に食物が加わり、さらに江戸期に発展する方向性も示唆した。この点において、「本草学」、特に、「和歌本草」が果たした役割は重要と考えるが、機会を作って、論じたいと思う。

図6　左は中国、右は韓国の食事

また、一方では、植物・食物も含め、「四方四季」の思想も植物・食物の擬人化には重要な影響を与えていると考えている。『毛吹草』の食物に対する季語やさらに室町後期の説話『塵荊抄（鈔）』の「五音六調子事」では、人間の全ての身体のみならず、四季、気候、方角、天地、水陸、動植物、森羅万象、穀物の全てとの調和を説くのであるが、中世とは相違する身体論や宇宙観と中世前期に唱えられていた「草木国土疾患成仏」思想との組み合わせから、植物・食物の擬人化が、室町後期に特に強く発展したと考えられるのである。

こうした思想はギメ美術館所属図書館蔵『佛母大孔雀明王經』（明末）においても、山・空・陸・海の神を「尽くし言葉」のように仏陀が呼び出し、食の精や擬人化された貝や魚、虫、鳥などありとあらゆる森羅万象の全てが仏陀と調和しているテキストを画像と共に記しており、興味深い。今後、日本との関係性を特に『塵荊抄（鈔）』の「五音六調子事」の思想との関連性を含め、改めて検討したいと考えている。なおテキストは印刷、画像は全て手書きであったことが、赤外線撮影で明らかとなった珍しい本である。

また、植物・食物の擬人化に関しては、現代的な視点から、改めて考え直す必要性を強く感じている。植物との関連では、環境問題であろうし、食物では、飽食の問題であり、多くの食べ物が、毎日無駄に棄てられている事実に目を向けたい。「草木国土悉皆成仏」思想では、米一粒でも成仏するのであり、米一粒に仏が宿っているのである。さらに、石や河、山なども同様である。環境問題や飽食問題を論じる契機となれば、幸いであると考えている。

注

(1) 大越昌子他「マイクロサテライトマーカーを用いた日本の在来イネの分類」(『育種学研究』六、二〇〇四年)一二五―一三三頁。

(2) 黒田日出男「中世農業技術の様相」(『講座・日本技術の社会史』第一巻、日本評論社、一九八三年)七四頁。

(3) 同書、七五頁。

(4) 小正月に食べる赤粥は小豆入りであり、平安時代からの伝統を持つが、それ以外の時期にも赤粥が記されるが、その場合は小豆入りとは考えていない。

(5) 『御ゆとのゝ上の日記』第七~八巻(続群書類従完成會、一九五八年)を参照。この期間だけでも、栗のかちんや白かちん、その他「酒飯論絵巻」に描かれる「菓子」、茸類が多く登場している。

(6) 『五山文学新集』第六巻(東京大学出版会、一九七二年)。

(7) 『料理物語』は小汁を筍汁とする。『古事類苑』は「酒飯論絵巻」での例を挙げるのみである。そして、模本全ての詞書において、「ひやしつけ」と記されるが、『古事類苑』は「冷汁」と解釈している。冷汁であれば、平安末期に成立した有職故実書である『類従雑要集』に「熱汁、蚫、志女(しめ)知(ぢ)、寒汁、鯉味噌、松茸または魚鳥肉を入れた羹(菜を入れたもの)」と記す。なお、『料理物語』では冷汁を茄子、栗、生姜、茗荷などで作るとする。

(8) 徳田和夫「伝季吟「異類合戦物(仮題)」・『合戦巻』」(『学習院大学紀要』第八号、二〇〇六年)七―八頁。

(9) 『発心集』は、鴨長明の晩年の編著で、建保四年(一二一六)以前の成立。巻八・第十三「或る上人、生ける神供の鯉を放ち、夢中に怨みらるる事」。

(10) 巻一・第八「生類ヲ信神明ニ供ズル不審ノ事」。

(11) 有情は、感情など持つもので、人間、鳥獣などを指す。衆生ともいう。一方、非情とは、草木。山河、瓦礫など、感情を持たないものを指す。

(12) 上巻、第十三。

(13) 中巻、第二十六。

(14) 中巻、第五。

(15) 「禁断始従正月三日迄十二月晦日天下殺生。但縁海百姓以漁爲業。不得生存者。随其人数。日別給籾二升。(後略)」。

(16) 朝鮮半島においても、新羅は、五二九年に動物殺生禁止令、また七一一年にも同様の禁止令(動物を取る日を定めての禁止令)を出している。百済は、五九九年に殺生禁止令(狩猟や鷹の飼育も禁止、漁民には、魚網を焼き捨てさせている。)、高麗は、九六八年、九八八年に屠殺禁止令を発布している(『高麗図経』宋から派遣された外交官徐兢の見聞紀より)。

(17) 「(前略)天下諸國。不得養鷹狗及鵜以攻獏。又諸國進御贄雑完魚等類悉停。又中男作物。魚完蒜等類悉停。以他物替充。但神戸不在限。(後略)」

(18) 『令』の規定により十七~二十才までの男子に課せられた調。

(19) 「蒜」の語源は示偏が組み合わされて作られているように、祭壇の机に乗せられた神聖な草を表す。ここでは、ノビルまたはニンニクであろう。

(20) 腊は、桂皮などをまぜて、燻製にした物。脯は、細かく切って干した物。

(21) 大江匡房は『江談抄』で、「正月の三が日において、天皇は薬や歯固めの儀式で、鹿や猪の肉を食する習慣がある。しかし、肉食したものは、内裏に来てはいけないこととなっている。天皇が肉食の忌みが避けられるなら、臣下も同様とすべきではないか。」と記し、肉食の忌みを考察している。

(22) 『今昔物語集』巻十三第三十四話「天王寺僧道公、誦法花救道祖語」や巻二十第三話の実のならない大きな柿の木に天狗が仏に化けて出現も同様であろう。

(23) 巻十二第二十七話。

(24) 巻十六第四話。

(25) 『延喜式』巻一「神祇一　四時祭上」（吉川弘文館、一九六五年）二四―二五頁。

(26) 『日本絵巻大成』第七巻（中央公論社、一九七七年）一〇四―一〇五頁。

(27) 『大正蔵』第九巻「法華部・華厳部」『妙法蓮華経』巻第三「薬草喩品」第五、一九頁中段二―六行。

(28) 朝廷から派遣され、治安の維持にあたった、地元密着型の職務。

(29) 『徒然草』、『新日本古典文学大系』（岩波書店、一九八九年）一四六―一四七頁。

(30) 『謡曲大観』（明治書院、一九三〇～一九三一年）所収の二三六番中三十曲が「草木国土悉皆成仏」の思想に依る作品と思われる。『采女』、『春日龍神』、『熊坂』、『現在七面』、『胡蝶』、『佐保山』、『舎利』、『西王母』、『殺生石』、『当麻』、『道明寺』、『知章』、『巴』、『鵜』、『野守』、『半蔀』、『放下僧』、『仏原』、『身延』、『六浦』、『弱法師』、『杜若』、『西行桜』、『墨染桜』、『定家』、『芭蕉』、『藤』、『遊行柳』、『梅』、『高砂』の三十曲である。なお、『殺生石』は石、『胡蝶』は蝶である。

(31) 多田厚隆他校注「三十四箇事書」『天台本覚論』（『日本思想大系』第九巻、岩波書店、一九七三年）。「草木成仏事」は一六七頁、「真如観」は一二〇頁。

(32) 『大正蔵』第十二巻「実積部下・涅槃部全」『大般涅槃経』巻第三十五「迦葉菩薩品」第十二之五、五八一頁上段二二―二三行。

(33) 『大正蔵』第十一巻「実積部上・涅槃部全」『大宝積経』巻第一一九では、「又如大地荷四重擔。何等為四。一者大海。二者諸山。三者草木。四者衆生。」（六七四頁上段十一―十三）とし、衆生と海、山、草木を区別している。

(34) 『今昔物語集』三、『日本古典文学体系』第二十四巻（岩波書店、一九六一年）七九頁。

(35) 拙論「『果蔬涅槃図』と描かれた野菜について」（『言語文化論集』第三〇巻第一号、名古屋大学、二〇〇八年）八―二四頁。

(36) 前掲注8徳田論文、七―八頁。

(37) 慶應義塾大学図書館蔵の室町後期作とされる『常盤の姥』を参照した。

(38) 関口静雄「唐招提寺　修正会と声明」（『秋篠文化』四号、二〇〇六年）四九―六〇頁。

(39) 『続日本歌謡集成』巻二（東京堂出版、一九六一年）五二―六四頁。

(40) 侯継高編『全浙兵制考』三巻の附録で五巻本。

(41) 『日本思想体系七』（岩波書店、一九七四年）六八〇―六八一頁。

(42) 『国史大系』第十一巻（吉川弘文館、一九六五年）五八―五九頁。

(43) 拙論 末松美咲他『『六条葵上物語』翻刻・注釈研究からみ

る擬人化された物語」（『言語文化論集』三十七巻一号、名古屋大学、二〇一五年）一―一七頁。

（44）この『六条葵上物語』では、六条御息所に対する表現に、「魔道に堕ち、魔所を栖とせり」があり、『源氏物語』とは違い、『榼天狗』が描く六条御息所（白河上皇の皇女である郁芳門院媞氏内親王）の影響が強いと沢井耐三の指摘がある。「謡曲『榼天狗』――もうひとりの六条御息所」（『室町物語研究 絵巻・絵本への文学的アプローチ』、三弥井書店、二〇一二年）三一五―三二八頁。安達敬子「六条御息所異聞――『六条葵上物語』から」（『国語国文』七十二巻二号、二〇〇三年）二四―四八頁も同様の指摘をする。

（45）砂野唯『酒を食べる――エチオピア・デラジャを事例として』（昭和堂、二〇一九年）。

付記 本論は、学術振興会による課題設定による先導的人文学・社会科学研究推進事業（領域開拓プログラム）に採択された「失われた飲食文化の復活と現代に問いかけるその意義」による研究の報告の一部である。本書に執筆した伊藤彰敏、畑有紀、芳澤元、ニコラ・ボーメール、ダニエル・マツラナ各氏もこの研究メンバーである。

［III 飲酒と環境］

椒芽田楽の洒落本から見るお酒と酔い

ディラン・ミギー

Dylan MCGEE——名古屋大学人文学研究科准教授。専門は日本近世文学、出版文化研究。数多くの日本近世文学作品の英訳の他、論文に「貸本屋大惣の改装表紙から見る文化・文政・天保期間の合巻の仕入れ状況」（国際日本文学研究集会会議録、第四十一巻、二〇一八年）などがある。

名古屋の戯作者、椒芽田楽の洒落本は、野外の行楽地や宮宿周辺の茶屋での酒宴を精緻に描くことにより、寛政・化政期名古屋の飲酒文化の様々な様相を知る上で好資料となる。本論文では、田楽が如何にお酒の飲み方や酔った様子の描写を通して粋と野暮の対比を描き、各人物を評価するかについて一考察を試みる。

はじめに

近世後期に活躍した戯作者、椒芽田楽は生涯中に三部作の洒落本を著した。三部作とも近世名古屋とその周辺の行楽地を舞台にし、会話文をすべて尾張弁で綴るという特徴を持つことから、数少ない近世名古屋の郷土文学作品として検討に値する。また、酒宴の情景や飲酒を巡る詳細（容器の種類、飲酒時の素振りなど）を精緻に描くことにより、近世名古屋の飲酒文化の様々な様相を知る上で好資料となる。本稿では田楽の『春秋洒子伝』（寛政五年成稿）と『新織儛意鈔』（寛政十三年序）の二部作を中心に、そして合作の『軽世界四十八手』（寛政十二年成稿）も取り上げつつ、各作品における飲酒と酔いの描写に着目し、如何に「お酒」を通して粋と野暮との対比を描き、各人物を評価するかについて一考察を試みる。

一、椒芽田楽の洒落本について

椒芽田楽（生没年未詳）は寛政から文政期にかけて名古屋戯作者文壇の大立者の一人として活躍した。石田元季氏「尾張の戯作者椒芽田楽」（『紙魚』第一冊、のち同氏『劇・近世文学論考』所収）によると、本名は神谷剛甫、号は田楽、田楽庵、木下山人とし、名古屋西郊牧野村に在住したことから故に西郊田楽と称した。(1)元々の本業は医者だったが、寛政頃に貸本屋大惣の貸本用読本制作者・挿絵作者として働きはじめ、寛政五年（一七九三）に処女作の洒落本『春秋洒子伝』を成稿した。本作に曲亭馬琴（一七六七～一八四八）が序文を付したことから、田楽がこの頃から江戸の戯作者と交流があり、馬琴の門人になったと思われる。(2)因みに田楽の友人であった、広小路在住の薬師、柳下亭嵐翠（生没年未詳）も何点かの写本戯作を著した文人だったが、ほぼ同じ頃に馬琴の門人となり、馬琴著の『覊旅漫録』（享和三年刊）にも名が見られる。(3)『春秋洒子伝』の成稿より十年後に馬琴のお陰で『挑燈庫闇夜七扮』（享和二年刊）と題する黄表紙を江戸で出版し、戯作者としての顔見せを叶えた。(4)ただし、面白いことに生涯中に一部の洒落本も著していない馬琴に対しては、その門人になれるように熱望していた田楽は何年間かけて洒落本の執筆に力を入れ続けていた。『春秋洒子伝』の次に『軽世界四十八手』（寛政一二年成稿）と『新織儛意鈔』（寛政十三年序）の二部作を著し、併せて生涯中に三部作の洒落本を著したことになる。すべてが刊行に至らず貸本屋大惣などで自筆稿本の形で流通したものだったので、金銭的動機で執筆した可能性は考えにくい。さらに田楽が『春秋洒子伝』を執筆する時は、洒落本が一層厳しい検閲の対象となったため、多くの戯作者が寧ろ手放した時期であった。二年前の寛政三年（一七九一）に山東京伝が書いた洒落本三部作が禁令を犯したという理由で筆禍を受け、処分として五十日間手鎖をかけられた事件が江戸の文学界内で波紋が広がっていた。その後しばらくは、江戸の文学市場で新刊の洒落本が少なくなったが、その反面、まだ本屋仲間が結成していない名古屋では、写本作品は検閲の対象にならず、郷土戯作者にとっては自由な執筆空間となった。

田楽の手では、洒落本の文章構成の軸となる会話文をすべて尾張弁で綴ることによって江戸洒落本に対して新たなる郷土文学の可能性を追求したといえる。また当時の風俗、習慣、マナーなどを名古屋人作家の視野から物語るというのは大きいな意味がある。同時にもう一つの特徴としては田楽のいずれかの作品でも「お酒」が主題となり、各人物の比較・評価を行うための文学的技法となる。そこで本論文では、飲酒の情景に着目し、田楽の洒落本においては「お酒」と「酔い」は如何なる意味を持つのかについて一考察を行う。

二、『春秋洒子伝』

椒芽田楽の『春秋洒子伝』は名古屋洒落本の嚆矢として見なすが、田舎老人多田爺作の『遊子方言』（明和七年刊）や、京伝の『通言総籬』（天明七年刊）および『仕懸文庫』（寛政三年序）などの江戸洒落本の代表作と比較しては、『春秋洒子伝』が「穿ち」の態度をそのまま活かしながら、会話文を尾張弁の口語体で綴られ、舞台を名古屋周辺の東山と尾頭橋の行楽地に移すことが特徴的である。尚、寛政期の名古屋城下では厳密に遊郭と呼ぶべき施設がなかったため、遊里の情緒を精緻に描く江戸洒落本の凡例を模倣することが難しいと思われる。その意味では、本作はただの郷土作家による模倣作ではなく、洒落本というジャンルの限界を試しながら名古屋独特の文化的風土に合わせて書かれた実験的作品として検討に値する。

『春秋洒子伝』は「春之巻」と「秋之巻」の二段構成をとる。前半「春之巻」では、多くの花美氏が三月（弥生）頃の東山に赴き、野外でお酒を飲んだり、洒落を取り交わしたりする。第二巻の「秋之巻」では、城下町より西南にある尾頭橋から出発して伊勢湾へ向かって行く船の乗客連中とその遊興を克明に描く。全体として一貫した筋を持たず、主人公にあたる人物もいない作品である。それより武士から町人まで、老若男女に渡って数多くの人物の振る舞いや喋りぶりの「穿ち」に重みを置くことが本作の趣意であろう。田楽自作の広告で述べるように「春秋洒子伝　山川両部　ひがし山の花見に沖の船あそび、それ〳〵の人物をうがつ」とある。[5] 要するに郭の遊客遊女ではなく、東山や堀川で酒盛りする人々を穿ちの対象とする。

尚、馬琴が「秋之巻」に付した序文で述べるように「お酒」が本作で大事なテーマとなり、「盞にむかへはたがふ人心。こころに違ふ盃のさいつさゝれつ漕ぐ舟ならで。眠らぬ夢に蝶々の。調子あわする三弦は。糸の手に引く九ほんぶつ。こうした世界が極楽と酒で明かして洒落でくれそのとき酒やきまゝざけ癇癪酒の茶碗さへ」とある。[6]

本節では『春秋洒子伝』でよく使われる文学的技法の一つとして「通」と「野暮」との対比に着目し、如何に各人物がお酒の飲み方や酔いの度合いによって対比され、評価されるかについて考察する。まさに「酒の酔い本性忘れず」という諺の通り、いくら酔っても根本的な性格か気質が変わらず、寧ろ酩酊時の気質をもっと鮮明に観察できるという目線で、本作が「お酒」を主題としながら、樽飲みする暴れん坊の連中から、一觴一詠する漢学三昧の半可通まで、また泥酔になってしまう「生酔」のお爺さんなどの印象的な人物を紹介し、お酒と気質の関係について物語る。

○　春之巻・一　野暮と半可通の対比

「春之巻」の舞台となる東山は、化政期名古屋では行楽地として名高く、川名村八事の興正寺や八事村北部の高照寺と並んで花見の名所としても知られた。武家屋敷や城下町の碁盤割から行脚する場合は、南東部にある駿河町を起点し、赤池、平針に繋がる駿河街道を通るのが一般のルートだった。(7)因に本作の口絵（三オ）で同じ駿河街道と思しき道路を辿ってきた人物が描写されるほか、(8)「春之巻」の冒頭にその人物を次々と紹介し、出で立ちや話し振りを穿つことにより気質を見定める。

まず三十四五歳の新造とその娘、下女や小僧の連中が登場し、それから跡を追って来る隠居と侍。次に権介、五兵衛、弁蔵、幸吉という四人の男がやって来るが、いずれも綿服に頬っ被りや羽織を腰に巻き、足に紺足袋を履くというような荒い格好をし、そして見た目と同じように言葉も荒い。松原の玉縁に座り、友達の頭という人を待っている間、お酒を飲み始める。その飲み方や酔いの有様に目をつける。

権介ヤイコレ、そこらでたてよいら。ヨイ ひきやくのてまとりでやあらまいに。五兵へまた、くゝるか。弁蔵たいけツハ ないやりすョく。幸吉あいべいラ またかしらがぐさるとはレイ。

権介かしらがなんでやい。トいい、松原のたまぶちにすはり、樽からすぐにつぎさかもりする 弁コレイ のまんかァ。幸いんにや、おいてくりョ。五エヘコレ、やれいらたゞァ。なぞと酒がしみ、さいつおさへつのおりふし、女中大ぜい通りかかる(9) 権あさァ、一ばんすけておくれョウ。トいわれ、女中ばらくと逃出する

この一節で述べるように、権介らが盃を使わずに直接に樽から飲み、お互いに樽を差つ押えたり、お酒を零したりするような極めて下品で乱暴な飲み方をする。また、女中が彼らの集まった場所を通ると、お酒が入った権介が激怒して女中を追い出す。最後に友達の頭が迎えに来たら、連中としてこの場所を去って移動するが、あまりにも野暮か野蛮的に振舞ったので余韻が残る。

次にやってくる連中が文章、書好、興雅という若年の文人墨客。この三人が先の連中と違ってお酒を瓢箪から注ぎ、生姜の砂糖漬けを珍味として堪能しながら盞から飲む。漢学三昧のこの連中が一觴一詠して漢詩を詠んだりお酒を飲んだりする歓楽の情景は前の連中と比べれば優雅そのものに見えるかも知れないが、漢詩混じりの洒落が寧ろ諷刺の対象となる。文章という人物が詠う漢詩は賈至（七一八〜七七二）の七言絶句『西亭春望』の抜粋（日長風暖柳青青）、書好が『南史』・「孔珪傳」（草萊不剪／中有蛙鳴）を踏まえつつ洒落を飛ばすが、

あまりにも衒学的過ぎて、「面白くない」というように批判される。理由として、三人ともが半可通としてあげられると思われる。

文章日長風暖柳青々でや。**書好**申、此へんに別荘がほしひ。**文**鶯のなくこへを朝な〳〵きくのか。**書**草菜きらず中ニ蛙鳴有といふもので。**興雅**ハヽ、ハハ、すさまじい。ときにはんれい、コウト足下一瓢の飲を出したまへ。**文**こしよりへうたんのすいづつをとり出し トせうがのさとうづけの一文ぶくろを出す 嘉肴はないか。**興**懐にして来る。**文**珍なり〳〵。トいくつもくふて はじからをすてずしてくらふでや。既ニ酔に酒をもってし爾の肴すでに将へり。トおもしろくないしゃれをいい、立ちながら酒をのむ(10)

○春之巻・二　盛り上がる酒宴と生酔

本作で最も盛り上がっている酒興は文章らの三人が場を去ってから繰り広がる。参加者はキホイという男性とその仲間（市兵、伝兵、治平、武吉、貴三郎等）、それから芸者二人（およの、おたね）と舞子三人（おりか、おちよ、おきの）を加えて十四人以上に及ぶ。花の下で車座になったこの連中が、弁当箱に詰まる肴（竹輪、蒲鉾など）に合わせて美味しいお酒を飲みながら、大声で歌ったり、面白話をしたりして極めて楽しい酒宴を行う。

もしこの酒宴が理想として取り上げ、酔いの楽しい面を表すようであれば、次に登場する人物を通してその悪い面を表す。キホイらの酒興に惹かれるせいか、いきなり六十歳近くのお爺さんが現れて参加しようとするが、余りにもお酒が入っているので、よろめきながら踊り始めようとしたら、倒れて、意識を失ってしまう。文面ではただ「生酔」と呼称して、作品中で最も泥酔する人物となる。

生酔コレけさァたちやかまへイ。りくつアそんなアいかんさけヤア。コレのンもんにやア、きまつたアゑへけヱちさへヱ、はなアつまるこたない。トわけもしれぬ事をいふゆへ、みな〳〵 **皆々**ゑいきげんでやア。**生**けへんのふりこばちのたほんなヱ、ちさへこつたアない。トいよ〳〵おかしげれば、みな〳〵おだてる **皆々**うゝかそ〳〵、おやぢさんをうかそ。ツン〳〵チキ〳〵。わツンチキチイ **生**のりがきておどるういてきたそや。ハヽ、ハハ、おもへろい〳〵。(11)

この一節で分かるように生酔は余りにもお酒が入りすぎて、呂律が回らなく、ちゃんとお話できない状態になっている。ここで作者の椒芽田楽が口語体の可能性を最大限に活かし、平仮名・片仮名の交じた表記を通して酔っぱらいの口調を表現する。台詞だけでお爺さんの酔っていることが明らかになろうが、行間註説（「わけもしれぬ事をいふ」）とキホイらの反応からは、このお爺さんの酩酊状態が余りにも異常だったため、仲間入りできなく、揶揄の対象になることが分かる。

○ 秋之巻

二段目の「秋之巻」では、季節が変わるとともに舞台が東山から尾頭橋を通って流れる堀川に移る。堀川とは、慶長十五年（一六一〇）に名古屋城の築城に際して資材運搬のために開削した運河である。名古屋城を北側から西側に回り、それから名古屋城下の中心部を南方向へ流れ、伊勢湾に注ぐ水路として、名古屋城周辺の武家屋敷や城下町の碁盤割から熱田、宮宿周辺の茶屋へ行くためによく使われたルートであった。(12)「秋之巻」では、この堀川を舞台にして、川を通る舟に乗っている乗客の会話文を通して、それぞれの館船で繰り広がる酒盛りの情景を描く。「春之巻」と同様に一貫した筋を持たず、それより「お酒」という主題を通して各人物を「穿つ」ように叙述される。

中で最も大胆で面白い飲み方をするのは、文吉、間吉、小兵衛と伴九郎の連中。伴九郎を舟の中に残して、文吉、間吉、小兵衛の三人が裸になって堀川に飛び込む。そして川の中で泳いだり、浅瀬で座り込んだりしながらお酒を飲む。秋になって川の水が冷たくなると思われるが、この三人がそのことを気にせず、とても楽しそうに水の中で遊んで洒落を飛び交わす。

［文吉］（あをむきになりて）あぬおよはどふでや。［間吉］ゑらい〳〵、てはなしでや。（ト舟のたないたを一枚もちて）ヤア、プヤプヤ。（トおよぐ）［小兵へ］（あさせに大あぐらをかき）このぬくとみはだいざふろといふものでや。ヲイ いつはくれんか。（ト舟中より）［伴九郎］ソレ。［小］（川なかにて）有が〳〵、うれしゝにぼたん。［伴］（舟中より酒をつぐ）たきのみとくらわしよ。［小］（酒をのみ）肴くれんか。［伴］そこにある。［小］ヱヘ どこに。［伴］海のなかに。(13)

この一節で述べるように、文吉らが舟の棚板を水上に浮かばせて、ちゃぶ台のように使いつつ盃を上に載せてお酒を飲む。そして舟に残っている伴九郎に板を流して、またお酒を注いでもらう。季節が変わるが、川の上にお酒の入った盃を流すという設定は古代中国と日本で春の歌遊びとして催される「曲水の宴」を思い浮かばせる。王羲之（三〇三〜三六一）の『蘭亭序』が最も有名な用例として「曲水の宴」というのは、流れてくる盃が自分の前を通り過ぎるまでに詩歌を詠み、盃のお酒を飲んで次へ流すという遊びである。しかし、この連中は一切、詩歌に興味を持たず、お酒に合わせるべき肴のことばかり考えているようである。そして盃ではなく茶碗で飲むから、お酒の量は普通以上に多いと思われる。

泥酔状態で堀川を泳ぐこの連中と比べて、向こうから館船に乗ってやってくる人物が対照的となる。名前の通り、四人のメンバーの碁会、茶席、香家、花立は多芸多才の文人連中として、「春之巻」の文章、書好、興雅と同じように漢詩を詠みつつ、優雅にお酒を堪能する。

碁会（コゥ）みはらした所はどふもいへん。茶席 布帆無恙、掛秋風でや。（ト折から川へ盃流れくる）香家 羽觴を飛して月ニ酔ふ。風流〳〵。茶席（アノ）婦はションズイでやないか。花立名妓でや。（トみるうち風に女中のつまひらつく）碁会 軽裾は有がたい。香 わがせこが衣のすそをふきかへしうらめづらしきあきの初かぜ。（アレ）扇でかほをかくす。茶 却恨含情掩秋扇といふ場でや。花（アノ）漁舟はおびた〻しい挙網でや。香 いかさま。碁 すくいあげづき上ひまなくうを〻くふときはつみもんもむくいんものちのよんもわすれはァて〻、おもしろや。(14)

この一節では、茶席、香家、花立、碁会が川に盃を流しつつ、秋を主題とする漢詩を詠む。先ず、茶席が詠う漢詩は李白（七〇一～七六二）の七言絶句『秋下荊門』を踏まえ、(15)これに対して、香家が李白のもう一首の漢詩『春夜宴桃李園序』の抜粋「飛羽觴而酔月」で答える。その後、香家が曹植（一九二～二三二）の『美女篇』(16)と王昌齢（六九八～七五五）の七言絶句『西宮秋怨』(17)を踏まえて詠う。このように秋を謳歌しつつ、酒豪として名高い李白や王昌齢の盛唐の詩人を記念する。また、近世名古屋・尾頭橋で繰り広がる飲酒遊興の情景というものの、漢詩の朗読を通して時代や境を超えて「酔酒」という普遍的主題を取り上げられる。況やこの場面と限らず『春秋洒子伝』の「春之巻」と「秋之巻」を通じてお酒の飲む人物を穿つ趣意から見られるように本作の一貫した主題にもなると言えよう。

三、『軽世界四十八手』

樹芽田楽は名古屋戯作者文壇の大立者の一人として執筆活動が多岐に渡り、序文・跋文を付し、他の戯作者と連携して合作を作ることもあった。『春秋洒子伝』の成稿より五年後の寛政十二年に貸本屋大惣の次期店主、二代惣八（清次郎）の依頼に応じて石橋庵真酔、有雅亭光、由賀翁斎、於仁茂十七、菊亭香織との五人の名古屋戯作者と合わせて『軽世界四十八手』という合作を著下。出版に至らず大惣の写本として しか流布されなかったこの作品は、山東京伝作の『傾城買四十八手』（寛政二年刊）の形を借りて宮宿・熱田神宮周辺の茶屋での飲酒遊興の情景を写したものである。序文では、田楽が京伝の作品と本作品の舞台を対照して「傾城買とは東武娼屋、軽世界とは尾陽酒店」とある。(18)要するに京伝の洒落本では舞台が揚屋になるが、名古屋では厳密に遊郭という施設がないため、酒店（もやや）を舞台にする。しかし、田楽が示す「酒店」とは、どんな所だったろう。

『軽世界四十八手』の成稿時に名古屋城下では遊里が約五十年間存在していなかったが[19]、同じ寛政十二年に熱田新田を開くにあたっては築出の鶏飯屋が次第に遊里化しつつある状況であった。熱田は、古くから交通の要地と門前町として栄えており、宝永五年（一七〇八）より尾張大名の許可で旅籠屋一軒一人の飯盛を配置することになった。飯盛は旅籠屋で勤めながら、築出の鶏飯屋で接客して実質上の私娼として春の売る女性も少なくなかった。熱田の繁盛に伴い享和年間（一八〇一～一八〇四）に二十数軒の遊女屋が創立し、名古屋周辺で唯一の遊郭に匹敵する施設となった。こうしたことから江戸洒落本を模範するように試みた戯作者にとっては寛政十二年頃の熱田遊女屋の登場は名古屋洒落本の新たな可能性を齎したと言えよう。樹芽田楽の場合は、寛政十二年以来の二部作の洒落本、『軽世界四十八手』と『新織儛意鈔』両方とも舞台を熱田にする。

『軽世界四十八手』は合作の洒落本として有雅亭光と由賀翁斎の作は二編ずつ、樹芽田楽、石橋庵真酔、於仁茂十七、菊亭香織の作は一人一編ずつから成る。全編では熱田を舞台にし、茶屋の客とその気質を穿ちの対象にする。田楽の作品『ひねった手』では、雅翁という六十余りの隠居は先ず岡山というお爺さんが経営する店に立ち寄って休憩をとり、その後、小僧を呼んで蔦屋という茶屋に客がいないかと調べてもらう。それから小僧と二人で訪れて暖簾を押し上げて入ったところ、接客が上手な女房は久しぶりに立ち寄ってくれた雅翁を「色男」と呼んだり「四十五六と見えます」と言ったり、煽てお酒を飲ませる。果たして、ただの小話に過ぎないが、寛政末期頃の熱田で栄えた繁華街の片鱗を窺える意味では、当時の飲酒文化の様相を知る上で好資料となる。

四、『新織儛意鈔』

『軽世界四十八手』を成稿した翌年に田楽が最後の洒落本となる『新織儛意鈔』（寛政十三序）を著した。本作は熱田周辺の茶屋と思しき舞台にて芸技舞子の演舞会の側面裏面を穿つものである。『軽世界四十八手』と比して客より茶屋を営む者の方に目をつけ、亭主から下女や小僧までのやり取りを生き生きした尾張弁の会話体で綴られる。田楽自画の口絵では、その楽屋の賑わいが表現され、また石橋庵真酔が寄せる序文では、本作を貫く「酔い」という話柄が照らされる。自分のペンネームの意味にこじつける真酔がまるで本作の酒席に参加し、めれん（酒にひどく酔う様子）になっているような設定で、「いつぞ下の日待ちの夜、楽屋の酒一盃機嫌めれんになつて述之」とある。[20]

本節では『新織儛意鈔』で二つの場面に着目し、酔いの様相を通して登場人物がいかに対比し、評価されるかについて考察する。

○ 第一回　佳声と通糸の対比

本作は三番叟の趣向をとって三章に分かれるが、発端にあたる第一回では、演舞会前の賑わいでばたばたする芸技と舞子を順次に紹介し、会話文を通じて各人物の人格を仄めかす。先ず茶屋で最も身分が高い柳糸と梅香が登場する。二人とも特技に秀でる芸妓として、二十三歳の柳糸は江戸歌と三味線で客に興を供えることに対して、二十歳ばかりの梅香が煙管でタバコを吸いながら茶目っ気たっぷりの洒落をいい、酒席を盛り上げる気質である。二人の下におきん（十五六歳）、小きん（十四五歳）とおゑん（十二歳ばかり）との三人の舞子と七〜八歳の禿が一人いる。

やがて振り付けの容止、太夫の佳声、三味線の通糸が楽屋に上がり、芸妓舞子の連中と亭主の仁九郎に挨拶する。中で四十歳ばかりでの内止が粋な男として挙げられ、洒落本の仕来りに従って出で立ちが精緻に描写される。髪型は五分月代とし、衣装は紬のあいびろうどに鼠色の襦子の帯、足に茶色の足袋、とある。仁九良に挨拶したら、話が早くも前の夜の遊興と佳声と通糸の当時の酩酊状態に戻る。

仁そふであろて。なに佳声さん通糸さんごくろう。佳ハイ〳〵、先刻の酒なゑらうよい升たはい。梅わつちやねてお帰りをしらなんだ。柳ゑらふあがつたげなナ。通わしがおくつてゆくぶら〳〵して大木戸であたまをすとんはどふでやな。みな〳〵アハ…。容して北の方は　仁おくにおり升。容おへさんおこしらへか（ト大ごへ二ていふおくのざしきよりごしんぞうのこへ）おいなさアスウ　容　おへさん聞へんはどふでもよごんす。梅容止さん先ン夜ゑいかへ。容すこいおかたじやもふかへあきれる。柳佳声さんこんやは夕ぎりか忠信が出やう。佳此中の酒でたんがおこつてなあきません。通大酒さへせにやゑいは。梅のみなさいゐさいで。[21]

前の夜の遊興について話が盛り上がる中で、それぞれの人物の酒量や酔いについて示唆される。太夫の佳声、三味線の通糸が帰る前に寝てしまった梅香は殆ど覚えがないが、柳糸の方が男二人の酔いの様子について聞いたという。柳糸によると、二人ともが「ゑらふあがつたげな」という。二日酔いの症状や反省の色が一切見えない佳声は、先日に「酒なゑらうよい升た」というものの、柳糸から忠信という酒好きの客がその夜にまた立ち寄ると聞いたら、喜んで「此中の酒でたんがおこつてなあきません」という。それに対して通糸が前の夜に酔っぱらって頭を大木戸にぶつかったせいか、飲み過ぎないように警戒し「大酒さへせにやゑいは」とある。

この一節では、酔いという技法を通して二人の芸妓、柳糸と梅香の対比がはっきりと描かれる。前の夜に酔いすぎて早めに寝てしまった梅香は最後までに客に興を供えず、もっと経験のある、お酒が強い柳糸のほどにならないことが示される。また、三味線の通糸が酔いすぎて頭を大木戸にぶつかったことで他に人物に揶揄される。それと対照的に粋な男としてあげられる容止は、いくら飲んだかについて一切示さない。それより出で立ちと素振りの描写に重みを置き、飲酒の様子を評価の対象にしない。

○　第三回　現兵衛

『新織儛意鈔』第三回では、日が暮れるにつれ、演舞会の準備が進む中で現兵衛という邪魔者が立ち寄ってくる。年齢五十歳余りの現兵衛はお酒が好きで話が口説い気質である。自分の銚子を持って立寄ったところ、亭主の仁九郎にお酒を促すが、元々仁九郎が下戸であるため、それに準備で忙しいから、お酒を断る。

[現兵へ]おかんをつけて来た一ツぱいあがらんか。だいとりこみで肴はねつからない。[梅]おかまいなされるな。[仁]酒ヤ入りません。[現]ヲ、仁九郎さんコレ一ツぱいやりなされ。[梅]おきなされ〱おや玉は下戸でや。[現]下戸かこれサそツでもひとツハいかアずりなされんかおれがな心ざしでや。[仁]どふぞごめんなされいまやうじがある。[現]やうじやア若イ衆にさしたがゑい。やアサひとつ〱[仁]（よん所なく一ツうけのみ直に返盃現兵へてうどうけぐつとのみ）[現]よふやつておくれたそれて気がゑい。(22)

「又兵衛が野猪」や「権兵衛が茶の湯」などの尾張諺を連想させるような名前を持つ現兵衛が、一旦お酒が入ったら、諺の通りにとらえどころのない、口説い話を始める。(23)

[現兵へ]一昨日在所へいきました弥きがしらしてくれたで来たら、マア一ツぱいやれといふそんならやろかといつてのんだはなんしわたしらは他のやうじにじぎヤきらいでやで。ひとがふるまうといふとのむでや。ごぶれいやがよつてどふもならん。おまいのまへでやかわしたア何にもしらんもんでやで。酒がいつちもおもしろいなんし。なんのかといつてのむでやはなんし。おんでもごぶれいはせんがなんしごぶれいながらにぎやうことがすきでなんし。(24)

これ以上に続く、本作で最も長い台詞として一人でお酒を飲み続けるお爺さんの心境を表す文章としては面白い。ただ、楽屋で稽古し演舞会の準備に集中しようとする人物達がお爺さんの文句に耳を傾けず、殆ど話を無視をしてしまっていることが淋しい。

おわりに

名古屋戯作者の椒芽田楽の洒落本においては東山・尾頭橋の野外酒宴から宮宿・熱田周辺の茶屋に及び、寛政・化政期名古屋の飲酒文化の様々な様相を窺える。また、洒落本の主題である会話文と人物描写を匠に活かしながら、飲み方を巡る詳細（容器の種類、飲酒時の素振りなど）とお酒の入った人物の酩酊症状を精緻に描く。これらの文学的技法を通して様々な遊び酒に区別を付けて、粋と野暮との対比を描き、各人物を評価する趣意が見られる。これに従って本論文では、飲酒の情景に着目し、田楽の洒落本における「お酒」と「酔い」は如何なる意味を持つのかについて一考察を試みた。

注

（1）石田元季著「尾張の戯作者椒芽田楽」（『劇・近世文学論考』至文堂、一九七三年）。
（2）『京都大学蔵大惣本稀書集成』第八巻（臨川書店、一九九五年）。
（3）曲亭馬琴著『羈旅漫録』。
（4）棚橋正広著『黄表紙総覧』中篇（青裳堂書店、一九八九年）。
（5）『京都大学蔵大惣本稀書集成』第十四巻（臨川書店、一九九六年）四一六頁。
（6）『京都大学蔵大惣本稀書集成』第十四巻（臨川書店、一九九六年）一五〇頁。
（7）於保俊・松原輝男「近世名古屋東部丘陵を通っていた古道からの古景観」（名古屋大学博物館報告、第二十一巻、二〇〇五年）一二七―二四〇頁。
（8）『京都大学蔵大惣本稀書集成』第十四巻（臨川書店、一九九六年）一三四頁。
（9）『京都大学蔵大惣本稀書集成』第十四巻（臨川書店、一九九六年）一三八頁。
（10）『京都大学蔵大惣本稀書集成』第十四巻（臨川書店、一九九六年）一三九頁。
（11）『京都大学蔵大惣本稀書集成』第十四巻（臨川書店、一九九六年）一四二頁。
（12）伊藤正博・沢井鈴一『堀川――歴史と文化の探索』（あるむ社、二〇一四年）二一―二九頁。
（13）『京都大学蔵大惣本稀書集成』第十四巻（臨川書店、一九九六年）一六〇頁。
（14）『京都大学蔵大惣本稀書集成』第十四巻（臨川書店、一九九六年）一六一頁。
（15）李白著『秋下荊門』「霜落荊門江樹空／布帆無恙掛秋風／此行不為鱸魚膾／自愛名山入剡中」。
（16）曹植著『美女篇』「羅衣何飄々／軽裾髄風還」。
（17）王昌齢著『西宮秋怨』「芙蓉不及美人粧／水殿風來珠翠香却恨／含情掩秋扇／空懸明月待君王」。
（18）『洒落本大成』三四五頁。

(19) 江戸初期に名古屋城の築城を際して各藩から集まった武士、大工、商人などの慰めとして徳川家康が「飛田町廓」の設置を許可したが、あくまでも暫時的遊郭であり、築城後間もなく初代尾張藩主の徳川義直（一六〇一～一六五〇）によって廃止された。また、享保十七年（一七三二）に七代尾張藩主の徳川宗春（一六九六～一七六四）の治世において西小路廓、不二見原遊郭、葛町遊廓の三か所の遊里ができたが、三年後に各地の遊郭は西小路遊郭に統合され、それから元文三年（一七五三）には再び遊郭の営業が禁止された。

(20) 『洒落本大成』第六巻（中央公論社、一九七九年）二二七頁。

(21) 『洒落本大成』第六巻（中央公論社、一九七九年）二三四頁。

(22) 『洒落本大成』第六巻（中央公論社、一九七九年）二四二頁。

(23) 伊藤義文著『精撰尾張弁辞典』（ブックショップマイタウン、二〇〇八年）。

(24) 『洒落本大成』第六巻（中央公論社、一九七九年）二四三頁。

参考文献

石川了「名古屋洒落本作者とその周辺――狂歌壇的背景を中心に」（『国語と国文学』一九八九年十一月）

石田元季氏「尾張の戯作者椒芽田楽」（『紙魚』第一冊、一九二七年十月号、のち同氏『劇・近世文学論考』至文堂、一九七三年、所収）

小泉武夫『酒の話』（講談社、一九八二年）

棚橋正広著『黄表紙総覧』〈中篇〉（青裳堂書店、一九八九年）

長友千代治「名古屋戯作者の再検討（一）――貸本屋大惣の文壇」（『愛知県立大学創立二十周年記念論集』一九八六年、のち『近世の読書』青裳堂書店、一九八七年に所収）

水野稔『黄表紙・洒落本の世界』（岩波書店、一九七六年）

［III　飲酒と環境］

飲料の製造、飲み方と文化——例外としての日本酒？

ニコラ・ボーメール

Nicolas BAUMERT——名古屋大学准教授、地理学博士。専門は日本の文化地理学、食と飲料についてその習慣を文化地理学的およびアイデンティティ形成の視点からとらえなおす研究。主な著書に『Le saké, une exception japonaise』Rennes, P U R, Tours, P U F, 2011などがある。

本稿では、何故海外からの観点で日本酒が歴史、地理的に例外であるのか、に着目した。日本酒の文化の中での他の飲料との比較を用い、例外に関してのいくつかの仮説を提起し、その中で、日本の土地への定着と日本文化の現れとして酒のその矛盾を示した。日本酒とワインを比較するといくつか共通点があるが、日本酒にはワインと同様にテロワールが存在するかについて考察した。

はじめに

例外という言葉は日本以外、とりわけヨーロッパで、日本の酒について語る際によく登場する。この言葉は日本酒という飲み物を分類する際にまず使われる。日本酒は醸造酒としてはワインに相当するが、穀物を原料とする点で、ビールに近いものの、まったく異なるプロセスと結果をともなう。そのため、ヨーロッパ的な見方で、この酒を分類するのは困難である。

日本の酒は、アジアの別の地域に存在する米を発酵させた、その他のアルコール飲料と比べても、独自性を有し、ヨーロッパ的な分類ではない別の見方が必要になる。

なによりもまず、酒の飲み方は、主食となる米の耕作と結びついているという点で例外的である。日本は東アジアで唯一、蒸留された飲み物を多く消費しない国であり、他のアジアの国のように米から作られた酒類が、十三世紀から今日にいたるまで、外来のさまざまなアルコールに少しずつ取って変わられることのなかった国でもある。

さらに、日本における酔いの在り方もつねに例外的である。飲酒は、さまざまな儀礼、宗教的・社会的機能をもち、グループ内でのコミュニケーションの方法と結び付いている。この点で日本酒は非常に特徴的である。

しかも、非常に強い文化的なアイデンティティ上の重要性をもちながら、新たな世代の消費行動に適応することが難しいという近代性への対応の困難さを示す点でも、例外的な存在である。

一、土地への定着

日本酒は、日本酒という飲み物が提示しうるあらゆる問題点と矛盾をもつがゆえに、まさにアイデンティティを保証する飲み物であるといえるだろう。その要因はさまざまであるが、日本列島への定着の過程そのものが主な理由であるとえいよう。
酒は土地と結びついた地理的な飲み物であり、このような側面が日本の長い歴史の中で酒が保ってきた重要性を説明する。日本では、酒に結び付けられたイメージは、山と水田風景という二つの自然的・文化的シンボルと結びつき、それらがもつ特徴的な二重性を基盤としている。日本酒は原料となる米の耕作と連動している。大貫恵美子が米作について論じた同じプロセスによって、山間を流れる川の水（日本酒製造には大量の上質な水が必要である）と平地で人々の手によって耕作された米とから作られる日本酒は、アルコール飲料として自然と文化（耕作）の二重性をもった日本人の「根源的自我」であるといえるだろう。[1] さらに、日本酒はオギュスタン・ベルクによって定義された文化化された自然としての風土を代表する飲み物でもある。ベルクは、「風土は自然的であると同時に文化的である」と述べたあと、さらに次のように風土の在りようを定義している。「社会は環境に対して行う表象にもとづいて環境を整備する。また逆に、社会は環境に対して行う整備開発に応じた形で、環境を知覚し、それを（自己に対して）表象する。自然は社会にとって、文化となった（知覚され、理解され、作りだされた）ものとしてしか存在しない。逆に文化は社会にとって、自然化されたものとしてしか存在しない」。まさに日本酒をめぐる自然と文化の二重性は、風土的な両者の融合であり、日本人はそうした風土的イメージを日本酒を飲みながら想起するのだ。そうした点において、日本酒は日本の「風土性」のメルクマールとなっている。[2]
アジア全体において日本酒が構成する特異性とそれが日本

人のイメージの中に占めている場所は、したがって、日本で日本酒がもちうる単なる歴史的経緯の独自性を越えて、儀礼的消費から生ずるワインと神との関係よりも複雑なものである。日本酒は日本の土地と結びつくことで歴史的・文化的深みをもち、その土地の住民たちが土地の酒を飲むその飲み方に意味を与える一切のものと切っても切れない関係にあるのだ。つまり、日本酒と日本の土地の結びつきは、地中海文化におけるワインと土地との結びつきよりよりもずっと強いものであるといえるだろう。

土地のレヴェルにおいては、ワインの母体となる風景は、収穫物であるブドウと土地や土地自体の示す生産性と関連している。一方、酒はどうかといえば、酒に関わる原料と呼べる農産物は米のみである。つまり酒は米の延長であり、さらにそこに水源としての山が象徴的形象の下に入り込んでくる。米がすでに日本のアイデンティティの隠喩であるとすれば、そこからさらに手間暇をかけて作られる酒はなお一層独自な文化的アイテムとならざるをえない。

こうして、米から作られる日本酒は日本独自のものであり、日本にしかありえないものとなるのだ。酒のもつあらゆる矛盾と近代性への対応の問題はこのような状況の縮図とみなすことができるだろう。

二、日本文化の表れとしての酒とその矛盾

日本酒の研究によって明確になる日本文化のさまざまな問題は、フランス地理学の研究、あるいはより一般的に、フランスにおける人文科学の研究によってすでに徐々に明らかにされてきた日本についての知識に関するさまざまな要素を確認し補完するものである。

まず、酒の起源や飲み方の分析は、ジャック・プズ＝マサブュオ(3)、オギュスタン・ベルク(4)、フィリップ・ペルチエ(5)といったフランスの地理学者の研究手法を適用することで、日本文化の多様性の起源を確認することになるだろう。今日、日本酒は日本的なものとみなされているが、その起源をたどれば、酒は中国や東南アジア、メラネシアなどで作られているさまざまな飲み物の影響をこうむっていることがわかる。酒に香草を混ぜて飲む新年の「御屠蘇（おとそ）」に類似した飲みかたは、台湾やフィリピンのいくつかの部族においてもみられるものだ。また、神道の儀礼的な飲み方は、シベリア世界のシャーマニックな飲み方から採られたものである。これらの考察は、日本文化の多様な起源を明らかにするだけでなく、日本の文化が異なる出自のものを統合し、自分たちの社会に適合させてみずからのものにする非凡な能力をも証明している。(6)

こうした日本文化の適応力は、日本で発明されたものと考えられている文化的な事物、たとえば日本酒を自文化として再編成していく過程だけに見出せるのでなく、歴史の中で日本酒が享受してきた恒常的な技術の向上においても見て取ることができる。

このような再構成とたえざる洗練の一方で、日本酒は、近年の進化を通じて、日本がみずからを語ることや自身の文化を世界に広めていくことの難しさをも表している。

日本酒の世界が直面している問題は、日本酒が日本という独自の世界の中に閉じこもっている事実にも起因している。

しかしながら、文化的産品の輸出の成功の裏には、つねに文化的・商業的な大規模な政策があることも忘れてはならない。これこそが日本の多くの伝統的製造物に決定的に欠けている要素である。

ここから、しばしばよく知られておらず、うまく理解されていないという日本文化のアイデンティティ、つまり不理解ゆえに日本人が独自性を感じるという逆説的ともいえる日本の文化的アイデンティティが生ずる。たしかに、日本酒の輸出額は財政的に見ればたいしたものではない。しかし、近年の外国での日本酒の人気は、伝統的分野、とくに日本の田園地帯の産品としては成功と呼べるのではないだろうか。各地で行われている日本酒の推進活動は、政府のさまざまな計画によって推進される傾向にあり、外国では高級農産物商品として宣伝され成功を収めつつある。(7)

日本酒は日本文化のすぐれた文化使節なのだ。というのも、生活上の文化がもっともよく学ばれ、その価値を認められるのは、何といっても食卓の上だからである。この点については、ここ数年の日本酒の海外での普及活動により前進してはいるものの、まだまだやるべきことがたくさん残っているというのが実情である。

三、アイデンティティを保証する飲み物が地理的特性を重視するようになった特殊な道筋

酒はよく日本ではワインに相当するものといわれる。なぜなら、この二つの飲み物は文化と伝統の強いメルクマールだからである。両者とも、起源として宗教と密接に結びつき、やがて文化的な地平に進出し、文化的な飲み物として進化していった。

ヨーロッパのラテン系諸国では、キリストの血であるワインは人間の労働と大地の賜物というイメージをもっている。(8)

一方、日本において、日本酒はまず何よりも神道における神

聖な飲み物であり、人が作る米と自然の恵みである水という相反する原理を結びけるもとして重視されてきた。

ワインも日本酒もともに、歴史上、民衆や国民の飲み物である以前に、王や君主、皇帝や将軍の飲み物であった。これらは、外国しの競争にさらされ、原料の異なる多様な飲料が流入することで生じた消費上の危機にいたるまでは、都市や地域に財を成す実り多い交易品であった。

しかし、このワインと日本酒の並列視にはいささかニュアンスをもたせなければならないだろう。というのも、なによりもまず、ワインと日本酒の性質の違いを過小評価すべきではないからだ。

ワインは果物から作られ、日本酒は穀物から作られる。しかも、日本酒の原料となる穀物は日本の主食、つまり米である。この事実がもたらす結果は、日本酒の製造や保管、輸送の可能性といった多方面で観察できる。もっとも重大な結果は、日本においてかつて見られた食べ物としての米と飲み物としての酒の競合的関係に顕著である。なぜなら、主たる食べ物であるご飯も、主たるアルコール飲料である日本酒も、米を原料としているからである。

この競合は、肥沃な土地に育つ小麦と荒蕪地に育つブドウという二つの異なる土地柄、つまり小麦とワイン用ぶどうのテロワールがつねに相補的であったヨーロッパには見られない日本独自の現象である。

この農業における耕作上の相違は、飲み方にも影響する。ヨーロッパと日本では、飲み方が異なるのだ。フランスの伝統では、ワインは食事にともなうものであるが、日本にはそのような習慣はない。日本酒は一般的にそれ自体を味わうものとして食事と別に消費され、酒の味を引き立てるさまざまな簡単な料理、肴ともつまみともいわれる少量で多様の料理とともに賞味されてきた。

このような飲み方の違いは消費者の側のまったく異なる表象と行動も導き出す。(9) ワインは食中酒として食事の一部だが、日本酒は異なる少量の料理がその味を引き立てる飲食行為の主役なのだ。

こうした違いは、最終的に、この二つの飲み物の生産と消費の規模と範囲に影響する。ワインの消費は、ヨーロッパの拡大にともない全世界に広がり、世界的規模で分析されるが、日本酒は、いまだ大部分、日本の市場にとどまっている。

だが、これら二つの飲み物は同じ問題に直面していることも忘れてはならない。両者は、オリジナリティの喪失と規制緩和という政策が呼応して画一化をもたらす現在の傾向により、それぞれの原産地たる土地の中で将来の在り方を模索している。したがって、ワインと日本酒の違いを超えた出会いの場は、産地を意味する土地柄としてのテロワールということになる。

ただ、ここで問題になるテロワールとは、農業生産物の品質の唯一の要素としてあまりにもしばしば引きあいに出される物理的な地理上のテロワールにかぎられたものではない。場所、人、風景、ノウハウが緊密に結びついた自然的であると同時に文化的な存在としてのテロワールのことである。

日本酒の例は、受容と消費の世界的規模への移行プロセスにおいて、また非常に競争的な飲料市場の文脈において、広い意味でのテロワールが高品質の生産物を保証し、それが受容と消費を生むという文化レヴェルの議論となりうることを示している。

二〇〇八年以降、先進社会全体を揺るがしているグローバリゼーションの危機は、西洋による世界支配の中で、日本が長い間あまりにも優等生であり続けた世界経済によって押し付けられた、さまざまな真理のシステムに終わりを告げつつある。[10] 文化的アイデンティティをになう飲み物の将来は、それが生産される地理的な独自性の再評価と再編成の中で構想可能なものとなりつつある。かつての自然条件優位のテロワールはもはや理想化された過去の表現でしかなくなり、現代のテロワールはむしろ世界との強い文化的結びつきの表現となったのである。

四、日本酒のテロワールは存在しうるか？

日本酒に課された問題は、その飲み方が世界に開かれたシステムに結びつけられて以来、日本に対して日本酒の品質とアイデンティティを再考し、新しい解決策を模索するよう促している。

たとえば、新潟県をはじめとした一部の地域では、数年来、地理的原産地を重視した保護策を検討している。[11] 外からの視点、とりわけフランスの視点から見れば、酒のテロワールやさまざまな生産地の呼称を確定することはいとも簡単と思われる。しかし、この点においては、日本では意見は真っ向から対立している。このような意見の対立は、地域の文化や生産者の規模に起因するだけでなく（大手酒造は全国から酒用の米を買い入れているが、地方の小規模な酒蔵は地元の米に頼っている）、さらには、日本酒とは何なのかという、より本質的な問題をめぐる議論を反映している。

日本酒の原産地の規定に関する議論は、二十世紀初頭のフランスにおいて、ワインの卸売業者と生産者を対立させた危機を思い出させる。[12] この危機はワインの品質の制度化による、原産地保護呼称の編成へと行きついた。[13] 日本酒についていえば、ワインよりもずっと複雑な生産物であるという点を除けば、問題は基本的にワインの場合と同じである。

ただし、原料の米が、果実で傷みやすいブドウと異なり、輸送可能である日本酒はフランスのブドウ園のようには簡単に地理的原産地呼称へと再編しにくいという事実は指摘しておかなければならない。さらに、今日では、フランスのブドウ園もグローバリゼーションによって、ブランドやブドウ品種の競合にさらされていることもまた事実である。[14]

たしかに、こうした観点にたつとき、日本酒についていえば、いかなる解決策もア・プリオリに他よりも良いとはいえないだろう。しかし、日本酒の消費と生産両面での落ち込みと他の飲料との世界的競合という危機的な状況によって、生産者は問題を見直さざるをえない状況に追い込まれている。その際、生産物の原産地の問題やそれと結びついた品質の向上は、日本における日本酒生産において、適切な指標となるにちがいない。

見かけの上では工業優位のアングロ＝サクソン的な規範に強く影響された法制と実践の一方で、日本の消費者は、品質の評価において、農業の伝統のある古い国で一般的にみられる価値判断と感受性を依然として保持している。

そもそも、日本酒に関して、原産地の呼称表示は古くから慣習上重要な問題であった。日本酒は開国と近代化の時期よりもずっと以前からその生産地を明示していた最初の生産物であった。畿内と江戸との間で大きな商取引がなされていた十七世紀には、大阪の池田と兵庫の灘の酒がすでに品質保証として樽に地域の印をつけていた。しかも、当時すでにこれらの地名を騙った偽造酒も存在していた。[15] これらの事例は、かつては蔵元と日本酒の製造地が、製品の品質評価において、消費者の中で本質的に結びついていたことを示している。

二十世紀の大部分を特徴づける近代化と産業化のプロセスの中で、ブランド化と技術評価が結びつけられたのは、日本酒の世界の一部で産業化が進行したからにほかならない。先端技術を駆使した大手酒造メーカーは、そのメーカーが立地する地域名称でなく、ブランド名で商品である日本酒の品質を保証したのである。日本酒の生産地の地域表示が生産者としてのブランド性に対して優位になるという現在一部で進行しつつある逆転現象は、日本酒の原産地表示の問題をあらためて議論の中心にすえようとしている。そのとき、日本酒の潜在的なテロワールがはじめて議論の対象となるだろう。この議論を通して、はじめて現行の法制によってもたらされた地域名称の濫用が問題となり、品質を重視する消費者の抱く、真正な日本酒とは何かという疑問に答えることになるだろう。ここ数年来、地理的表示のシステムは徐々に日本においても発展してきた。その中で、清酒の申請も増えている。この制度は、日本国内外でも日本酒の品質保証となると言える。しかしながら、二〇一五年の特定農林水産物等の名称の保護に関する一部を改正する法律（地理的表示法の一部改正）において、日本酒は含まれていない。フランスでは、二十世紀の初めに法律が施行された時にすでにワインと蒸留酒は含まれていたのである。日本では、二〇〇〇年の初めから酒税の保全および酒類業組合等に関する法律が存在するが、日本酒は団体商標制度であり、ヨーロッパでの地理的表示に対して独自（Sui Generis）の保護制度とは異なっている。国際的な視点では、日本酒のテロワールを保護する上ではやや脆弱と言える。

おわりに

日本は伝統のある古い国である。それゆえに、日本では耕作された場所としての国土が重要性をもち、そうした国土の価値が長い歴史の中で認められていた。日本酒という飲み物の事例は、一見そう思われるような時代錯誤なものではなく、原産地の認定と製造の規格化に関するきわめて現代手的な問題に一石を投じるものである。

日本酒の現在の進化は矛盾に満ちているが、日本酒における理想化されたテロワールへの曖昧な問題含みの帰還は、テロワールという概念の本質と一般的にテロワールに由来すると考えられている品質について、わたしたちに再考を促すことになるだろう。

ワインと性質の異なる日本酒は、ワイン以上に社会的に作られ、歴史的に編成されてきた生産地しかもちえない飲み物なのである。後戻りできないと思われる進化の裏で、近代性への適応は伝統に通じている。日本酒を通して明らかになる問題点とは、グローバリゼーションにおいて、工業的な手法で品質を安定させるか、あるいは農業的な側面を重視して個性を重視するかという選択があるといえるだろう。

注

（1） OHNUKI-TIERNEY, E., "Pureté et soi primordial: la nature japonaise", *Géographie et Cultures*, n° 7, 1993, p.75-92.

（2） BERQUE, A., *Le sauvage et l'artifice*, Gallimard, Paris,1986, p.148.

（3） PEZEU-MASABUAU, J., *La maison japonaise*, Publications Orientalistes de France, Paris, 1981.

（4） BERQUE, A., *Le sauvage et l'artifice*, Gallimard, Paris,1986.

（5） PELLETIER, P., *La Japonésie. Géopolitique et géographie historique de la surinsularité au Japon*, Paris, CNRS Éditions, 1997.

（6） EISENSTADT, S-N., *Japanese civilization, a comparative view*,

Chicago, University of Chicago Press, 1996.

（7）下平尾勲『地元学のすすめ』（新評論、二〇〇六年）。

（8）ディオン、福田・三宅・小倉訳『フランスワイン文化史全書』（国書刊行会、二〇〇一年）。〔原著一九五九年〕。

（9）福田育弘『飲食というレッスン――フランスと日本の食卓から』（三修社、二〇〇七年）。

（10）JUVIN, H., *Le Renversement du Monde*, Paris, Gallimard, 2010.

（11）BAUMERT, N., *Le sake une exception japonaise*, Rennes, PUR, Tours, PUFR, 2011.

（12）JACQUET, O., "Les appellations d'origine et le débat sur la typicité dans la première moitié du XXe siècle : le rôle du syndicalisme vitivinicole bourguignon et la création des AOC" in: HINNEWINKEL J-C (ed.) *Faire vivre le terroir*, Bordeaux, Presses Universitaires de Bordeaux, 2010, pp. 117-128.

（13）LAFERTE, G., *La Bourgogne et ses vins*, Paris, Belin, 2006.

（14）GARCIA-PAPET, M-F, "Le marché de l'excellence : le classement des grands crus à l'épreuve de la mondialisation" Genèses, 56, pp. 72–96, 2004.

（15）吉田元『江戸の酒』（朝日新聞社、一九九七年）。

付記　本稿に関して、ご助言、推敲していただきました早稲田大学福田育弘教授、翻訳を協力してくださった福田真紀さんに深謝いたします。

アンシャン・レジーム期のフランスにおける酔いに対する寛容

マテュー・ルクートル（棚橋美知子 訳）

アンシャン・レジーム期のフランスでは、「酔う」行為は法律的には犯罪であり、宗教的にも「罪」と考えられていた。しかしながら、このような「宗教と世俗」双方の権威に規制されることなく、日常茶飯事として「酔う」行為が行われていた。この点を多くの古文書史料から明らかにし、この時期の「酩酊文化」とは何かを歴史・社会学的に分析する。

はじめに

フランス史学史界において、「酔い」は長い間二義的な位置を占めてきた。[1]「酔い」に関する事例を古文書史料の中に見出す歴史家は多いが、その事例を証明しようと時間を費やす者は少なかった。研究テーマを選択する際、歴史家は「酔っ払いたち」ではなく、規範に関する事柄を研究することを好むのが当然だったからである。[2]

人類学者であるヴェロニク・ナウム＝グラップはこのような状況を的確に要約している。

食料品を研究する歴史家は食べられたもの、飲まれたものを記述し、心性史家は儀式、文化的カテゴリー、活動している社会を記述するだろう。「祭祀」の社会学者と民俗学者は、例えばバッコス信仰のような、独特な信仰の特徴を指摘するだろう。酒を飲んで浮かれ騒ぐ人々が「王が飲まれる」と叫ぶ。[3]一体どの研究者がこの人たちに対し聞く耳を持つだろう？

Matthieu LECOUTRE――エドゥアール・エリオ高等学校グランゼコール準備学級にて教鞭をとり、酒に関する歴史を研究。専門は歴史学。主な著書に *Atlas historique du vin en France* (Autrement, 2019)（『フランスのワイン史図』）などがある。

しかしながら、フランス史学史界において、変革は確実に起こっている。その変革はアングロサクソン系の学術論文集や、近代フランス社会において、「酩酊の文化」が庶民からエリートに至るまで深く浸み込んでいたことを浮き彫りにする最近の我々の研究に表れている。(4)

ところで、十六世紀から十八世紀において、この「酩酊の文化」は、好感、社交性、文化的継承という三つの特性の上に成り立っている。好感には五つの要素がある。酩酊に関する好意的な民間信仰と医学的信念、酩酊によって高まる能力、酩酊の滑稽さによる成功、そして経済・税金的要素である。

同時に、アンシャン・レジーム期の社交性の一部は、集団的、祝祭的、周期的、複合的、共感的酔いに基づいている。そして、この「酩酊の文化」は、全ての社会的カテゴリーにおいて代々引き継がれてきた、古くからある普遍的な遺産とみなされている。

この「酩酊の文化」を明らかにすることは、つまり、一五三六年八月二十日のフランソワ一世の王令以来、酔っ払うことは法的に犯罪であり、宗教的に大罪、小罪または過ちであったにも関わらず、たとえ社会的権力でも、宗教的権力でも、さらには道徳的、医学的権威であっても、アンシャン・レジーム期の社会に対し、なぜその抑圧的な規範を強制するに至らなかったのかを理解することにつながる。

四五〇〇以上の写本（主に司法関係）、そして約三〇〇の版本は、アンシャン・レジーム期における酔っ払いは二十歳から三十四歳の農民または職人の若い男性が最も多く、彼らは日曜日の午後もしくは夜に酒場で酔っぱらっていた事実を示している。

しかし、このような年齢層や職業に限定されるだけでなく、全年齢、全性別、全社会的カテゴリーの人々が少なからず酔いに関わっている。すなわち、最も高位の貴族から物乞いまでもが同じ行為を行っているのである。そしてもし、好感、社交性、継承という特性を持つこの「酩酊の文化」の、形式的かつ一時的な規則の軌道上に酔っ払いが存在する場合、彼らはその社会において逸脱者とは見なされていない。

一、好意的な文化

酩酊には抗鬱剤のような働きがあることは知られていた。(5)しかしそれだけでなく、十六世紀から十八世紀の全社会的カテゴリーにおいて、酒と酔いは一般的に考えられるような犯罪とは見なされておらず、逆に好意的な論調が見受けられる。

十八世紀半ばにジャン＝ジョゼフ・ヴァデによって描写されたパリの中央市場や場末の魚屋風俗は、蒸留酒にまつわる神秘的な魔力を物語っている。蒸留酒（L'eau-de-vie）は、飲む者に活力を与え、陽気にさせる「神の水（L'eau divine）」という性質を持つと考えられていたからである。[6]

これら古い考え、信仰、迷信、そして誤った通念は、当時の人々の大量飲酒を正当化していた。近代が古代から受け継いだ主な間違いの一つは、ひと月に一、二回酩酊することは健康に良いだろうというものだ。ヒポクラテスとガレノスから受け継がれた体液病理説では、月一回の酩酊は胃を活発にし、それを効果的に維持すると考えられていた。モンテーニュも『エセー』の中で以下のように書いている。

わたしは、パリの優れた医者であるシルヴィウスが[7]、われわれの胃の力がだらけないようにするには、月に一度は深酒をしてその力を目覚めさせ、しっかりと刺激を与えて、麻痺させないようにするのが好ましいというのを聞いたことがある。

『百科全書』のルイ・ド・ジョクール（ライデン大学のかつての医学生）は、この治療法に対して特に反対ではなかったようである。「例えば、急にふさぎこんだ時、胃が活発でない時、腸の機能が低下している時、（略）病気ではなくとも体が衰弱している時は、体を少し目覚めさせるのが望ましい。軽い酔いはその効果を見事にもたらす」と述べている。「ワイン」の項目には以下のように記されている。

それは、過度の疲れを取るために、時折、水で割っていないワインを飲み、ある程度の深酒をすることを勧めていたヒポクラテスと同じ考えであった。ヒポクラテスの後、ディオスコリデスとイブン・スィーナーは、時折酩酊するまで酒を飲むことは健康に良いと言っている。自身の体質を強固なものにするために、時折ではあるが、過度の食事と同様に大量飲酒を自分に許すのは至極当然のことである。

ド・ジョクールによれば、酔いに対して好意的なこの説は、一七五〇年から一七七〇年におけるフランスにおいて「言わば時折の深酒によって体に活力を与え元気づける」ために、「最も教養のある医師たち」によって支持されていた[8]（**図1・図2**）。

近代を通して、多くのフランス人は、ワインには何らかの不思議な魔力があると思っていた[10]。その好例は特にキリストに関する側面で見受けられる。すなわち、聖体の秘跡の実体変化におけるキリストの血である。

ある人々は、キリスト教とプラトンの作品を総合した新プラトン主義の哲学を根拠としながら、酩酊による精神的高揚の可能性を擁護しているようである。古代の人々にとって

図1（右）　医者の薬は糠に釘　図2（左）　ワインによる治療は見事な効果をもたらす[9]
（訳者注：「治療効果のない医者の薬」と「治療効果のある酒」という対比）

隠れた秩序を啓示する神であったディオニュソス（バッコス）は、酔いを天上の真理に至る手段とみなしている。超越的な酩酊によって古代人は自らの思考とキリスト教との関係を結ぶことができた。このバッコス的熱狂により、ユマニストはキリスト教の神秘を知ることができるだろう。旧約聖書において、神がノア（聖書によれば、最初のブドウ栽培者かつ最初の酔っ払い）と新たな契約を始める時、そして新約聖書におけるイエスの公生涯の最初の奇跡であるカナの婚宴と、最後の出来事である最後の晩餐の時、ワインが天上の恍惚を許していることを、どうやって信じないでいられようか[11]。

十六世紀のラブレーなどのフランス人ユマニストにとって、「ワインによって我々は神聖な存在になる。（略）なぜなら、ワインは全ての真実、全ての知と哲学で魂を満たすことができるからだ。（略）真実はワインの中に隠れていることは明白なのである[12]。」モンテーニュは『エセー』の「酔っ払うことについて」の章で、「預言することは聖なる審判を意味する、すなわち、人知を超えた能力である、そしてそれは、我々が自分を超えている時、特に酔いの極みにある時にのみ、その能力を得ることができる」と言及している[13]。

十七世紀、十八世紀においても、酔いによる精神的高揚への信仰は続いていた。しかしその信仰は、人知を超えるための酩酊から、より創造力を広げるための酩酊へと変化していた。ファール、[14] シャペル、[15] ショーリュー、[16] ラ・フォンテーヌ、モリエール、パナール、[17] ガレ、[18] ヴァデ[19]などは「酒瓶からインスピレーションを得る人々」[20] と見なされていた。すなわち、ワインをインスピレーションの源とする人たちである。

ところで、十七世紀には酒に関する数多くの団体が発足した。[21] 例えば、「サン＝テヴルモンで有名なぶどう畑会（l'Ordre des coteaux, où brille Saint-Évremond）[22]、サン＝タマンとファレを擁する単音節語クラブ（la Confrérie des monosyllabes）、コルトとスカロンがいるアカデミー・パンシェヌ（l'académie de Pinchesne）、さらには、危険な香りのするヴァンドーム公の周りに集まったシャペル、ラ・ファール、ボワロー、そして後にヴォルテールやルソーも加入したタンプル協会（la Société du Temple）[23]。このような団体で参加者たちは隠れて、彼らにインスピレーションを与える神であり、慰めてくれる神でもあるバッコスに倣って酒を飲んでいた」[24]。バッコスに倣った当時のその他の詩人たちは、作者不明の詩『愛しい瓶(La coquette bouteille)』[25] の中で言及されている。

また、十八世紀の初めは、ワインはまだ「詩人の名馬」とみなされていた。すなわち、ワインは想像力を呼び覚まし、エスプリを与えるのだ。[26] 例えば、カヴォー会（la société bachique du Caveau）メンバーの幾人かの酩酊は、うわべのものではない。[27] 実際、シャルル＝フランソワ・パナールやピエール・ガレなどの作家たちは飲んだくれになっている。一七五一年、ピエール・ガレは一日に六本のワインを空けていた。

近代を通し、ファルス、ユマニストの喜劇、魚屋風喜劇やオペラコミック、「風刺の効いた」庶民劇や「飲んだくれのファルス」はどれも、時代によって多少の差はあれど、「陽気な飲んだくれ」を舞台に登場させ、酩酊の滑稽さの力を利用している。[28]

十七世紀初頭、「太っちょギヨーム」、テュルルパンやタバランは、パリのドフィーヌ広場にあったオテル・ブルゴーニュ座において最も名の知れたファルス役者であった。[29] アンリ四世も「太っちょギヨーム」のファルスを観劇するのが好きであった。「太っちょギヨーム」は大量飲酒を体で表現している人物であり、二つの胴巻きを、一つは胸の下、もう一つは腹の下に巻き、体をワイン樽に似せていた。[30] 十八世紀後半には、新しいタイプの「飲んだくれのファルス」が大きな成功を収める。この酩酊の滑稽さに対する人々の熱狂に直面し、「ある役者たちは、時折絶大な成功を得る飲んだくれの役を専門としている」[31]。

ドビニーという役者は、ヴァリエテ＝アミュザント劇場における「飲んだくれ役の名人」[32]として知られていた。しかし、最も有名だったのは、飲んだくれの靴直し役で賞賛を浴びた、トゥッサン・ギャスパール・タコネであった。[33]「タコネは飲み屋をとりこにしている。彼の名声とその笑いの取り方は店を繁盛させており、上流社会の人々は彼を奪い合っている」。[34]このような酩酊の滑稽さは、全ての社会的階級において賛辞を受けている。

『ダランベールへの手紙』において、ジャン＝ジャック・ルソーが言及している良い酔っ払いの好意的イメージは、この「陽気な飲んだくれ」のイメージである。

一般的に言って、酒飲みには真心、率直な心があります。これらはほとんどみんな、その欠点は別として、親切で、正しく、公平で、忠実で、勇敢で、誠実な人たちです。（略）大量飲酒は人間の品位を落とさせ、少なくともしばらくの間は理性を失わせ、やがては人間を愚鈍にします。しかし、とにかく酒をたしなむことは罪ではありませんし、罪を犯させることもめったにありません。それは人間を愚か者にしても、悪人にはしません。酒がもとでの一時的なけんか一つにたいして、酒がもたらす永続的な愛着が百もあるのです。[35]

好感に関する五要素を締めくくるために、大量飲酒は「打ち出の小槌」であったことを付け加えなければならないだろう。世俗権力と教会権力は富を得るために「酩酊の文化」を利用していた。時折、彼らは都市への入場、王家の誕生祝いや戦勝祝いの際、庶民に酔っ払うことを勧めたのである。[36]

このような場合のほとんどは、庶民の意のままにさせており、警察の監視もなかった。[37]ワインの噴水はこの無料の幸せに惹きつけられた酒飲みの一部を酔わせた。例えば一六八二年八月二十三日日曜日、ボルドーの市参事会員によって「大量の」ワインが「全ての庶民に」振る舞われた。[38]一七二一年九月七日日曜日には、ルイ十五世の「健康回復の折に」、ワインがナントの「人々に対し振る舞われている」。[39]

また一七二九年十月十九日には、「ナントの商事判事たちの心遣いによって」ナント取引所近くに設置されたワインの噴水に「桁外れの数の人々」が引き寄せられた。[40]そして一七六九年八月二十三日、「人々の喜び」のため、ナント市長と市参事会員たちが提供したワインの大樽二個は、朝四時まで飲まれたのである。[41]

《ディジョンの例》

一六八二年八月、ディジョン市はグラン・ドーファンの息子であるブルゴーニュ公の誕生を祝った。それは三日間続いた素晴らしい祝宴であった。(42) 八月十五日土曜日、ディジョン評議部は催し物を実施した。評議部は「当該の三日間、住民に飲食させるため、パンの配給と市庁舎前でのワインの噴水」を提供することを決めた。この噴水の四つの蛇口からワインは勢いよく流れ出し、ディジョンの人々が持参した容器を直接満たした。集団的喜びを共有するため、パンとワインは囚人たちにも同様に振る舞われた。

王とディジョンの有力者たちは、自らがワインの提供者であることを誇示し、酩酊は王家の名の下に行われた。つまり、ルイ十四世とその一族は、ディジョンの人々が酔っ払うことを容認したのだ。(43)

同様なことは、一七二九年の九月と十月にも行われている。(44) 九月十四日水曜日、草花の飾りがついた六個のワインの噴水がディジョンの西にある小銃場に設置された。これらワインの噴水は十八時から二十二時にかけて「四時間以上、人々に酒を提供する」と通知されていた。またこの祭りでは、酔った人々は音楽家たちが奏でる音楽に合わせ賑やかに踊った。

九月十八日日曜日、正午から十七時までの間、町中に五個のワインの噴水が設置された。その内二個は市庁舎の前に設置されたステージの、タピスリーとルイ十五世の肖像画の側に設置された。一個は市長の家の扉の前に、そして残りの二個はロワイヤル広場の、乗馬姿のルイ十四世の像の両側に設置された。つまり酩酊は、またもやルイ十四世とルイ十五世の眼下で行われたのである。

十八世紀、ドルバック男爵は酔いと君主制の関係について厳しい眼差しを向けている。彼は王国の二枚舌を批判することを厭わなかった。

当局はこの状況を改善しようとしない。それどころか幾つかの国においては、酒によるあさましい税金を得るため、政府は酒が引き起こす無秩序と共犯関係にある。飲んだくれは政体にとってある種の財産のように見られている。もし人々が酒をほとんど飲まなくなったら、当局は財政減収を恐れるだろう。(45)

王国において、酒の販売と消費には高い税金が課せられていた。すなわち飲料消費税と入市税である。例えば、一七二一年、ナントでは入市税の収入が年間三万リーヴルであり、そのうち約二〇パーセントがナント市の収入になっていた。(46) シャルトルでは、一七二七年から一七八八年の収入の内、七五パーセントは飲料にかかる入市税であった。(47) このような例は枚挙にいとまがない。

厳しく直接的な取締りは市町村の収入を圧迫することになる。したがって、公的秩序が居酒屋の主人、旅籠屋の主人、または飲みすぎな、暴力的な、不道徳な酔っ払いによって乱された場合を除き、警察と司法はあまり根本的に介入することはなかった。司法の実務は、公的秩序を考慮するのと同じくらい、経済的実利を考慮して展開しており、この両者のバランスを取ることが重要であった。

また、酒はパリ経済の重要な部分を占めていた。つまり、それらの消費が大幅に減ることは望ましくなかったのである。十八世紀の終わり頃、アントワーヌ・ラヴォワジエは、パリ市民全体で年間二億六〇〇〇万リーヴルの支出があると算定した。そのうち、酒に関する額は三六二二万リーヴルであり、パリ市民の年間消費のおよそ一三・九三パーセントである。このように、酒の消費はパリ経済の支柱の一つであったのだ。

酒に対して使われるお金は、パリ市民か否かに関わらず、ブドウ栽培者からワイン商人まで、居酒屋の主人、旅籠屋の主人からワインの入市料徴収を担当する徴税請負人まで、市町村から国王まで、これら幅広い範囲の人々を裕福にした。パリ市民はワインを消費するために、毎年約三二五〇万リーヴルを支出していた(この数字は酒にかけられる税金を含んでいる)[48]。この支出は食肉の次、パンの前に位置する、二番目に大きい支出であった。ワイン以外の酒に対する支出は、蒸留酒に二四〇万リーヴル、ビールに一二〇万リーヴル、そしてシードルに十二万リーヴルであったと概算される。ちなみに、コーヒーに対し、パリ市民は三一二万五〇〇〇リーヴル支出していたようである。

酒場は宗教的または経済的モラルの名の下に多くの批判を浴びたが、これら悪徳の泉は、実際には近代国家にとって必要不可欠な税収源だった[49]。ヴォルテールはモラリストたちに対し、居酒屋の主人たちの邪魔をせず滞りなく働かせておくことは、国家存続のために必要であると述べている。モラルは酔いを批判するが、お金の前では姿を消すのだ。

我々は、なぜ王国において、酔いが抑圧されることが稀だったのかの理解が深まる。酒場の法的規制と、酩酊の文化が根強い国における必然的寛容の間において、そして、王権神授説を基に打ち立てようとしている絶対君主制の中で酩酊は当然の罪であるという意識と、入市税と飲料消費税による近代国家の収入増加の必要性の間において、君主制は自らの立ち位置を定めることが難しかった。君主制は酒の消費増加を妨げることはしたくなかったのだ[50]。

結局、司教やモラリスト、医者などの批判に従うよりも、王はむしろ富を増大させることを好んだ。それは、酩酊に反対する人々が、酔っ払いの完全に否定的なイメージを与えるに至らなかったから、そして、過去の偉大な酔っ払いたちが人々の記憶に残っていたからであろう。

二、継承され、社交性のある文化

十六世紀から十八世紀にかけて、酩酊という現象について熟考した教養あるエリートを最も驚かせたのは、酔いの習慣は、(モンテーニュが強調しているように、ギリシア、ローマを含む)「最も規律正しく文明化された国々」から、(ゲルマン人、ガリア人のような)「最も無教養で粗暴な人々」に至るまで、全ての時代の全ての人々に関係しているらしいという点であった。[51]

一部の人々は、古来より「酔いの習慣がどの国においても馴染み深いことであったのは」、それが先天的なものだからではないか、とまで考えるようになった。[52] 彼らによると、酩酊することは、人々が全てのモラリストに対して正当に反論できる自然権のようなものらしい。

「幾人かの驚異的な酒飲み」の偉業は人々の記憶の中に留まっていた。古代の英雄たちに遡るまでもなく、シャロン＝シュル＝ソーヌの司教であり詩人であったポンテュス・ド・ティヤールは、彼の死後一〇〇年経っても、十六世紀のブルゴーニュ地方の「最も大きなワイン貯蔵庫を枯渇させる胃」を利用し、「たくさん飲む美徳」を決して断つことはなかったという評判を守っていた。[53]

ロレーヌ公の侍医であったジャン・ムザンは、彼の著作においてまるまる一章を、十六世紀から十七世紀の「驚異的な酒飲みたち」について割いている。「我らの時代において、我々は昔の酒飲みたちと同じくらいかそれ以上に賞賛されるほど努力した酒飲みたちを目にした」。[54] 彼はそのうちの一人を伝えている。

彼はその名前を明かしていないが、その人物はヴォージュ地方にある小さな村(現在のアルザス地方のムツィグという町)の中心部で、「ラ・クロンヌ」という看板を掲げる「旅籠屋の主人」として記述されている。この有名な酒飲みの評判は以下の事柄に由来する。浮かれたい時、彼は一回の食事で八リットル以上のワインを飲んでいた。[55] 彼の死まで繰り返されたこの個人的偉業によって、このヴォージュ地方の酒飲みは、同時代人らの記憶の中に留まったのである。

本の行商人はフランスの果てにまで、(存在が確かか否かに関わらず)偉大な酒飲みたちを賞賛した本を広めた。例えば『ジャン・ギヨの賛辞』である。料理人の子としてアングレームで生まれたギヨは、啓蒙時代において並ぶ者のない最も有名な酒飲みであったようである。[56]

語り継がれ、記憶されるのに加え、十六世紀から十八世紀の大半のフランス人にとって、酩酊は社交性の中核を占めていた。酩酊の文化はアンシャン・レジーム期の社会構造の一部を成す規範に基づいていた。ド・サラングルのような、酔いの権利の最も献身的な擁護者たちであっても、「酔いながらも守らなければならない規範」があると認めている。(57)

その規範とは、「好ましい仲間と一緒に」、「頻繁ではなく」、そして「適切な時に」酩酊するというものである。「無秩序」を作りすぎる孤独な酔いや飲酒癖は、大半の人々にとって普通のことではなかった。(58)「特定の条件の場合」は酩酊が認められていたが、それは頻繁にあることではなかった。

「毎日酔っ払わないこと」は当然であったが、「例えば、君主によってもたらされた勝利の後の公的祝賀（略）、友人の来訪、」または、カレンダー上で決まっている「大宴会」においては、酔っ払うことが許されていた。(59)酔いに関連する無秩序はこれらの時にしか許されていない。さもなければ、酩酊は場違いと判断された。(60)

社会は節制と過剰のサイクルによって調節された、飲食に関するカレンダーに従っていた。理論的には、大宴会の日は一年間に数十日しかない。例えば、「王が飲まれる」という歓声が上がる公現祭、四旬節の前にあるカーニバルの期間やぶどう収穫期、そしてクリスマス前夜などである。(61)

しかし、上記のような、毎年カレンダーどおりにやって来る酩酊が許される祭り以外にも、村人の結束のための宴会、洗礼式や結婚式など、特別に認められる大宴会があった。ワインと「共感的な酔い」は社交性を織り成す。国王の狩りの帰りも同様に、酒を加えた料理を提供する場であろう。

一七三五年、ヴェルサイユ宮殿の私室の食事部屋の壁を飾るため、ルイ十五世はニコラ・ランクレに酔っ払いを描いた作品を依頼している。そこに描かれているのはまるで、国王の私的テーブルに招かれた実際の会食者たちが経験する場面のようである。『ハムの昼食』（**図3**）(62)で描かれている場面は野外であり、古代的な背景物には、ブドウの房を握りつぶし搾り汁を出すバッコスまたはサテュロスが描かれている。(63)

これは、ニコラ・ランクレがルイ十五世のために描いた愉快な酔いの絵である。田舎風の食事はすでに手をつけられ、ほとんど終わっているようである。テーブルクロスとナプキンの乱雑さ、地面に散乱する割れた皿、山積みのシャンパンの瓶がそれを物語っている。瓶は二十三本あり、会食者一人につき約三本の計算になる。我々はここに、「風習の文明化」による節度ある行為など必要ないと考える貴族たちの宴会を垣間見ることができる。

会食者らの注目を集めている人物は、テーブルの上に立ち、頭にブドウの若枝の冠をかぶり、まるで新しいバッコスのようである。彼がこの宴の王である。ピラミッド状の人物配置の頂点に位置し、やや長い鼻をしている。彼はおそらく、狩りの帰りに仲間たちと酔っ払っている、本物の王であるルイ十五世を象徴しているのだろう(64)。酌をする召使同様に、彼は重要で滑稽な、そして何度もこの田舎の場面で繰り返されたであろう仕草、つまりグラスの中でシャンパンをより泡立たせるために高いところから注ぐ仕草をしている。

飲んでいる人物たちの血色のよい顔、そして食事の残りを飲み食いする動物たちは、会食者たちが酔っていることを何のためらいもなく示している。口からは笑みがこぼれ、言葉は解放され、姿勢は崩れている。同様に、攻撃的な猫に負かされた犬、そして前景に描かれたひっくり返った椅子といった逆転現象により、人物たちの酔いが強調されている。

古代的で田舎風の背景、ブドウの若枝の冠、ヒョウのそばで寝そべったサテュロスまたはバッコスの像、そして酒飲みたちの途方もない放蕩がこの場面、つまりバッコス的な食事の場面を構成している。大いに酔うための口実でしかない文字通りのハムの昼食以上の意味として、この絵は特に、王家を含めた十八世紀エリートらのシャンパンによる酔いの流行を象徴する集団的酩酊を表している(65)。

図3　ニコラ・ランクレ『ハムの昼食』
（Wikimedia Commonsより）

アンシャン・レジーム期において、酒飲みたちは、「君主の健康に対して」、「出席していようがいまいが、友人たちの好意に対して」と言いながら飲み、「酒を飲む行為によって自身の愛情」を示すのが一般的であった(66)。これらの乾杯は(67)、ギリシア＝ローマ時代から受け継がれた飲酒儀礼の一部を成している。乾杯は連帯の絆を強化するのに役立っていた(68)。全ての酒飲みは「パーティーのホスト、または参加者の中で称賛に値すると見なされる人に対して乾杯する」(69)。時折、酒飲

みたちは会食者の人数分乾杯をしていた。(70)

セヴィニエ夫人は『書簡』の中の一節で、一六七一年八月十七日に行われた、ブルターニュ地方の貴族の宴会について詳細に述べている。

その日はブルターニュ地方全土が酔っていました。私たちは個室で食事をしました。四十人の貴族が階下で食事をしており、彼らは四十人それぞれの健康を祈って四十回乾杯をしました。王への乾杯が最初で、毎回、乾杯の後に全ての杯が壊されました。(71)飲む口実は、王がこの地方に十万エキュを与えたことに対する喜びと、この上ない感謝でした。（略）王はブルターニュ地方に好意を示す手紙をご自身の手で書かれたのです。地方総督はその手紙を読み、その手紙の正式な写しが承認されました。人々は「王様万歳」と天にまで届くような叫び声を上げ、そして飲み明かしました。どれだけ飲んだかは神のみぞ知る、です！(72)

順番に乾杯をしていくこの飲み方は、権力があろうがなかろうが、カトリックであろうがプロテスタントであろうが、田舎であろうが都会であろうが、全ての社会的カテゴリーで見られる規範である。(73)他人と共に酔うことは、社会的な絆を織り成す。他人と一緒に飲み、彼らの健康を祝して乾杯することは、関係を解きほぐし、和解し、友情を示し、反乱を祝い、互いの結束を強化することにつながる。司法の古文書はそれらを証言している。(74)真実はワインの中にある。一緒に飲むことは、相手が何かを隠そうとしているか否かを知るのを可能にする。つまり、酔いは「共感するもの」であるのだ。(75)

おわりに

好感、継承、社交性という特性を持つこの酩酊の文化は、アンシャン・レジーム期のフランスのアイデンティティの一部を成している。それは庶民文化とエリート文化の共通分母である。大勢の人々を笑顔にさせた、またはどっと笑わせた酔っ払いの存在を、人々は本気で否定していたのだろうか。笑わせる、または単に微笑ませるこの酩酊の滑稽さは、過ちや犯された宗教上の罪を深刻に扱わないことで、酔っ払いの心地よいイメージを提示することにつながる。(76)もし酩酊することが悲しみを取り除き、人々を笑わせることにつながるなら、「酩酊することのどこに悪があるのか」。(77)

十六世紀から十八世紀にかけての四五〇〇以上の司法関係史料を分析した結果、参照したいかなる古文書のなかにも、一五三六年の王令に沿った判決は見られなかった。つまり、十六世紀から十八世紀の王国で規定されていたにも関わらず、王令は正式には一度も適用されなかったのであろう。

一五三六年から一七八九年にかけての手書き史料と印刷史料からは、飲酒癖という理由での食事付きの投獄、鞭打ちの刑、耳削ぎの刑や追放刑が行われた痕跡は見つからなかった。また、酔っ払ったことのみが原因で罰金刑を宣告された酔っ払いの痕跡も見つからなかった。結局、酔いと飲酒癖に対する直接的な抑圧は、十六世紀から十八世紀において存在しなかったのだ。

また、酒場の監視は断続的であった。例えば、ブルゴーニュ地方のオーソンヌという小さな町では、酒場の監視、規制そして取締りは、オーソンヌの警察と司法の活動のたった六パーセントしか占めていない。つまり、それらは二義的な活動だったのだ。警察や司法は約三カ月に一度、それに対応していた。警察と司法は、通りの「ぬかるみ」による人々の混乱により時間を割いていたのだった。また、取締りは稀で、任意であった。実際には、公の秩序を乱さない限り、酔いは認められていたのだ。

近代フランスにおけるこの大量飲酒に関する文化を明らかにすることは、ノルベルト・エリアスによって提唱された「風習の文明化」の過程の分析をより深めることにつながる。[78] 社会的、文化的規範によって構成された「酩酊の文化」は、この「風習の文明化」の過程に付随しており、その範囲を定めている。振る舞いの自己統制とは、「スプレッツァトゥーラ」のための自己に対する統制、そして、時折の、社交的でにぎやかな酔い、この二つが表裏一体となった概念である。つまり、「酩酊の文化」は、大量飲酒に関する規範を確立する文化なのだ。

宮廷、礼儀作法集、サロン、教育制度または告解などだけが、この時代の社会的規範を構成しているのではない。[79] 家族、友人、隣人、居酒屋、通り、そして口承もまた、ルイ十五世からジャック＝ルイ・メネトラ[80]の時代の、時折補完的で時折矛盾する、あるいくつかの文化的、社会的規範を提示しているのである。

訳者注：紙面の都合上、本文の一部の省略・改行を行った。

注

(1) 例えば以下を参照のこと。Florent Quellier, La Table des Français- *Une histoire culturelle* (*XVe-début XIXe siècle*), Rennes, Presses Universitaires de Rennes, 2007 et Philippe Meyzie, *L'alimentation en Europe à l'époque moderne. Manger et boire XVIe S.-XIXe S.*, Paris, Armand Colin, 2010.

(2) 例えば以下を参照のこと。Roger Dion, *Histoire de la vigne et du vin en France. Des origines au XIXe siècle*, Paris, Flammarion, 1959 ; Marcel Lachiver, *Vin, vigne et vignerons. Histoire du vignoble*

français, Paris, Fayard, 1988 ou Gilbert Garrier,《Quelques repères pour une histoire de l'ivresse》, *Alcoologie et addictologie*, 2002, vol. 24, n° 4, pp.364-367.

(3) Nahoum-Grappe Véronique,《L'histoire longue de l'ivresse》, *Sociétés*, 2006/3, n° 93, pp.77-82.

(4) Matthieu Lecoutre, *Ivresse et ivrognerie dans la France moderne*, thèse soutenue à l'université de Bourgogne en 2010 sous la direction de Benoît Garnot, Presses universitaires de Rennes et Presses Universitaires François-Rabelais, collection《Tables des Hommes》, 2011. 以下のとても刺激的な論文も参照のこと。Thomas Edward Brennan, Beat Kümin, Ann B. Tlusty ou dernièrement de Phil Withington,《Intoxicants and Society in Early Modern England》, *The Historical Journal*, 53, 3 (2011), pp. 631-657.

(5) Sallengre Albert-Henri de, *L'éloge de l'yvresse*, La Haye, P. Gosse, 1715, seconde édition revue et corrigée, p. 212.

(6) 一三〇九年にアルノー・ド・ヴィルヌーヴが「命の水（eau-de-vie）」という名称をワインの蒸留酒に与えた。なぜならワインの蒸留酒は健康を保ち、長寿を可能にすると考えられていたからである。

(7) ラテン語名シルヴィウス、本名ジャック・デュボワ（一四七八〜一五五五）は数学者であり、コレージュ・ロワイヤルの医学講師でもあった。彼は*Régime de santé pour les poures*, Paris, 1542.の作者である。（和訳は以下を参照した。ミシェル・ド・モンテーニュ「酔っぱらうことについて」『エセー』3、宮下志朗訳、白水社、二〇〇八年）

(8) 以下を参照のこと。Matthieu Lecoutre,《Faut-il se saouler une fois par mois ?》, *L'Histoire*, 2012.

(9) 図1　Médecin d'eau douce、図2　Soigner par le vin fait merveille Lagniet Jacques, *Recueil des plus illustres proverbes*, Paris, 1663, Livre II, p. 99 et 101.

(10) *Marc*, XIV, 24.

(11) 福音書によると、イエスの最初の奇跡は、喜ばしく祝祭的な文脈において水をワインに変えたことである。*Jean*, II, 1-12.

(12) Rabelais François, *Cinquiesme livre*, in *Œuvres complètes*, Paris, Gallimard, La Pléiade, 1994, chapitre XLVI, p. 834. ラブレーはプリニウスの格言を参照している。以下を参照のこと。Pline, *Histoire naturelle*, XIV, 141.

(13) Montaigne Michel de, *Essais*, Paris, Garnier Frères, 1962 (1580), Livre second, chapitre II,《De l'yvrongnerie》, pp. 382-383.

(14) シャルル＝オーギュスト・ド・ラ・ファール（一六四四〜一七一二）は詩人である。

(15) クロード＝エマニュエル・リュイリエ、別名クロード・シャペル。彼は一六二六年、パリ近郊の同じ名前の村で生まれた。ラシーヌ、モリエール、ボワローの友人。シャペルは酒飲みで評判だった。彼は一六八六年パリで亡くなる。

(16) ギヨーム・アムフリ・ド・ショーリューは、一六三九年ルーアンで生まれ、神父となった。歌の愛好家である彼は、属していたタンプル協会において「タンプル協会のアナクレオン」とあだ名されていた。彼の作品はシャペルの影響を受けている。ショーリューは一七二〇年パリで亡くなる。

(17) シャルル＝フランソワ・パナール（一六九四〜一七六五）は、特に酒の詩を多く残した。彼は十八世紀前半の名高い作家の一人であった。

(18) ピエール・ガレ（一七〇〇〜一七五七）。

(19) ジャン＝ジョセフ・ヴァデ（一七一九または一七二〇〜一七五七）は、デギヨン公爵の秘書であった。彼は喜劇などを約二〇作手がけ、魚屋風文学というジャンルを作り出した。

（20） Diderot Denis, *Jacques le Fataliste et son maître*, *op.cit.*, pp. 244-246.

（21） より網羅的なリストに関しては以下を参照のこと。Arthur Dinaux, *Les Sociétés bachiques, littéraires et chantantes. Leur histoire et leurs travaux*, Genève, Slatkine, 1968 (1867).

（22） 一六一三年〜一七〇三年。

（23） 一六六九／一六七〇年〜一七七八年。

（24） Françoise Argod-Dutard, Pascal Charvet, Sandrine Lavaud (dir.), *Voyage au pays du vin. op. cit.* p. 605.

（25） André Trofimoff, *Rimailleurs et poétereaux*, Paris, F. Chambriand, 1951, pp. 201-202 cité dans Françoise Argod-Dutard, Pascal Charvet, Sandrine Lavaud (dir.), *Voyage au pays du vin. op. cit.*, pp. 600-601.

（26） Sallengre Albert-Henri de, *L'éloge de l'yvresse*, La Haye, P. Gosse, 1715, seconde édition revue et corrigée, p. 40.

（27） Level Brigitte, *À travers deux siècles. Le Caveau, société bachique et chantante, 1726-1939*, Paris-Sorbonne, 1988, pp. 38-39.

（28） 例えば以下を参照のこと。Vadé Jean-Joseph, *La Pipe cassée, poeme épi-tragi-poissardi-héroi-comique en quatre chants*, in *Œuvres poissardes de J.-J. Vadé*, Paris, 1796 (1743). De Baecque Antoine, *Les éclats du rire. La culture des rieurs au XVIIIe siècle*, Paris, Calmann-Lévy, 2000, chapitre I, 《Le régiment de la calotte, ou les stratégies aristocratiques du rire bel esprit (1702-1752)》.

（29） 「太っちょギヨーム」の本名はロベール・ゲランであり（一六三六年没）、テュルルパンの本名はアンリ・ルグラン（一六三七年没）、タバランはアントワーヌ・ジラールである（一六三三年没）。

（30） *Farces du Grand Siècle. De Tabarin à Molière. Farces et comédies du XVIIe siècle*, édition critique de Mazouer Charles, Paris, Le livre de poche classique, 1992, pp. 12-13.

（31） De Baecque Antoine, *Les éclats du rire. La culture des rieurs au XVIIIe siècle*, *op.cit.*, pp. 82-87.

（32） 以下を参照のこと。Mayeur de Saint-Paul François-Marie, *Le Désœuvré, ou l'espion du boulevard du Temple*, Paris, 1781. シャルル・コレは『タレイアの花束（*Le Bouquet de Thalie*）』の中で、飲んだくれを演じる役者は、歯を食いしばりながら細切れの口調で話すべきだと述べている。Cité dans Plagnol-Diéval Marie-Emmanuelle, 《Vin canaille et vin moral sur les scènes privées》, in *Dix-huitième siècle*, 1997, n° 29, pp. 237-253.

（33） タコネは一七三〇年パリで生まれ、一七七四年慈善病院で亡くなった。タコネと彼の兄弟は、ニコレ劇場で飲んだくれ役を専門としていた。以下を参照のこと。Arnaud J.-B., *Taconet, ou mémoires historiques pour servir à la vie de cet homme célèbre*, s.l., 1775.

（34） 以下を参照のこと。Arnaud J.-B., *Taconet, ou mémoires historiques pour servir à la vie de cet homme célèbre*, s.l., 1775, cité in De Baecque Antoine, *Les éclats du rire. La culture des rieurs au XVIIIe siècle*, *op.cit.*, p. 88.

（35） Rousseau Jean-Jacques, *Lettre à M. D'Alembert sur son article Genève*, Paris, Garnier, 1967 (1758), pp. 207-208.（和訳は以下を参照した。ルソー『演劇について』今野一雄訳、岩波書店、一九七九年）

（36） Matthieu Lecoutre, *Ivresse et ivrognerie dans la France moderne*, *op.cit.*, pp. 298-315.

（37） ワインの噴水が当局によって監視されることは極めて稀であった。以下を参照のこと。AMN, actes constitutifs et politiques de la commune, AA 59, (Fêtes et cérémonies diverses, Lettre du 12 août 1721 : 《Relation des rejouissances faites dans la Ville de Nantes le Dimanche sept Septembre mil sept cens vingt-un, à l'occasion du Rétablissement de la Santé du ROY》, Nantes, imprimerie Verger, 1722).

(38) ADG, archives de l'Intendance, C 3619 (Réjouissances publiques, *Relation des rejouissances faites dans la ville de Bordeaux a l'honneur de la naissance de Mgr Duc de Bourgogne en 1682*, manuscrit de 14 pages).

(39) AMN, actes constitutifs et politiques de la commune, AA 59 (Fêtes et cérémonies diverses, Lettre du 12 août 1721 : 《Relation des rejouissances faites dans la Ville de Nantes le Dimanche sept Septembre mil sept cens vingt-un, à l'occasion du Rétablissement de la Santé du ROY》, Nantes, imprimerie Verger, 1722, 8 pages).

(40) AMN, actes constitutifs et politiques de la commune, AA 59 (Fêtes et cérémonies diverses, 《Description de l'illumination et feux d'artifice, executes a l'hotel de la bourse de Nantes, par les soins de Messieurs les juge et Consuls des Marchands de ladite Ville. Le 19 Octobre 1729》, Nantes, Verger, 1729, 16 folios).

(41) ADLA, chambre de commerce de Nantes, C 700 (Fêtes publiques, 《Description des fêtes données par le Corps de Ville et celui du Commerce de Nantes, les 22 et 23 août 1769, à l'occasion de l'arrivée et du séjour de M. le Duc de Duras en cette ville》, Imprimé, s.l., s.d.).

(42) AMD, police municipale, I 38 (Fêtes publiques et réjouissances, Délibérations sur la naissance du duc de Bourgogne, fils du Dauphin, délibération du samedi 15 août 1682, jour de la fête de l'Assomption, ms).

(43) 以下を参照のこと。Diderot et D'Alembert (dir.), *L'Encyclopédie ou dictionnaire raisonné des sciences, des arts et des métiers,* Paris, 1751-72, t. XIV, 《festin》: 一七四四年十一月十五日、「メッツからの帰還」に際し、ルイ十五世は数多くのワインの噴水が提供されたパリの祝宴に参加した。

(44) AMD, police municipale, I 40 (Fêtes publiques et réjouissances, 《Au sujet des réjouissances》 pour la naissance du dauphin, ms, fête du dimanche 11 septembre au mardi 4 octobre 1729). 以下も参照のこと。 ADG, archives de l'Intendance, C 3794, 《Relation de la feste que la ville de Bordeaux a donné, au sujet de la Naissance de Monseigneur le DAUPHIN》, Bordeaux, J.B. Lacornee, Imprimeur de la Cour de Parlement, et de l'Hôtel de Ville, 1729, 4 pages.

(45) Holbach Paul-Henri d', *La Morale universelle ou les Devoirs de l'homme fondés sur la nature*, Amsterdam, 1776, T. I, p. 354-358.

(46) Archives Municipales de Nantes, GG 728 (1721).

(47) Garnot Benoît, 《Administrer une ville au XVIIIe siècle : Chartres》 in *Histoire, économie et société*, 1988, Vol. 7, n ° 2, pp. 178-179.

(48) Lavoisier Antoine, *Résultats extraits d'un ouvrage intitulé De la richesse territoriale du Royaume de France*, in *Œuvres de Lavoisier*, T. VI, J.B. Dumas, E. Grimaux, F.A. Fouqué, Paris, 1862-1963 (1791), p. 434.

(49) Matthieu Lecoutre, *Ivresse et ivrognerie dans la France moderne*, *op.cit.*, pp.101-148.

(50) Marcel Lachiver, *Vin, vigne et vignerons. Histoire du vignoble français, op.cit.*

(51) Montaigne Michel de, *Essais,* Paris, Garnier Frères, 1962 (1580), tome I, livre II, chapitre II, p. 376 ; Mousin Jean, *Discours de l'yvresse*

et yvrongnerie, Toul, 1612, p. 158 ; Diderot et D'Alembert（dir.）, *L'Encyclopédie ou dictionnaire raisonné des sciences, des arts et des métiers,* Paris, 1751-72,《Ivrognerie》.

（52） Mousin Jean, *Discours de l'yvresse et yvrongnerie, op.cit.*, chapitre XXIII.

（53） Sallengre Albert-Henri de, *L'éloge de l'yvresse, op.cit.*, pp. 72-73. ポンテュス・ド・ティヤール（一五二一～一六〇五）は司教でありプレイヤッド派の詩人でもあった。

（54） Mousin Jean, *Discours de l'yvresse et yvrongnerie, op.cit.*, chapitre XXXI.

（55） 八リットルの算出方法については、Mousin Jean, *Discours de l'yvresse et yvrongnerie, op.cit.*, p. 206. を参照のこと。

（56） *Panegygrique de Jean Guillot*, s.l.n.d., XVIIIe siècle in Oberlé Gérard, *Une bibliothèque bachique. Collection Kilian Fritsch,* Paris, Loudmer, 1992. ギヨは当時の飲んだくれの総称的な呼び名であった。以下を参照のこと。Chevalier,《Le Cartel de Guillot》, 1660, in *Farces du Grand Siècle. De Tabarin à Molière. Farces et comédies du XVIIe siècle,* édition critique de Mazouer Charles, Paris, Le livre de poche classique, 1992, pp. 425-458.

（57） Sallengre Albert-Henri de, *L'éloge de l'yvresse*, *op.cit.*, chapitres XXVIII-XXXII.

（58） Ménétra Jacques-Louis, *Histoire de ma vie. Jacques-Louis Ménétra compagnon vitrier au 18e siècle,* Montalba, Paris, 1982, p. 129：メネトラは、一人で酔ったことは一度もないと書いている。なぜなら、酔いは共有するものであり、集団的実践だからである。Sallengre Albert-Henri de, *L'éloge de l'yvresse, op. cit.*, p. 213.

（59） *Ibid.*, pp. 204-206.

（60） 古代ギリシアとは違い、近代において場違いな酩酊は無意味である。以下を参照のこと。Villard Pierre,《Bonnes et mauvaises ivresses dans l'Antiquité》, in Garrier Gilbert（dir.）, *Le vin des historiens*, Actes du Ier symposium《Vin et histoire》, 19, 20, 21 mai 1989, Collection de l'Université du vin, Suze-la-Rousse, 1990, p. 16.

（61） Fleury Claude, *Les Mœurs des chrestiens,* Paris, 1682, pp. 482-483 ; Legrand d'Aussy Pierre Jean-Baptiste, *Histoire de la vie privée des Français*, *op.cit.*, tome III, pp. 52-53.

（62） 訳者注：この絵画の作品名にあるdéjeunerは、現代フランス語では「昼食」の意である。作品名を直訳すると『ハムの昼食』となり、日本語訳も『ハムの昼食』で通っている。しかしながら、当時の貴族のdéjeunerは午前九時前後であり、また、一般的にハムは豪華な食材であった。この点を踏まえると、この絵は、現代の「昼食」というよりはむしろ「朝食」の時間帯、すなわち、狩りを終えた参加者らが帰り道中、当時の豪華食材であったハムと共に、朝から大量のシャンパンを空けて酔っ払っている場面を描いたものと考えられる。そのため、作品名の日本語訳は『朝からハム』とでもした方が、作品の趣旨に合っているかもしれない。ちなみに、シャンパンも当時は高級品であった。注65参照。

（63） Lancret Nicolas, *Déjeuner au jambon*, 1735, huile sur toile, 188 x 123 cm, Chantilly, Musée Condé.

（64） Musset Benoît,《La représentation du vin de champagne en bouteilles dans les petits appartements du roi à Versailles》, in Bouneau Christophe et Figeac Michel（dir.）, *Le verre et le vin de la cave à la table du xviie siècle à nos jours*, Pessac, Maison des Sciences de l'Homme d'Aquitaine, 2007, p. 91.

（65） シャンパンは値段が理由でエリートの飲み物だった。シャンパンはパリで「五から八リーヴル」で売られていた。これは熟練工の労働四日分に相当する値段であった。以下を参照のこと。Lachiver Marcel, *Vin, vigne et vignerons. Histoire du vignoble français*, Paris, Fayard, 1988, p. 279.

(66) Mousin Jean, *Discours de l'yvresse et yvrongnerie, op.cit.*, p. 246.

(67) 誰かの健康を祝して飲む行為。十六世紀において一般的だったのは、「brinde」という乾杯形式であった。

(68) Bouchet Guillaume, *Les Serees des Guillaume Bouchet, sieur de Brocourt, divisées en trois livres*, Rouen, 1634-1635 (1584), pp. 50-51.

(69) Mousin Jean, *Discours de l'yvresse et yvrongnerie, op.cit.*, p. 232.

(70) Sévigné Madame de, *Correspondance*, Paris, Gallimard, La Pléiade, 1972, T. I, p. 325, Lettre du 19 août 1671.

(71) これは、飲んでいる者は王と結んだ契約をもう否認できないということを意味する。

(72) Sévigné Madame de, *Correspondance*, Paris, Gallimard, La Pléiade, 1972, T. I, p. 325, Lettre du 19 août 1671.

(73) *Dictionnaire Universel François et Latin vulgairement appelé Dictionnaire de Trévoux*, Paris, La compagnie des libraires associés, 1752, tome I, 《Boire》, p. 1679 :「順番に飲むこと、それは一同が互いの健康を祝して飲むことである。」

(74) 例えば以下を参照のこと。Archives Départementales du Rhône, Justices seigneuriales, 4B 81 (Tribunal de Beaujeu, Tapage nocturne, 1777).

(75) Toussaint-Samat Maguelonne, *Histoire naturelle et morale de la nourriture*, Paris, Bordas, 1987, p. 37.

(76) 「笑う」と「微笑む」の違いは礼儀と関係している。以下を参照のこと。Ménager Daniel, *La Renaissance et le rire*, Paris, PUF, 1995. Sur la distinction entre les deux cultures voir Muchembled Robert, *Culture populaire et culture des élites dans la France moderne (XVe-XVIIIe siècles)*, Paris, Flammarion, 1978. De Baecque Antoine, *Les éclats du rire. La culture des rieurs au XVIIIe siècle, op.cit.*

(77) Sallengre Albert-Henri de, *L'éloge de l'yvresse, op.cit.*, p. 212.

(78) Elias Norbert, *La civilisation des mœurs*, Paris, Calmann-Lévy, 1973, (1939).

(79) Jahan Sébastien, *Les renaissances du corps en Occident (1450-1650)*, Paris, Belin, 2004, p.168.

(80) Daniel Roche, *Journal de ma vie. Jacques-Louis Ménétra compagnon vitrier au 18e siècle, op.cit.*

酔う女——徳田秋聲『新世帯』と明治期の飲酒文化

安井海洋

やすい・みひろ——高浜市やきものの里かわら美術館学芸員。名古屋大学大学院文学研究科博士課程後期課程在籍。専門は日本近代文学・文化史。主な論文に「明治四〇年代における徳田秋聲の話法——短編小説に見られるル形とタ形の機能」（『日本文藝学』第五三号、二〇一七年三月）がある。

女性の酔態を非難した『読売新聞』の記事を通じて、明治期に広まった、女性の酩酊を嫌悪する規範の内実を考察する。さらに、徳田秋聲が新聞小説『新世帯』で描く女性の酔いを取り上げ、この規範と対照する。このことによって、『読売新聞』が提示するような道徳観を秋聲が批判していたことを明らかにする。

はじめに

明治七年（一八七四）に創刊された『読売新聞』（以下、『読売』）には、酒に酔って何らかの失敗を犯した庶民を風刺する記事が多数掲載される。さらにこの新聞では、特に明治三十年代以降、「女にもあるまじき」酒飲みという表現で女性の酩酊がしばしば非難される。

こうした女性の酔態を揶揄する記事を、読者は選んで読んでいた。『読売』のような小新聞[1]はこのような醜聞によって読者を獲得していたのであろう。また、女性の酩酊を嫌悪する規範が読者の間で共有されていたことも推定される。現代と同様に、醜聞とは道徳観から外れた内容であるほど読み手の興味をそそるものだからである。

ところで、明治四十一年（一九〇八）に発表された徳田秋聲の新聞小説『新世帯』[2]には、『読売』に記された規範から逸脱する、酔態を見せる女性が描かれる。彼女は愛人である主人公の家で酒を飲み、顔を火照らせる。そしてその酔態のために周囲の顰蹙を買い、主人公と縁を切られるのである。

そこでこの論文では、酩酊する女性について報じた明治七年から四十五年（一九一二）までの『読売』の記事から、女性の飲酒を嫌悪する規範の内実を分析する。そして、この規範と、『新世帯』に描かれた女性の酔態とを対照することで、酔う女性がこの小説の展開にどのような影響を与えたかを考察する。

女性の不飲に関しては、柳田國男による昭和六年（一九三一）のエッセイがある。柳田は女性の飲酒が近世から一貫して禁じられてきたということを、資料を挙げずに主張する。[3]しかし、近世に行われた「酒戦」という酒飲み大会の記録に女性の参加が報告されているため、柳田の主張には賛同できない。[4]また小野田美都江は、明治期から現代までの新聞記事を資料に女性の飲酒習慣の経年変化を明らかにしているが、明治期に関しては女性の飲酒が批判される傾向にあったと指摘するにとどまり、具体的な酔態には言及していない。[5]

そこで、読売新聞社のデータベース「ヨミダス歴史館」に収録された記事を通して、明治期の飲酒に関する規範の性差を検証する。そして、『新世帯』に描かれる女性の酔いが女性の飲酒をきらう社会規範から逸脱しているかを明らかにする。

一、『読売新聞』に見る明治期の飲酒に関する規範

『読売』の記事は、女性の酔態を揶揄するだけでなく、飲酒行為自体をふさわしくないものと見做している。こうした言説が紙面に現れるのは明治三十年代以降のことだが、明治期全体を通じて、女性の酔態を報じた記事には具体的にどのようなことが書かれていたのであろうか。

明治十年代の記事には次のようなものがある。

（前略）「デモ有りませうがおいらんが身をお投なされるを見て棄て置く訳にハ行きません（中略）」と井戸の中を覗きながらいろ〳〵と云ても、身投ハ井戸の水より首だけ出し上の男と死ぬ死なせぬと押問答（中略）此女ハ大酒喰ひにて、客の無いヤケ腹紛れに一人で二合入の徳利を七本倒しへベレケに酔た上、クラ〳〵と死ぬ気に成て井戸へ飛び込んだのだと云ふ[6]

客の来ないことに腹を立てた芸妓が、自棄酒に酔い、井戸に身を投げたことを伝えている。記者は芸妓が酔った様子を誇張して書き、読者の笑いを誘うことで、彼女を批判しているのである。同様に、明治十二年（一八七九）十二月二十一日、十五年（一八八二）四月五日[7]などの紙面で、酒による女

性の失敗談を風刺したものが散見される。このことから、女性の酔態の報道が読者に好まれる題材だったとわかる。

また女性の酩酊について書かれた記事では、周囲に危害を加えた事件は報じられていない。せいぜい暴れて食器を割る程度である。それに反して、男性の場合、明治十二年（一八七九）十月十九日、十八年（一八八五）十二月二十五日など多くの記事に、酒がもとでの交通事故死や暴行などが報道され(8)る。こうした記事は男性の酩酊が危険視されていたことを示していよう。では、女性に関してはなぜ無害な失敗ばかりが記事にされたのであろうか。

明治の全期を通じて、飲酒に関する記事を女性に限定しないで精査すると、風刺的に取り上げられたのが、車夫、大工、米搗きなどの職業従事者であったことがわかる。(9)またその内容は、酔っぱらって溝に落ちたり、往来で寝入ったりするといった失敗談と、交通事故、暴行、殺人などの深刻な事件とに二分される。

明治十年代の新聞では、明治十一年（一八七八）六月二十二日の、酔った牛方が牛に掘割へ突き落されたことを風刺した記事のように、前者に該当するものが多い。つまり、このような酔態に対する揶揄が、男女の区別なく書かれているのである。彼らの行為が記事にされるのは、酒による失敗が読者に好まれたことの影響であろう。酔いがもとでの失敗は、読者の道徳意識に抵触する行為だったのである。

酩酊一般が反道徳的なものと見做されることには、明治初年代より始まったと考えられる、飲酒習慣の変容が関連している。明治四年（一八七一）、新政府は徳川幕府以来の酒造株制度を撤廃し、(10)新たに「清酒濁酒醤油鑑札収与並に収税方法規則」を公布することで、酒造業の自由化を図る。(11)酒税の確保を目的とするこの政策により、日本に酒造業者が急増し、ピーク時の明治十三年（一八八〇）には全国で二七、八七五軒の蔵元が営業している。(12)さらに、明治三十二年度（一八九九）に酒税の税収は地租を上回り、国内最大の租税となる。(13)このように、清酒の流通量は明治の全期を通じて増大していったのである。

また、こうした税源としての酒造業を保護するために、政府は自家用酒に課税することで家庭での醸造を制限する。そして明治三十二年一月には、この自家用酒税法の廃止によって、家造りが全面禁止される。(14)

自家用酒は各地に派遣された収税吏によって厳しく取り締まられた。収税吏と秋田県の村人たちとの闘争を伝えた民話に、以下のようなものがある。

（前略）「いたか、いたか。婆ちゃ、おめとこに、こもかぶりねか」／と、役人がいうもの、婆さまは、／「ありますえ」と、答えたわけだ。（中略）したば墓場さ行って、／「これ、おれのこもかぶりだえ」／婆さまは石塔さしていったもんだ。／ほれ、ここらでは冬のしみるとき、石塔が割れるもの、どこの家でもこもをかぶせておいたわけだ。／婆さまに図られて、酒役人があちこちしているすきに、村ではみなどぶろくを隠してしまったんだと。(15)

収税吏が村の老女に「こもかぶり」（濁酒）はないかと尋ねると、老女は酒の在処を教えるふりをして墓地に案内し、石塔にかぶせる菰を見せる。当局の監視はこのような民話が残るほど苛烈だったのであろう。このように、庶民が飲む酒は、自家製の濁酒から、酒店などで買う清酒へ移行していったのである。

ところで、清酒は濁酒よりもアルコール度数が高く、また値段も高価であった。そのため、清酒を飲むようになった庶民は酩酊しやすくなり、且つ経済的な打撃を受けたのではなかろうか。『読売』で酩酊を非難する記事が書かれたことの背景には、このような社会状況があったのである。

一方、女性の場合、こうした酒税に関する政策により、男性以上に酒を飲みにくくなったと考えられる。仙台税務監督局が大正九年（一九二〇）に刊行した、東北における自家醸造の取り締まりについての報告『東北六県酒類密造矯正沿革誌』には、「自家用酒は農村の必需品たるの観を呈し婦女子尚且之を鯨飲し其の醸造は又婦女子当然の職務とせられ醸造技能の巧妙は婚嫁の一要件たりしと聞く」(16)とあり、少なくとも東北においては、女性が家造りを担当し、且つそれを飲んでいたことがわかる。そして、多くの都市ではこれと同様の光景が見られたと推定される。しかし、明治政府が自家醸造を制限したことにより、女性は酒を造る役割と、飲む機会を失っていくのである。

さらに、明治民法の財産管理に関する条項も、女性から酒を飲む権利を奪う原因となる。江戸期の加賀藩の武家文書「猪山家文書」にある猪山家の天保十四年（一八四三）の家計簿には、夫の直之が「妻より借り入れ」と書き入れた箇所がある。江戸期の武家の場合、夫と妻の財産は区別されていたのである。(17)

また、磯田道史は食費など定常生活費の管理が妻女に任されていたと推定するが、(18)その内訳は家計簿に記されていない。つまり、一度分配された生活費の使途は妻が決定し、夫はそれに対して意見できなかったのではなかろうか。さらに、「初尾」という小遣いは家族全員に与えられ、その額は夫十九匁、妻二十一匁と妻のほうが多い。[19] こうしたことから、妻は自由に使える財産を有していたことがわかる。

ところが、明治三十一年（一八九八）改正民法第八〇一条は、「夫ハ妻ノ財産ヲ管理ス」と財産管理権を夫に委ねるよう定めている。[20] 明治期に入ると、妻が金を自由に使うことは許されず、自分の意志で酒を購入することもできなくなったのである。

『読売』の記事において、酔って暴行を働いたという報道がないにもかかわらず、女性の酔態は非難された。この事実は、女性の飲酒自体を悪と見做す道徳観が読者の間に広まっていたことを示している。そして、が女性が酒を飲む自由を喪失していく社会状況に影響され、こうした道徳観常識と見做されるようになったと推定されるのである。

このような女性に対する飲酒の規制は、明治三十年代に入るとさらに強固になる。明治三十五年（一九〇二）十月十五日の新聞は、酔って川に転落した女性について報じた記事で、「さりとハ女にもあるまじき仕業と謂ふべし」と記している。また他の記事でも、「女の身のあるまじき大の酒好き」（明治三十六年六月十八日）、「女に似気なき飲んだくれ」（明治四十一年四月二日）といった文言が見受けられる。このような表現は明治十年代の新聞には見られない。

「女にもあるまじき」酒飲みのような言葉が書かれるのは、〈女は酒を飲まないもの〉という通念が『読売』の読者の間で定着していたためであろう。明治三十年代には女性の飲酒を嫌悪する規範が成立していたのである。つまり、明治期には自家醸造の禁止と経済的自由の剥奪とを通じて、女性の酩酊をきらう道徳観が広まったのだといえよう。

二、明治三十年代以降の文学作品に描かれた女性の飲酒とその役割

ここでは『読売』の分析を通じて、女性の酩酊が明治三十年代以降の社会規範から外れていることから、同じ時期の新聞小説にこの規範がどのように反映されているのかを検証したい。

明治三十年代から大正初年代までの新聞小説において、女性の飲酒の様態は三通りに大別される。**表**にあるように、芸妓の飲酒は三例、[21] 老女の飲酒は二例、薬としての飲酒は一例見られる。薬として消費しても酩酊はしないため、酔態を描かれた女性はほとんどが芸妓か老女であったといえよう。[22]

芸妓の酔いを描く小説としては、村井弦斎の『酒道楽』が挙げられる。『酒道楽』は、酒がもとでの失敗を繰り返す二人組の男性を風刺的に描いた家庭小説である。弦斎は彼らの

表　新聞小説における女性の飲酒の様態

女性の飲酒の様態	作家・作品	初出紙
芸妓の飲酒	村井弦斎『酒道楽』	『報知新聞』明治35年（1902）1月3日〜7月14日
	尾崎紅葉 『続続　金色夜叉』	『読売新聞』明治32年（1899）1月1日〜5月28日， 33年（1900）12月4日〜34年4月8日
	高浜虚子『俳諧師』	『国民新聞』明治41年（1908）2月18日〜7月28日
老女の飲酒	長塚節『土』	『東京朝日新聞』明治43年（1910）6月13日〜11月17日
	徳田秋聲『足迹』	『読売新聞』明治43年（1910）7月30日〜11月18日
薬としての飲酒	徳田秋聲『新世帯』	『国民新聞』明治41年（1908）10月16日〜12月6日

醜態を通じて読者に禁酒を勧めており、この小説の掲載媒体となった『報知新聞』(23)の、道徳的な新聞という編集方針と合致した内容となっている。

しかし『酒道楽』には丼鉢で飲むという酒豪ぶりから「猩々芸者」の異名を取った芸妓が登場する。(24)芸妓はその職業の性質上、男性と酒席をともにしなければならない立場にあったため、酔態を問題視されなかった可能性があるといえよう。(25)

次に、老女が酒を飲む作品として、文芸雑誌での用例となるが、大正四年（一九一五）一月の『文章世界』に発表された田村俊子「母の出発」が挙げられる。主人公の女性とその夫が住む家に、台湾と思われる土地で海水浴場を営む、主人公の母であるお政がやって来る場面からこの小説は始まる。

（前略）世間が自分に取つて狭くなつてきたり、一人の娘の連合（つれあひ）から馬鹿にされたり卑しめられたりするやうな時、お政は強い調子で酒を飲んだ。お政の酒の好きなこと一とつでも木島には厭であつた。(26)

経済的な自立や家庭内での地位の高さも理由のひとつだが、主人公の母が酒を飲んでも許されるのは、飲酒習慣の世代差のためと推定される。第二章で述べた通り、女性の酩酊を嫌悪する規範が成立したのは明治三十年代のことだが、一般に、ある規範が社会全体に定着するまでには時間がかかる。「母の出発」の発表当時には、新しい飲酒規範を受け入れた若い世代と、それ以前の古い飲酒習慣になじんだ世代とが混在していたのではなかろうか。この小説と同様に、長塚節の新聞小説『土』でも、老女の酔態が描かれるのである。(27)

一方、岩野泡鳴の『耽溺』では、夫の浮気に苦悩する妻が、その不安を紛らわせるために酒を口にしたのを夫に見抜かれ、「焼け酒だらう」とからかわれる。(28)妻はふだん飲まないのだが、この場面では二、三杯口にしている。つまり、彼女は少量ながら飲める体質であるにもかかわらず、あえて酒を遠ざけているのである。このことから、彼女のような若い世代の女性は、当時の新しい規範に親和性があったと考えられよう。明治三十年代から大正初年代までの文学作品には、社会における飲酒習慣の揺らぎが反映されていたのである。

最後に、病気療養のために酒を服用するケースに、徳田秋聲の『新世帯』が挙げられる。この作品では、出産のために実家へ戻る妻のお作に、夫の新吉が、「滋養の葡萄酒などを鞄の隅に入れてや」る場面がある。[29] 滋養をつけるために飲まれた葡萄酒が、当時には流通していたのである。

このような薬酒としての葡萄酒は江戸前期にも存在が確認される。人見必大『本朝食鑑』の「葡萄酒」の項は、山葡萄の汁に諸白酒と「氷糖」（蜂蜜や果実などからなるシロップの一種か）を混ぜて造り、「腰腎を暖め肺胃を潤す」効能があるとする。[30] 同様の製法は、文化十年（一八一三）刊行の十返舎一九『手造酒法』にも記されている。[31]

明治四十年（一九〇七）においても、寿屋洋酒店（現、サントリー）が発売した「赤玉ポートワイン」のように、葡萄酒は甘口のものが一般的であった。甘い葡萄酒を薬酒として飲むという江戸期以来の習慣が、明治期まで残っていたのであろう。[32]

明治三十年代以降の文学作品には、こうした芸妓や老女の飲酒がしばしば描かれる。だがそうした事例は、男性の飲酒と比べればわずかな数にとどまる。まして芸妓や老女以外の女性は、病気療養を目的とした場合を除き、酒を飲む姿がほとんど記されないのである。このことから、女性の酩酊をきらう社会規範が文学作品に反映されていたことが知られよう。

三、『新世帯』における女性の酔態

明治三十年代以降の新聞小説には、女性の飲酒を嫌悪する規範が浸透した傾向がある。しかし徳田秋聲の新聞小説『新世帯』には、その規範から外れる女性が登場する。酒店を営む新吉夫妻と、新吉の愛人となるお国との三角関係を描くこの小説では、お国が新吉の前で酩酊するのである。

ところで、新吉はお国の酔態を見て、彼女がかつて芸妓だったのではないかと疑う。彼がなぜそのような疑念を抱いたのか、二人が酒を飲み交わす場面を分析することで検証したい。

新吉の妻が出産のため帰省している間に、お国は新吉の店に住み込みで働くようになる。夫が詐欺罪の容疑で逮捕され、自活が難しくなったため、夫の友人である新吉を頼って来たのである。二人は大晦日の夜に酒席をともにする。

（前略）お国の目の縁が少し紅味をさして、猪口（ちょく）を嘗め

> る唇にも綺麗な湿を持つて来た。（中略）今夜の女の酒の飲ツ振などを見ると、（新吉には――引用者注）一層不快の念が兆して来た。何処の馬の骨だか……と云ふ侮蔑や反抗心も起つて来た。（一五七頁）[33]

目の縁に赤みが差し、唇に潤いが出るなど、お国は酔うにつれて性的な魅力を増していく。その姿を見て、新吉は彼女に嫌悪を覚える。このような酔態を見せる女性は「何処の馬の骨だか」わからないと、彼女の素性を怪しむのである。

また、彼がこうした反応を示すのは、彼女に芸妓の経歴があると以前から邪推していたためでもある。お国と初対面のとき、新吉は「どうせ素人ぢやあるめえ」（一五一頁）と、見た目だけで彼女の出自を判断する。また店の小僧たちも、「あれは唯の女ぢやあるまい」（一六四頁）と陰口を言い、新吉の妻も、「水口の方で、蓮葉な様な口を利いてゐる女の声がする」（一六六頁）と、お国の蓮っ葉な話し振りに気づいている。このように、新吉を含め、お国の周囲の人物は彼女が素人の女性ではなかったと断定するのである。[34]

しかし、ここで注意すべきは、お国に実際に芸妓の経験があったという記述が作中のどこにもないことである。新吉たちは、軽薄な話し方をし、酒を飲むことで性的な魅力を増すお国を、事実も確認せず元芸妓と決めつけている。

さらに、新吉のこうした決めつけには、当時の社会背景が影響していると推定される。第三章で指摘した通り、当時は一般の女性が酔わない一方で、芸妓は日常的に酒を飲んでいた。新吉はお国が酔って艶めかしくなるさまを、芸妓の飲み方と重ねたのであろう。

つまり、お国の普段の振舞いが周囲の人物に芸妓の所作を連想させ、さらにその人物像が酒に酔う姿によって強化されるのである。彼の心中で、〈芸妓は酒を飲むもの〉という事実は、〈酒を飲む女は芸妓である〉という認識にすりかわっているのだといえる。

こうした芸妓のイメージは、お国に対する新吉の否定的な心情に結びつく。妻が戻ってからも店を去ろうとしないお国に向かって、新吉は、「宅は商売屋だもんだで、何だか訳の解らない女がゐるなんぞと思はれても、余り体裁が好くねえしね……」（一七〇頁）と言う。新吉は、自分の店が「訳の解らない女」、すなわち玄人のような雰囲気の女性を置くところだと客から思われることを危惧するのである。

一方で、新吉の商売に対するこのような執着は、お国の酔態への嫌悪感を高める原因となる。「幾年目に何れだけの資本が出来ると云ふ勘定をすることぐらゐ、新吉に取つて興味のある仕事はなかつた」（一三八頁）とあるように、彼は蓄

財を行動原理とする人物として描かれる。そのため、商売の繁盛をお国よりも優先して、彼女を追い出すことも辞さない。(35)

ところで、経済的成功に対する新吉の欲望は、作品の歴史背景をなす日露戦争によって強化された可能性がある。(36)「七八分は労働者」(一四五頁)と彼が言うように、店と同じ小石川区表町(現、小石川区)にあった東京砲兵工廠の職工が、店の客に多くいたと考えられるためである。(37)

「大阪砲兵工廠衛生調査報告書」には、東京・大阪の砲兵工廠の労働環境に関する各種の資料が収められている。そのうち東京の職工数の統計によると、日露戦時中、職工が大幅に増員されていることがわかる。(38)この増員は、兵器の需要に応じて、各地から職工が呼び寄せられたことを示している。

また大阪の職工の家庭生活に関する報告によると、大阪市外から移住してきた者は、工廠の給与だけで家族全員を養わなければならないため、生活に困窮する。さらに、そのなかには給与を酒や娯楽に使いこむ者が少なくなかったという。(39)このように、当時の小石川には酒を消費する労働者が多数おり、彼らが新吉の店の酒を買っていたと推定されるのである。

新吉は顧客の増大という戦争の恩恵に与っていた。その利益の大きさは、新吉の経営者としての手腕に自負を抱かせるには十分であったと考えられる。つまり、彼の持ち前の「金を溜〔ママ〕めたい」(一四一頁)という欲求は、この経済的成功を受けて高まったのではなかろうか。

このように、金を稼ぐという野心に駆り立てられる新吉にとって、酔態を見せて芸妓らしさを漂わせるお国は店の評判を落としかねない存在である。そして、彼のこうした〈酒を飲む女は芸妓である〉という思い込みのせいで、彼女は店から放逐されることになるのである。

四、規範への対抗としての酔い

お国は新吉に酔態を見せたことで、芸妓のような女性だというイメージを押しつけられ、店を追われる。さらに、夫の小野に懲役刑の判決が下ったことで、彼女は頼りになる人間をすべて失う。そのため、彼女は千葉の茶屋に奉公することになる。そして『新世帯』の後半部分で、お国は再び新吉と酒席をともにする。

この酒席の場面を分析することで、彼女の酔いが、当時の社会で常識となっていた、女性の酩酊への嫌悪を相対化していることを明らかにしたい。次の引用のように、千葉へ発つ晩、お国は激しい勢いで酒を飲む。

(前略)お国は嶮しい目を光(ひから)せながら、グイ〳〵酒を飲んだ。飲めば飲むほど、顔が蒼くなつた。外眦(めじり)が少し釣上つて、蟀谷(こめかみ)の処に脈が打つてゐた。唇が美(うるは)しい潤(うるほひ)を有つて、頬が削(こ)けてゐた。（一七四頁）

顔が青ざめ、頬がこけていくという描写から、お国が自分の身体を痛めつけるようにして飲んでいることがわかる。第四章で扱った一度目の飲酒の場面で、酒が彼女を活き活きとさせ、性的な魅力を与えていたのに対し、ここでの酔いは彼女自身を蝕むものだといえよう。

また、「ぢや新さん、此でお別れにしませう。酔つた勢でもつて……」（一七五頁）とお国が言うように、この場面での酩酊は、茶屋に行くことに対するためらいを振り払うための自棄酒だといえよう。

この酔態に、もはや芸妓らしさを連想させる要素はない。一度目の酔いは新吉の目に艶めかしいものとして映っていた。ここには、客の機嫌を取ったり自分を美しく見せたりするような、芸妓らしい飲み方に近い側面がある。彼女が自分の酔態を通して新吉の好感を得ようとしていることは、直接語られてはいなくとも、暗示されているといえよう。

それに対し、今回の酔いは周囲からどのように見られているかを配慮していない。つまり、芸妓が見せる男性とのコミュニケーションのための酒ではなく、将来の不安を紛らわせることを目的とした、自分自身のための酒なのである。

こうした個人の欲求を満たすための酔いは、女性の酩酊をきらう当時の社会規範から逸脱している。明治期の文学作品の多くはこの規範に従い、芸妓や老女以外の酔態を表象しなかった。一方で、『新世帯』はこうした傾向に反し、お国の自棄酒を描く。そのことによって、この小説は当時の規範に一石を投じているのである。

おわりに

この論文では、『読売』の記事を資料に、明治三十年代に女性の酩酊を嫌悪する規範が確立したことを明らかにした。そのうえで、徳田秋聲の『新世帯』に描かれた女性がこの規範から逸脱する人物であることを指摘した。彼女は自分の酔態を通して、当時の社会に広まっていた規範を非難したのである。

明治期の『読売』は、過剰な飲酒を嫌悪する道徳観から酩酊による失敗を揶揄する記事を多数掲載するが、その対象には女性も含まれていた。そして、明治三十年代に入ると女性の不飲は自明のこととして記されるようになる。つまり、この時期には女性の酔いを否定する規範が一般常識として定着していたのである。

一方、三十年代以降の文学作品は、『読売』が提示するような道徳観に規定され、芸妓と老女以外の女性の酩酊を描かなかった。しかし、それに対して『新世帯』では、芸妓でも老女でもないお国という女性の酔いが表象される。

新吉はお国の酔態に芸妓の姿を重ね、彼女に嫌悪を抱く。このことから、彼は女性の飲酒を否定する規範を内面化していると推定される。しかしお国は、小説の結末で、将来の不安を紛らわせるために酒を呷る。『新世帯』の作者はこのような女性の酔いを描くことで、当時の社会における規範を批判するのである。

最後に、今後の課題として、女性に不飲を求める言説に対する宗教思想の影響に言及したい。たとえば儒教の思想にもとづく節酒論は江戸期から明治期まで続いており、中村正直や佐藤一齋によって唱えられる。[40]

また明治二十年代には、キリスト教徒を中心とした禁酒運動が起こる。[41] 禁酒運動の宣伝誌である『禁酒雑誌』には、妻が夫の飲酒を諌めることを義務とする論説文が掲載される。[42] まして、この記事の執筆者にとって、妻が酒を口にすることは言語道断の行為だっただろう。明治期の飲酒文化に関する今後の研究には、こうした宗教に関連する社会的な動向を加味して考察する必要がある。

注

（1）漢文体の政論を中心とする「大新聞」に対し、振り仮名つきの口語体で庶民向けの娯楽記事や雑報を掲載するものを「小新聞」という。小新聞のひとつである『読売』は、庶民の失敗談や、家庭内の秘事を暴露する醜聞で、読者の人気を集めた。こうしたゴシップ紙的な方針は明治十九年（一九八六）における編集部の再編成以降は抑制されたが、醜聞が完全に消えることはなかった。

（2）徳田秋聲『新世帯』（『国民新聞』一九〇八年十月十六日〜十二月六日）。

（3）柳田國男『明治大正史　世相篇』（『柳田國男全集』第五巻、筑摩書房、一九九八年）四八六—四八八頁。

（4）大田南畝『後水鳥記』（江戸叢書刊行会編『江戸叢書』第七巻、江戸叢書刊行会、一九一六年）五三頁。文化十二年（一八一五）十月二十一日に千住で開催された「酒戦」に、「天満屋の美代女」、「菊屋のおすみ」、「おつた」が参戦したと大田南畝は伝える。

（5）小野田美都江「社会の変化と女性の飲酒——明治から平成の新聞報道にみる変遷」（『現代風俗研究』第一七号、二〇一七年九月）四四—四五頁。

（6）『読売新聞』一八八四年九月二日。句読点、鉤括弧を適宜補った。

（7）居酒屋で泥酔し、宿泊を要求したが断られて立腹、食器を壊した四十一歳女性（一八七九年十二月二十一日記事）や、子守奉公の最中、子供を置いたまま泥酔して路上で寝ていた三十五歳の大工の妻（一八八二年四月五日記事）などが報じられる。

（8）帰宅途中、泥酔して下水溝に転落死した女学校教師（一八七九年十月十九日記事）や、酒に酔って口論し、相手を短刀で刺した男性（一八八五年十二月二十五日記事）などが報じられる。

（9）酒店で泥酔し、放尿した米搗きの五十三歳男性（一八八〇年三月七日記事）や、酔って往来で眠り、衣服を盗まれた大工の男性（一八八五年六月十七日記事）などが報じられる。

（10）江戸幕府が清酒流通量と酒造家数を制限するために敷いた制度。酒米の消費上限と、酒造を許可する蔵元を定めた。

（11）柚木学『酒造りの歴史』（雄山閣、一九八七年）三二二頁。

（12）全国酒蔵数の統計表を参照。山片平右衛門編『白鶴二百三十年のあゆみ』（白鶴酒造、一九七七年）一八〇頁。

（13）鈴木芳行が『主税局統計年報書』をもとに作成した基幹税の税収割合の表を参照。『日本酒の近現代史』（吉川弘文館、二〇一五年）一〇三頁。

（14）明治財政史編纂会編『明治財政史』第六巻（丸善、一九〇四年）二三〇―二三一頁。

（15）瀬川拓男、松谷みよ子編『日本の民話　12　現代の民話』（角川書店、一九七四年）五九頁。

（16）仙台税務監督局編『東北六県酒類密造矯正沿革誌』（仙台税務監督局、一九二〇年）一二頁。

（17）磯田道史蔵「金沢藩士猪山家文書」をもとに磯田が作成した表を参照。『武士の家計簿』（新潮社、二〇〇三年）九二頁。

（18）磯田前掲書、九四頁。

（19）磯田前掲書の「金沢藩士猪山家文書」からの引用を参照。九〇頁。

（20）前田達明編『史料民法典』（成文堂、二〇〇四年）一一七七頁。

（21）元芸妓の女性も含む。たとえば、高浜虚子の『俳諧師』で描かれる芸妓あがりの女性は、酔態を見せても周囲から咎められない。

（22）飲酒習慣は地域によって異なる可能性があるが、ここでは問わない。

（23）山本武利『近代日本の新聞読者層』（法政大学出版局、一九八一年）一〇二―一〇四頁。

（24）村井弦斎『酒道楽』上巻（博文館、一九〇三年）一三三頁。

（25）『酒道楽』のような家庭小説に描かれたことから、芸妓の酔態は明治三十年代の規範に反しなかったと推定されるが、この問題については別稿を要する。

（26）田村俊子「母の出発」（『田村俊子全集』第五巻、ゆまに書房、二〇一三年。初出は『文章世界』第一〇巻第一号、一九一五年一月）一〇三頁。

（27）長塚節『土』（『長塚節全集』第一巻、春陽堂書店、一九七六年）三五七頁。

（28）岩野泡鳴「耽溺」（『岩野泡鳴全集』第一巻、臨川書店、一九九四年。初出は『新小説』第一四年第二巻、一九〇九年二月）四一頁。

（29）徳田秋聲『新世帯』（『徳田秋聲全集』第七巻）一五一頁。

（30）丹岳野必大千里『本朝食鑑』巻二（平野氏傳左衛門、一六九七年六月、国立国会図書館本）二十丁ウ。

（31）十返舎一九『手造酒法』（小川与右衛門ほか、一八一三年、国立国会図書館本）八丁ウ―九丁オ。

（32）なお、島崎藤村の『家』には「欧羅巴の南で産（でき）る葡萄酒」が登場するが、これは甘口でない、現代でいうところのワインを指すと推定される。『家』（『藤村全集』第四巻、筑摩書房、一九六七年。初出は『読売新聞』一九一〇年一月一日～五月四日、『中央公論』一九一一年一、四月）三五一頁。

（33）徳田秋聲『新世帯』。以下、『新世帯』からの引用は八木書店版『徳田秋聲全集』第七巻より行い、頁数も同書に依拠する。

(34) こうした描写をもとに、従来の研究はお国を「娼婦」的な女性と断定している。たとえば中丸宣明は、お国の性的な魅力に注目し、彼女が新吉の客商売にふさわしくない「娼婦性」を有する人物だと主張している。「「新世帯」論」(小川武敏編『徳田秋聲と岩野泡鳴』有精堂、一九九二年)六五―六六頁。

(35) 新吉がお国と過ごすうち、「初めて女と云ふものゝ、暖かい或物に裹まれてゐるやう」(一六五頁)に感じる場面があるように、『新世帯』では二人の関係をほのめかす描写が散見される。しかし、そのような愛人であっても、新吉は商売を優先して彼女を追い出すのである。

(36) 『新世帯』の本文中に直接的な言及はないものの、作品で描かれる明治三十七年(一九〇四)の冬から三十九年(一九〇六)までの期間は、日露戦争の交戦期間を含んでいる。

(37) 徳田秋聲は『新世帯』の連載を予告する『国民新聞』明治四十一年(一九〇八)十月十五日付の記事で、小説の舞台を「僕が曾て住んでゐた或る新開の町」に設定すると述べている。「『新世帯』に就て」(『徳田秋聲全集』第一九巻、八木書店、二〇〇〇年)一四一頁。野口冨士男によれば、秋聲のこの家は小石川区表町一〇九番地(現、小石川三丁目一九番)にあったという。『私のなかの東京』(文藝春秋、一九七八年)八四―八五頁。

(38) 明治三十八年(一九〇五)八月に行われた大阪砲兵工廠内の職工に対する調査によれば、全職工数は同年一月から七月の間に約四〇パーセント増員している。「大阪砲兵工廠衛生調査報告書」(久保在久編『大阪砲兵工廠資料集』下巻、日本経済評論社、一九八七年)二二二―二二八頁。

(39) 同前、二三一、二三四―二三五頁。

(40) 幕末・明治期を生きた儒学者の中村正直は、国や家を滅ぼす悪癖として酒乱を戒める。「飲酒の害」(柳原政登編『現今大家　演説論集』柳原政登、一八八七年八月)五七―六〇頁。また佐藤一斎も、「微飲以て生を養ふべし。過飲狂酗至る」と、適量の酒が健康に良いことを認める一方で、度を越した酒量に対しては警鐘を鳴らす。「飲酒戒三則」(『節酒会雑誌』第三七号、一八九一年一二月)四頁。

(41) 世界婦人禁酒会のレヴィットによる明治十九年(一八八六)の来日講演を筆頭に、明治二十年代には、プロテスタントの布教活動を通じてアメリカから禁酒思想がもたらされる。そしてこの思想に呼応した人びとが、講演や雑誌などによって運動を展開する。

(42) 夫の酒を戒めるよう妻に勧める論説文には、以下のように記されている。「かの主人(あるじ)の飲酒に陥いり或ハ放蕩に流るゝも固より其人の罪恕すべきにあらず。然れども亦焉んぞ女子が男子に対する責任或ハ愛情の周到ならざるよりして事茲に至れるにあらざるなきを知らんや」。「禁酒事業に対する女子の責任」(『禁酒雑誌』第一〇号、一八九三年三月)二頁。

◎コラム◎

日本酒と肴——海辺の村で呑み初め

小川雅魚

おがわ・まさな——椙山女学園大学教授。専門は文芸社会学。主な著書・論文に『田舎と都会』（共訳、晶文社、一九八五年）、「金曜日の戦い——モハメド・アリと黒人の意識」（椙山女学園大学研究論文集三一号、二〇〇〇年）、『潮の騒ぐを聴け』（風媒社、二〇一四年）などがある。

砂洲の上の村

私は昭和二十六年（一九五一）渥美半島の先端に生まれた。もの心がついたのは三十年頃、「もう戦後ではない」と経済企画庁が宣言する直前である。しかし振り返ってみると、田舎であることもあって、第一次産業に根ざした、大げさにいえば、江戸時代から連綿とつづく暮らしの風がまだ色濃く残っていた。

私が生まれた小中山という村はもともと入江に浮かぶ、周囲が二キロあるかどうかの砂州。漁業が盛んというか、海に出るしか生きる途がなかった。家の前に港があって、少し大きな船は機械船だが、海苔採りや浅蜊採りにつかうベカと呼ばれた小舟は、艫（ろ）で漕いでいた。夏になると、そのベカの舫（もや）いを勝手にといて海に乗り出して遊んだものだ。まだ海水がきれいに澄んでいて、海底に海鼠（なまこ）をみつけて跳び込んで（水中メガネなどつけない）、ヒョイと手で掴まえて、家にかえって酢にして食べて、夏の海鼠の美味ならざるを思い知ったりもした。梅雨明けの頃には港で鰻が釣れて、ぶつ切りにして酒と醤油と味醂、それに砂糖をくわえて煮て、鰻丼にして食べた。

半世紀以上前に撤退して今はないが、昭和三十年代、煮干しの加工が最盛期だった頃、原料の鯷（しこ）（一般には片口鰯（かたくちいわし））を満載した船が港につく。顔見知りの船長だと「これ持ってって食え」といって、トロ箱にガバッといれて放り投げてくれる。重くて厄介だが、なんとか家にもってかえると、祖母が手でさばいて刺身にしてくれる。生姜醤油にちょっとつけて啜（すす）るようにして食べる。これがなんともいえず旨いのだ。次に、まだ大量に残っているのを擂り鉢ですって、葱と刻み昆布と自家製の豆味噌をまぜこんで団子にして、沸騰した湯に投じて摘（つみ）入れ汁。酒を少々たらし、再沸騰したら醤油を一滴さして出来上がり。これをフーフー吹きながら啜る。醤油につけた、つまりヅケにした刺身を炊きたてのご飯にのせて掻きこむ。

そんな晩には、普段は呑まないけれど実は大酒呑みの祖父も父も、もったいないからといいながら、日本酒に燗をつけて呑んでいた。余った鯷は翌日、鰻釣りの餌にしたものだ。

図1　福江・下地商店街 昭和30年代前半（田原市博物館提供）

海苔か醤油か

杉浦明平という全国的に知られた作家が記録文学の傑作といわれる『ノリソダ騒動記』を昭和二十八年に出しているが、海苔の養殖も昭和四十年頃までは盛んに行われていた。ときどき祖母がつくってくれるにぎり飯、上品にいうとおにぎりは、焼き海苔を巻いたものだったが、遠足や運動会などの弁当に母がつくってくれるのは、醤油味の焼きおにぎりだった。

数年前、私より二歳年長で、つまりほぼ同じ頃に少年時代を過ごした、今は養豚業をいとなむ樅山さん（姓で出身集落がほぼ分かる）と四方山話をしているとき、「八王子は山家（やまが）で海苔がなかったので、にぎり飯は醤油味の焼きにぎり飯だった」というのを聞いて、眼から鱗が落ちた。

八王子は海岸から三キロほど離れた集落、私の母の実家のある保美は海岸から二キロほど。今ではどの家にも自動車があるのでそれくらいの距離はなんでもないが、半世紀前、さらに遡って、樅山さんのお母さんや私の母が育った戦前は、人の移動はほとんど徒歩か、せいぜい自転車、大きなものを運ぶにはこの地域ではリヤカーか牛車だったので、そのわずか数キロの距離が、海苔巻きか醤油焼きかという、おにぎりの握り方を決めていたのだ。海辺というより海にずり落ちそうな村で、海苔がないわけはないのに、保美という「山家」育ちの母にとっては、おにぎりといえば焼きおにぎりだったというわけだ。

ちなみに祖母の実家は福江というところで、今や見る影もなく寂れているが、昭和三十年代半ば頃までは、知多半島や名古屋、伊勢方面と海路で緊密に結ばれた殷賑（いんしん）な港町だった。この名古屋大学の西キャンパスほどの小さな区域に芸者が一〇〇人以上もいる歓楽の街でもあった。

樅山さんは「棒手振り（ボテサ）が自転車で魚を売りにきていたが、足の速いサバの刺身はもちろん、アジの刺身も子供の頃には食べたことはない」ともいった。今からは想像もできないくらい、食生活は小さな地域ごとにその地域性に根ざした独自性を持っていたのである。

たとえば、ミル貝というたいへん旨い二枚貝が三河湾でとれて、かつてはそれほど珍しいものではなく割とよく食べたものだが、今では希少になって、とれると直接築地に送られ、地元ではそのお零（こぼ）れしか賞味できない幻の貝になっている。輸送手段の発達によって、かえって地元の珍味佳肴を賞味できないのである。旨いものは高く売れる大都市に送られてしまうのだ。福江には明治二十一年（一八八八）創業の寿し兼、大正十年（一九二一）創業の喜美屋という二軒の老舗鮨屋があって、現上皇のご成婚（一九五九）の頃までは、船でやって来た多くの客が所用ついでに立ち寄って、この地にあがる魚介に舌鼓を打っていたと聞いている。

旨い酒はあるけれど

さて、そろそろ酒にしよう。

昭和三十年代、酒といえば日本酒のこと。結婚式や法事、そのあとの飲食（おんじき）もそれぞれ自宅で行われ、日頃猫のようにおとなしい御仁が呑むうちに虎になってゆくのを見せられた。そんな折に呑み残しをちょっと舐めてみたのが、私の飲酒の初めである。

今の若い人達はにわかには信じてくれないだろうが、酒蔵もあった。江戸時代後期以来、日本中のどこの町にも酒蔵はあったそうだが、わが故郷にも中心地、福江のバス停の傍に、篆刻（てんこく）の看板をかかげた福井酒造の店があり、道をはさんで酒蔵があった（のちに豊橋に拠点を移して四海王を造り続けている）。

中学二年の大晦日に酒をたらふく呑んで、正月を二日酔いどころか、五日酔いで過ごすという馬鹿な振る舞いをしたことがあるが、私が飲酒を恒常的にはじめたのは上京後の十八歳、昭和四十五年からである。最初は日本酒を呑んでいたが、旨くない。とくに大勢で呑むときなど、薬缶にいれて燗をつけると、眼を刺すような刺激と嫌な臭いがして、どうもいかん。すぐにウィスキーに乗り替えたが、これも三十分でサントリー・オールド通称ダルマを空けてしまうような、愚劣なことばかりしていて、酒を味わうなんてことは思いもよらなかった。酒は征服すべき敵でしかなかった。二十歳すぎの頃、物書きの師匠に飯田橋の某所に連れていかれて、「希静」と書かれた額を斜め前方にみて、これはどこそこの、などという講釈を聞きながら、冷酒を呑んだこともあるが、居心地の悪さの方が先に立って、酒を味わう余裕はなかった。この頃には、酒というだけでは日本酒と特定せず、アルコール飲料全般を指すことばになっていた。

大学にはほとんど行かず、鰻屋で夕方蒲焼をやくのが成り合いになっていた昭和五十年頃、なじみの客が「これが最近話題の酒だよ」と新潟の地酒をもってきてくれた。越乃寒梅。それまで呑んでいた酒とは大違いだったが、希少品でおいそれと呑むことはできなかった。

数年後、吉祥寺にあった燁という店で菊姫と出会ったことが、日本酒についての認識をあらためる機縁になった。吟醸酒がもて囃されだした頃で、菊姫大吟醸は一合で一五〇〇円、京都のある料亭では一万五〇〇〇円だと聞いた。特攻帰りの、ものごしの柔らかなご主人からいろいろお話をうかがううちに、多少日本酒について知ることになったのである。

酒食を語りだしたら切りがないが、紙幅が尽きた。

とにかく私が酒を呑みはじめた頃、日本酒はほとんど三倍醸造酒、ひどいものだった。今は旨い日本酒が簡単に手に入る。石巻の日高見あたりを取り寄せて、肴は鯷を刺身にして、などと空想して舌舐めずりしてみるのだが、今度は新鮮な鯷がとんと手に入らない。世の中、うまくいかないものである。

図2　立馬崎での煮干し作り_昭和40年頃（田原市博物館提供）

◎コラム◎

フランスにおけるアルコール中毒対策の政策的曖昧さ

ジャン＝ロベール・ピット（棚橋美知子 訳）

Jean-Robert PITTE――パリ＝ソルボンヌ大学名誉教授。フランス学士院会員（倫理・政治学アカデミー）、同アカデミー終身幹事。フランス地理学会会長。食の遺産・文化のフランス委員会委員長。専門は地理学。主な著書に『ワインの世界史――海を渡ったワインの秘密』（原書房、二〇一二年）などがある。

本考察は慢性的な酔いを推奨するものではない。我々は飲酒癖が人々の健康に与える影響がどのようなものであるかを知っている。三七パーセントのロシア人男性が五十五歳未満で死亡する。イギリスではそれがたった七パーセントであるのに対して、である。(1) 毎年二五〇万人の人々がアルコール中毒で死亡している。そのうちの四万人はフランスにおいてであり、地球上の死亡理由の一・六パーセントはこれが原因になっている。(2) 日常におけるアルコールへの依存、またはビンジドリンキングと呼ばれる短時間での大量飲酒は死に至る可能性があり残念である。ビンジドリンキングはアメリカの禁酒法時代に一般化したひどい慣行であり、(3) 酒類に関して何らかの禁止措置を取っている国々において存続している（ヨーロッパ、北アメリカ、オーストラリア、ニュージーランド）。残念ながらこの慣行は今やフランスにおいても一般的であり、全ての社会階層の若者達において、先が見えない将来に対する不安を一時的にでも忘れるための集団スポーツの様相を呈している。

古今東西全ての文化は、アルコール飲料の頻繁な過剰摂取、そして完全なブラックアウトに至らせる極度の酩酊に起因する零落を強調した。聖書ではワインは神と選ばれた人間との間の契約の飲み物としているが、その乱用は大きな混乱を引き起こすだろうと繰り返し書かれており、そのうちの幾つかの部分は、冒涜的表現と様々な強烈さを伴っている。(4)

古代の野蛮な人々、特にケルト人やゲルマン人らは大いに酔い、(5) 感情に身を任せていた。タキトゥスはこのゲルマン人の慣習をうまく記述している。その中で彼は逆説的に幾つかの良い効果を示している。「数日間ずっと飲み続けることは、彼らにとって恥ではない。しかし、飲んでいる者の間では喧嘩が頻繁に起こり、それはしばしば罵り言葉ではなく剣で決着を見る。しかしながら、彼らが飲酒する場では和解や結束が作られ、君主の選挙も扱われる。すなわち、その場は全ての平安と争いに関係しているのだ。彼らはその時間を最も誠実なものと考えている。なぜなら、そこでは皆自身の考えを少しも偽らず、放蕩の熱意はより大胆な決意へと魂を運ぶからである」[6]。

タキトゥスと古代の人々の思考に関しては、当時の文化的コンテクストを理解することが必要である。人々が少々くつろぐ祝祭の際は例外的に、酔い心地、すなわち陽気な酔いと形容することができる軽度の酔いが生じる。たとえそれが何にも代えがたい到着すべき理想ではなくとも、それは全く不名誉には値しない。なぜならそこでは幸福感、さらには恍惚感が生まれ、抑制されない美徳が健康を害することなく社会的つながりを強化または再強化するからだ。それは日常における珍しい機会である。だからこそ、依存を引き起こすことなく心身ともに良い思い出が残るのだ。その恩恵に与るため、おそらくこのような慣行が体系化され、統率され、社会化され、そして儀式化されているのだろう。容認され、さらには洗練された酔いのケース、例えば、エステル記で言及されているハマンのユダヤ人虐殺計画が破れたことを記念した、ユダヤ教のプリムの祭りにそれは見られる。同様に、過度の酔いは古代のディオニュソス祭やバッコス祭[7]、または謝肉祭、そして暦上の、奉納の、家族の祭りにおいても行われており、キリスト教の国々、特にカトリックと正教会の国々では容認されていた。反対に、プロテスタントの幾つかの宗派は、イスラム教同様、禁欲を推奨する選択をした。

コーランの中に躊躇した痕跡が残ってはいるが[8]、イスラム教は厳格な禁止を選択した。しかしその選択は禁止を無効にする回避策、さらには非生産性を引き起こした。この点に関して、アラブとペルシアの偉大な学者と詩人による詩的な逃げ道を取りあげよう。ウマル・ハイヤーム、アブー・ヌワース、イブン・スィーナーは[9]、飲酒は善きイスラム教徒にとって罪であるとの認識を持っていた。しかし彼らはその禁止に背く快楽に抗うことができなかった[10]。そのため彼らは、飲酒は神の無限の善と慈悲を自分たちにもたらす一つの方法であると信じていた[11]。ギリシア、ラテンまたはビザンティンの伝統を受け継いだ多くのアラブの医者と作家たちは、コーランで禁止されているにも関わらず、ワインの恩恵をほめそやした。『千夜一夜物語』[12]には、ワインに対する情熱的な礼賛が記されている[13]。「(ワインは)消化を助け、心配事や悲しみを一掃する。ガスを取り除き、血流をスムーズにし、顔色を明るくし、体を元気づけ、臆病者を奮起させる。そして性的欲求を強くする。」

後になってイスラム教に改宗したトルコ人は、以前の宗教とビザンティン的伝統であるワインを保持し、十六世紀もしくはそれ以前に始まる国民的飲料ラクを作り、蒸留酒を獲得した。その上、彼らが信仰するイスラム教のハナフィー派は、飲酒と神との調整、特にコーランとの調整を許している。(14)十八世紀から十九世紀の転換期にかけ、イギリス人旅行家ポール・ライコートはワインに対する彼らの関わりを記述している。(15)「トルコ人は、ワインは心を晴れやかにし、腹を強くすると考えているため、それを飲むようになった。現在彼らの間でこの飲み物を断っているのは、何人かの偽善的なウラマー、もしくは少数の無知で年老いた狂信者しかいない。しかし同時に、飲酒癖はありふれた光景になっている」。オスマン帝国とトルコ共和国の歴史全体を通じて見ると、飲酒に対する寛容な期間、さらには放任主義的な寛容な期間、そして弾圧を伴った禁止の期間が交互に現れている。現在の政権与党AKP（公正発展党）はこの三番目の政策を実行に移そうと試みているが、教養があり西洋に開けた人々に対してはあまり成功していない。今日、強い酒の個人消費は、他の禁止物質のように、厳格な禁酒主義を唱える中近東のイスラム教の国々のエリートたちの中でとても広がっている。その結果、メディアはもちろん決して報道しないが、それらの常用による健康被害を招いている。

イスラム教世界の外では、文化や時代を問わず、多くの哲学者、学者、作家たちが、時折する不意の酩酊の恩恵をほめそやしている。(16)セルサスは次のように主張している。

毎月必要なこと、それは、少なくとも一度は酩酊することである。(17)

プラトンの『饗宴』は、参加者によって共有され、徐々に進行し、宴の主催者によって仕切られてはいるが即興性を含む、良い酩酊の最も有名な例である。まず会食者たちは、宴やそれに続くシンポジウムにおいて生じる酔いにふける前に、エロスを詩歌で讃える。パゥサニヤスはこれから始まる夜会の予定について述べる。「さて、諸君、どういう風にしたら一番気楽に飲めるだろう？実は諸君に言っておかなければならんのだが、僕一個としては昨日の酒で本当に大分まいっている、それで多少の休養が欲しい」。(18)これに対し、アリストファネスが答える。「パゥサニヤス、とにかく今日はどうにでもして気楽に飲めるようにしなければならんという君の提案はしごくもっともだ。僕だって昨日はすっかり酒浸りになった一人なんだから」。しかしながら夜がふけるにつれ、この最初の決意は忘れられ、ワインが大量に飲まれる。古代の習慣においては、ワインは水で割って飲まれていた。(19)ソクラテスは評判通りであり、誰よりも酒に強く、どれだけ飲んでも決して酒による醜態をさらさない。彼は、「いくらでも勧められるだけ飲み干すが、決して酔うことがない」。反対に、遅れてやってきたアルキビアデスは、「完全に酔っ払って」おり、普段よりも開放的である。エロスを礼賛するよりもむしろ、彼は様々なソクラテス像を描くことを選ぶ。心身ともに好調であるソクラテスは、アルキビアデスの浅薄さを晒し、外見に対する内面の美の優位性を示すことで論戦を終える。『饗宴』におけるワインによる酩酊は、愛、善悪、美醜、平静と混乱に関する見事な考察の引き金となっている。

それから五世紀後、カナの婚宴の話は、神と人間の視線の下で、自発的に多くのワインを飲むキリスト教的手法の最初のエピソードである。場面が展開するのは、イエスの出身母体でもある庶民的なユダヤ人社会においてである。招待客らは婚礼のために用意されていたワインが空になってしまうほどたくさん飲んだ。おそらくイエスもそのワインを楽しんでいたのだろう、彼は水をとても美味しいワインに変え、奇跡を起こす。[20]「食事の世話役はワインに変わった水の味見をした。水を汲んだ召使いたちは知っていたが、世話役はこのワインがどこから来たのか知らなかったので、花婿を呼んでこう言った。『誰でもはじめに良いワインを出し、酔いが回った頃に劣ったワインを出すものですが、あなたは良いワインを今まで残しておいたのですね！』」奇跡に使用された六個の石甕は、全部で五〇〇～七〇〇リットルのワインが入る。つまりイエスは節酒またはその予防原則を適用せず、自身がホストである楽しい婚礼が大きく度を越すのを見ていたのだ。このエピソードの作者は、イエスが地上において願った、神の恵みによるこの有り余る酒を彼は楽しんだとしている。この大らかな婚宴において、神が与えた大量の酒による招待客たちの苦しみ、怒りは一切ない。それほどに奇跡のワインは美味しかったのだ。まるで天を予感させたかのように！

アルコール摂取量と酔いは必ずしも相関しないという点は指摘しておくべきである。日常的に酒を飲まない人、または、酒に対する代謝が弱い人は、酔いは素早く生じるであろう。そうでない人においては、酔いはとても遅い。モンテーニュは、彼が名を明かしたくないある同時代人を例に挙げている。「私は現代のある大領主で、進取の気性に富み、目覚ましい成功を収めた方が、別に無理をするでもなく、日常の食事の間に、決まって五ロットを下らない酒を飲んで、食卓を離れる時にはますます頭脳明晰になるばかりで、我々の心配など、どこ吹く風だったのを見た」。[21]この人物は、ブリア＝サヴァランによっても記述されている有名な軍人であった。「ビッソン将軍も、毎日昼食にワイン八本平らげるのだったが、いっこう飲んだふうには見えなかった。彼はふつうの人より大ぶりの杯を用い、ふつうの人以上に杯を重ねた。だが、まるでそんなふうには見えなかった。そうやって大量の酒をひっかけながら[22]冗談も飛ばせばちゃんと命令も出すし、まるで小びん一本しか飲まなかったような顔をしていた」[23]。多くの証言から確認されるこの勇敢な将軍の酒豪ぶりは、ゲーテによって報告されたある聖職者にも見受けられる。飲酒癖を卑しめるための四旬節の説教において、各信者に自身の許容量を超えた飲酒をしないように勧めるライン渓谷の司教のその酒豪ぶりは、並外れたものである。「慈悲深い神がその下僕たるこの私にお認め下さったように、八杯を飲むことをゆるすという特別の恩恵を何びとかにお授けになるということは、きわめてまれな事例なのです。ところで私は、不当な怒りにかられて何びとかに躍りかかったとか、家人や親族の見分けがつかなくなったとか、そればかりか私の責務である聖職者の義務と事務をなおざりにしたという陰口をきかれるはずはありませんし、むしろみなさんは、私が常に神の賞賛と栄誉のために、また隣人の利益のために活動を惜しまぬ姿を示す用意のあることを証明して下さるでありましょう。それゆえ私は良心の痛むことなく、感謝の念とともに、この私に託された賜物を、今後とも楽しみ味わうことをゆるされるでありましょう」[24]。

　酔いが軽く、一時的なものであるならば、それは厳しく非難される違反ではない。酔いが引き起こす良い影響は、おそらく悪い影響よりも多いだろう。酔いは、人間の背負っている条件において内在する特徴の当然の帰結である。この点について、良い酒の愛好者であった大プリニウスは以下のように指摘している。「全動物の中で、喉が渇いていないにも関わらず唯一人間だけが飲むもの、それが酒である」[25][26]。動物界の中で、唯一人間だけが酒を作ることができ、それを発展、持続させ、生きる喜びを共有することができる。ド・サラングルは、「酔いが引き起こすであろう自堕落」を避けるための良い助言をしている[27]。それは、あまり頻繁には飲まず、飲む際は良い仲間たちと飲む、というものである。つまり、「エスプリがあり、悪い酒を持たない仲の良い友人たちと」、良い酒を、適切な時に、誰にも飲むことを強制せず、そして特に酩酊にまで至ることなく飲むということだ。セネカは「理性を完全に埋葬する」酩酊を非難し、「悲しみを追い払うためだけの」酩酊を勧めている。彼は次のように書いている。「時として酩酊するまで深酒するのもよいが、溺れるほどではなく、浸かる程度にとどめなければならない。酒は憂いを払い、心底から心を動かして、ある種の病を癒すように、悲哀の情をも癒してくれる。（略）精神を解き放って歓喜と自由へ導き、素面のしかつめらしさをしばし脱ぎ捨てることは、時には必要なのである」[28]。

　もしアルコール依存症とどうしても闘わなければならないなら、節度と良識を持った酒の消費の長所を教育することが必要である。最近までピューリタンや禁酒主義だった国々では考え方が変化している。今日これらの国々の法制度には、アルコール中毒対策において効果的なこのような教育が反映されている。アルコール飲料販売がいまだ州の独占事業であるケベック州では、SAQ（ケベック州酒類公社）がアルコール教育機関を通し、数年前から店頭や文字・視覚媒体のメディアにおいて、節度を持った飲酒に関する周知と教育のアプローチに取り組んでいる。

フランスは矛盾した時期にある。なぜなら、アルコール中毒対策とその予防措置に関して必要な政策が、なかなか教育的アプローチを許容しないからだ。その理由の一つである一九九一年に成立したエヴァン法は、アルコール飲料の宣伝を非常に厳しく制限している。しかしこの法律は最も誘惑に屈しやすい人々、特に若者たちに対してはほとんど効果がなかった。彼らは週末にビンジドリンキングを実践し続けている。つまり、イタリア、スペイン、ポルトガル、それにアルゼンチン、チリ、アメリカとは違い、フランスではこの法律以来、高品質の発酵アルコール飲料や蒸留酒についての情報を与えることがとても難しくなった。しかし、フランスはこれらの製品の世界的生産国の一つである。これらの飲料はフランス経済の主要部門の一つであり、フランスのアイデンティティ、文化、観光といった魅力的な面を担っている。逆説的に、フランス政府は以前からユネスコに対してブドウ畑が世界遺産に登録されるよう働きかけており（サン＝テミリオン、ロワール渓谷、二〇一五年にはブルゴーニュのブドウ畑のクリマ、そしてシャンパーニュの丘陵・メゾンとカーヴが同時に登録された）、二〇一〇年にはワインとの調和を主な特徴とする「フランスの美食術」がユネスコの無形文化遺産に登録された。

上院議員とブドウ栽培が盛んな地方選出の下院議員による数年にわたる論争の後、保健省の強固な反対にも関わらず、最終的にエヴァン法の修正案が二〇一五年十一月二十四日国会で採択された。その内容は、ブドウ産地のアイデンティティを備えているアルコール飲料に関する情報を与えても罪にはならないというものである。以下がその文面である。

品質または原産地との同一性を保つアルコール飲料に結びつく内容物、絵、表象、記述、解説、生産地・地名・地理的参照や表示・ブドウ産地・行程・生産地域・ノウハウ・歴史・文化的遺産・美食術的遺産・自然景観的遺産に関する参照は、（略）広告や宣伝とは見なされない。

この明確で良識ある文章は、二〇一四年三月十二日に、賛成五三〇反対七十四棄権十四で議決された欧州議会の決議文と完全に対応している。その決議文において当該議会は、「アルコール飲料の過剰摂取の結果に関する教育と注意喚起を、また、ワイン特有の特徴・それらの地理的表示・ブドウ品種・製造方法・伝統的言及の意味といった知識による適切かつ知的な消費の習慣作りを努力する」としている。

注

（1） David Zaridze *et al.*, Alcool and mortality in Russia: prospective observationnal study of 151 000 adults, *Lancet*, 2014, vol. 382, n°9927, pp. 1465-1473. しかしながら、イギリスが酒に厳しい国でないのはご存知の通りである。

（2） アルコール学者であるジル・ドゥミニューは、フランスにおけるアルコール中毒の深刻さを示した。フランスのアルコール中毒者数は一五〇万人（*santemagazine.fr*）から二〇〇万人（*alcoolweb.com*）、もしくは五〇〇万人（selon *alcoolweb.com*）、またはあるアルコール学者たちによると八〇〇万人と考えられている。フランスにおける飲酒運転の検挙数は毎年一〇万件、飲酒運転のために起きる過失致死は四〇〇件にのぼる。

（3） François et Anne-Lorraine Bujon de l'Estang, La prohibition aux Etats-Unis, dans Jean-Robert Pitte (dir.), *L'amour du vin*, Paris, CNRS-Éditions, pp. 63-92.

（4） 箴言20―23を参照。ワインの影響を知らないノアは、テントの中に泥酔状態で倒れ込んでしまう。この出来事の結果は、彼の一部の子孫に影響を与えることになる。また、あるラビたちは、エデンの園にある善悪の知識の木はブドウの木だったのかもしれないと考えており、その木になったブドウでできたワインを飲んだことにより、アダムとイブが自分たちを神と同列に思ったのかもしれないと考えている。Jean-Robert Pitte, *Le désir du vin à la conquête du monde*, Paris, Fayard, 2009, pp. 41-60.

（5） ビールそして蜂蜜酒は一般人が、そして地中海からやってくるワインは貴族が飲んでいた。

（6） A.-H. de Sallengre, *op. cit.*, pp. 121-122. 以下の論文も参照のこと。José Carlos Bermejo Barrera, La géopolitique de l'ivresse dans Strabon, *Dialogues d'histoire ancienne*, vol. 13, 1987, pp. 115-145.

（7） さらにこれらの祭りは、非難の対象であった乱行を引き起こした。Pierre Sauzeau (dir.), *Bacchanales*, *Cahiers du GITA* (*Groupe Interdisciplinaire du Théâtre Antique*), n°13, Montpellier, 2000.

（8） Jean-Robert Pitte, 2009, Op. cit., pp. 129-158.

（9） A.-H. de Sallengre, *Op. cit.*, p. 30. イブン・スィーナーは、ひと月に一、二回酔うことは有益だと主張している。

（10） Jean-Robert Pitte, *Op. cit.*, 2009, pp. 137-152.

（11） *Ibid.*, p. 138.

（12） Édition Gallimard, Pléiade, 2005-2006, t. III, p. 396.

（13） おそらくガレノスの影響を受けている。

（14） Xavier de Planhol, Notes sur la géographie des spiritueux dans l'Islam, dans A. Huetz de Lemps *et al.*, *Eaux-de-vie et spiritueux*, Paris, CNRS, Centre régional de publications de Bordeaux, 1985, pp. 375-379.

（15） Chevalier Paul Rycaut, *Histoire des Turcs*, Amsterdam, 1709, 3 vol. Cité par A.H. de Sallengre, op. cit., 1714, p. 116.

（16） Albert-Henri de Sallengre, *Éloge de l'yvresse*, La Haye, chez Pierre Gosse, 1715. は、解説付きのアンソロジーである。この点を指摘してくれたマテュー・ルクートルに感謝する。

（17） この格言はしばしばヒポクラテスの

ものとされる。A.-H. de Sallengre, *op. cit.*, p. 33. 以下を参照のこと。*Journal de médecine, chirurgie, pharmacie, etc.* par MM. Corvisart, *et. al.*, janv. 1807, tome XIII, p. 306. モンテーニュはシルヴィウスという名のパリの有名な医者がこの格言を言うのを聞いた。

(18) Platon, *La Banquet*, traduction de Luc Brisson, Paris, Flammarion, 2008, p. 16.(和訳は以下を参照した。プラトン『饗宴』久保勉訳、岩波書店、二〇〇九年)。

(19) 古代においてはだいたい、水三に対しワイン二の割合であった。これにより、濃度が約六パーセントのアルコール飲料になる。この時代は干したブドウを使っていたため、糖分が高かった。当時のワインのアルコール度数は十五度または十六度もあったと考えられている。Gilbert Garrier, Platon et le vin, *Revue des Œnologues,* 99, avril 2001, p.41.

(20) Jn, 2, 9-10.

(21) Michel de Montaigne, *Essais*, Livre 2, ch. 2.(和訳は以下を参照した。モンテーニュ『エセー』(二)、原二郎訳、岩波書店、一九八一年)。

(22) ビッソン将軍は食い道楽で有名であり、驚異的な大酒飲みであった。そのため彼は異常に太り、四十四歳という若さで亡くなった。

(23) Anthelme Brillat-Savarin, *Physiologie du goût*, Paris, 1825, Méditation IV.(和訳は以下を参照した。ブリア＝サヴァラン『美味礼賛』(上)、関根秀雄・戸部松実訳、岩波書店、一九八一年)。

(24) Goethe, *La Fête de saint Roch à Bingen* (*16 août 1814*), Paris, Allia, 1996, p. 37.(和訳は以下を参照した。ゲーテ「ライン紀行」『ゲーテ全集』12、会津伸・永井博・味村登・野村一郎訳、潮出版社、一九七九年)。

(25) その上、渇きをいやすため以外には誰も水を飲まない。これは他の飲み物、特にワインには当てはまらない。ロジェ・ディオンは、以下の著作の冒頭において、このプリニウスの考えを引用なしに自分の意見として述べている。Roger Dion, *Histoire de la vigne et du vin en France des origines au XIXe siècle*, Paris, chez l'auteur, 1959. Réédition, Paris, CNRS Éditions, 2009, p. 1.

(26) *HN*, LIV, XXIII.

(27) A.-H. de Sallengre, *op. cit.*, pp. 195-216.

(28) Senèque, *De la tranquillité*, trad. Charpentier-Lemaître, Garnier, 1863, 17, 8-9.(和訳は以下を参照した。セネカ「心の平静について」『生の短さについて 他二編』大西英文訳、岩波書店、二〇一二年)。

◎コラム◎

飲酒と体内器官の関係

トマ・ロラン（棚橋美知子 訳）

Thomas LAURENT――名古屋大学研究員として主に肝臓病研究に関するデータ分析に従事し、現在、株式会社クリニカルスタディサポートにてデータサイエンティストとして勤務。医学研究の分野における統計分析、コンサルタント等に従事。また、セジデム・ストラテジックデータ株式会社にて、主に腫瘍学の臨床研究における臨床開発モニターとしても従事した。専門は分子生物学。

はじめに

飲み物としてのアルコールは、人体のいたるところにおいて作用する。実際、飲料物に含まれているエタノールは、脳や肝臓、心臓、膵臓、胃など様々な器官の機能に悪影響を及ぼすことがよく知られている。また、アルコールの摂取は社会的に大きな影響力を持っている。例えば、フランスでは一〇パーセントのアルコール常用者が見受けられ、早死の二番目の原因はアルコールによるものである。保健健康当局はこの公衆衛生問題を緩和するために、男性は一日三杯、女性は一日二杯を超えないような適切なアルコール摂取と、週に一日はアルコールを控えることを推奨している。パーティーや飲み会などで短時間に大量のアルコールを摂取する、一般的に「ビンジドリンキング」と呼ばれる慣習は、若者たちの間でよく見受けられる。十七歳の若者たちにおける酩酊経験のうち、ビンジドリンキングが占める割合は五八・九パーセントという高いものである（INSERM 2016）。

アルコール依存のリスクは、一方では社会的要因に関連しているが、その要因は胎児期における曝露と遺伝的特徴によっても説明できるかもしれない。つまり、誕生後、我々は依存というリスクに対し皆平等なわけではなく、多数の潜在的要因に左右されているのだ。

依存は脳の生理学的状態に左右される。従ってまず第一に、脳におけるアルコールの影響を取り上げる。第二に、肝臓の機能とそれに由来する様々な現象におけるアルコールの影響を見る。最後に、アルコール、免疫そして癌の関係性についての最新の科学的証拠を手短に紹介する。

一、脳におけるエタノールの「依存」の影響

(1) 脳の形態における影響

エタノールは依存状態をもたらすことにより脳機能に悪影響を及ぼすだけではない。この分子は長い時間をかけ脳に重大な形態的変化をもたらす可能性がある。この変化に関して、特に性別、家系の病歴、そして栄養状態など幾つかのリスク要因を挙げることができるだろう。例えば、場合によっては、ビタミンB1の不足は脳レベルにおいて不可逆性の重篤な病変部の発生に至る可能性のあるアルコール中毒患者に観察されるだろう。解剖学的に観察される変形は本来様々であるが、ここでは次の三つの主要な変形タイプを挙げる。①大脳皮質(灰白質部)と大脳髄質(主に神経線維が集中している白質部)の全体的萎縮、②前頭葉の変形、③五十歳以上の成人における潜在的認知機能の老化の影響。③の認知機能の老化とは、認識、特に記憶に関するプロセスにおける機能の悪化を意味する(Oscar-Berman et al. 2003)。

画像技術の発展につれ、診断法の性能は上がった。それ以前は、脳の形態的変形は死亡した患者の脳構造の単純な観察によって判断されていた。現代では三次元画像処理技術によって組織形態の詳細な可視化が可能になっている。特にMRI(磁気共鳴画像診断法)の技術は、診断や臨床研究において軟部組織を可視化するためによく使われている。実際、可視化は構造的異常の発見を可能にするため、癌腫瘍学において頻繁に使われている。アルコールの影響に関しては、MRIによる脳の病巣部と水分補給障害を観察した研究が興味深い。アルコール中毒の患者は、脳の水分率の低下を示した。これは酒の離脱期間において繰り返し見られる現象である(Besson et al. 1981)。脳の水分低下という現象を指摘することは重要である。たとえそれが約一パーセントの低下という微々たるものであっても、脳の水分不足は患者の集中力に大きく影響するからだ。

しかしながら、脳機能の直接的研究を媒介としてより早い段階におけるアルコールの影響を検討することもまた必要である。研究者によって発展させられた検査法の一つにPET(陽電子放射断層撮影法)スキャナーの技術がある。この技術は、陽電子核種である炭素11やフッ素18を付与したグルコース分子(トレーサー)を投与した後、トレーサー濃度の変化に基づいて、代謝の全体的な増減などの変化をリアルタイムで算定することを可能にする。幾つかの研究は、アルコール中毒者における脳全体の機能は右脳と左脳共に二〇～三〇パーセント低下していることを確認した(Wik et al. 1988)。

認知機能の悪化に関する要素を算定するためには、頭皮に電極を当てるだけの電磁気技術が用いられる。この脳波測定の技術は刺激直後の細胞レベルにおける

電流変化の測定を可能にする。リビドーについてのある研究は、アルコール摂取後の被験者は前頭葉前方におけるβ波の有意な変化を示し、そして刺激が被験者の注意を引き起こした後、α波の低下を示した。(Hernandez-Gonzalez et al. 2012)。このような認知機能の悪化に関する評価は、前述した形態的画像と機能的画像が補完することによってさらに明らかになる。

診断の際、認知機能におけるアルコールの影響は感情、人格そして記憶に関する質問によって評価されるのが一般的だが、トランスアミナーゼやエチルグルクロニド(アルコールの分解生成物)などといったバイオマーカーの血中濃度を調べる方法もある。この方法による結果は人体における全体的なアルコールの影響を映し出す。重篤な病巣の疑いがある場合、画像による分析は効果的であろう。

ある研究は若いアルコール中毒者と五十歳以上のアルコール中毒者のＭＲＩ画像を比較し、脳の様々な領域の形態的変化における慢性アルコール中毒の影響を測定することに注目した(Pfefferbaum et al. 1997)。その結果、時間が経過するごとに脳は、特に前頭葉と前頭葉前方域において萎縮すると結論づけた。老化において見られるこのプロセスは、慢性アルコール中毒によって促進する。前頭葉前方域は決定を下したり、短期記憶といった、様々な認知機能を司る、脳の最も複雑な領域の一つである。アルコールによって引き起こされる形態的悪化は、長期に渡り神経の伝達活動に影響を及ぼす。

(2) 脳機能における影響

短期的には、アルコールは神経信号伝達、つまり、細胞間における伝達活動に干渉する特性がある。脳において、グルタミン酸は主要な神経伝達物質としての決定的な役割を演じている。グルタミン酸は脳の活動を積極的にコントロールする。グルタミン酸の信号伝達経路の欠陥は言語能力の混乱を引き起こし、ひどい場合には話せない状態になる。神経終末のレベルにおいて、シナプス小胞にストックされているグルタミン酸は刺激を受けた後、細胞によってニューロンとニューロンの間にあるシナプス間隙へと排出される。シナプス間隙では、シナプス後ニューロンの細胞膜において位置を決められている特殊な受容体はグルタミン酸によって活性化され、細胞内にカルシウムが入る流れが生成されるのを許容する。この流れは受ける側の細胞の活性化として現れる。受容体のタイプは様々であるため、このメカニズムの調節は複雑な現象であることに留意するのは重要である。一方、エタノールに特有の受容体は発見されていない。

実際、エタノールは先に述べたように一定の受容体としか関わることができない。エタノールと結びつくもう一つの受容体は、ＮＭＤＡ(Ｎ—メチル—Ｄ—アスパラギン酸)受容体である。アルコールを摂取すると、ＮＭＤＡ受容体は、受ける側の細胞のより小さい活動として現れるエタノールによって抑制される。突然アルコールを中断し、アルコールによるNMDA受容体の抑制を起こした慢性アルコール中毒者においては、細胞が活性化するため、細胞壊死のプロセスが促され、癲癇のリスクが高まる（Gonzales et al. 1997）。これらの観察では、患者は離脱期間の際、コントロールされた段階的削減を選択した。

　反対に、グルタミン酸拮抗薬であるGABA（γアミノ酪酸）は、脳中枢における神経信号伝達を抑制する。GABAはその特定の受容体において直接的に作用し一時的に抑制反応を引き起こすが、長期的にはGABA受容体の数量低下が見られる。GABAの特徴の一つに、ホルモン放出による弛緩効果がある。実際、GABAの信号伝達はドーパミン放出システムに強く関係している。また、GABAはセロトニン分泌のコントロールにも関係している（Valenzuela 1997）。ドーパミンとセロトニンは、それぞれ快楽と気分に影響することがよく知られている。アルコールが気分に抑揚をつける一つの理由がこのメカニズムである。しかしながら、同じく快楽の認識の役割を果たすエンドルフィンなど、アルコール摂取の影響を受けるホルモン分泌物は数多く存在する。細胞におけるこれらの経路に関する知識は、特定の受容体と特異的に結合する分子の発見に研究者を導く。現在、市場に流通している薬の一つであるナルトレキソンは、快楽の効果を助長するエンドルフィンによる刺激（興奮作用）に反応を示すオピオイド受容体を抑制する働きがある。このタイプの薬は、離脱期間における患者のアルコール摂取の再燃回避を可能にする。また、現在市場において認可されている別の薬として、バクロフェンがある。これはGABA受容体の拮抗薬であり、アルコール依存症に対する有用性が示唆されている。副作用は必ずしも明確になっていないが、バクロフェンの服用は有効と考えられている。

二、肝臓におけるアルコールの作用

（1）肝臓の病理学

　肝臓は自然防御の役割を担っている。この器官はエタノールを分解する重要な器官である。反対に、アルコールは肝臓に蓄積し、アルコールの常用は肝臓疾患の第一要因を占めている。ここに他の要因、特に性別、肝炎そしてタバコ中毒が加わる。また、肝臓疾患の進行に影響を及ぼすビタミンAやビタミンEの摂取などの、栄養的な要因も加わる。肝臓疾患においては、アルコールと関係する複数の病理学が挙げられる。まずはアルコール中毒が原因の一つでもある、肝臓に可逆的に脂肪が蓄積した状態を指す脂肪肝である。組織学的には脂肪小胞の増加が確認される。反対に、肝臓から他の器官への脂肪の排出は抑制される。このことは肝細胞における脂肪のさらなる蓄積につながる。さらに、肝臓周辺の器官は、いずれは全体の代謝を悪化させる脂質の形でのエネルギーはあまり受け取らない。アルコール性肝炎は、免疫細胞であるマクロファージによる肝臓への侵入に起因する慢性的な炎症であり、前述した脂肪肝がさらに進行した状態である。この炎症状態は光学顕微鏡によって観察可能な細胞壊死を伴う。そして、癌を除き、アルコールに起因する炎症状態の最も進行した状態が肝硬変である。瘢痕組織を形成する線維症は細胞死の際に現れる細胞間の空間を埋める。

過剰飲酒者についてのある研究は、彼らの内五～二〇パーセントは重篤な組織学的病変が進行していることを示した。一日にワインを一リットル以上摂取するアルコール中毒者において、三分の一の者がアルコール性肝硬変であり、四五パーセントの者が脂肪肝であると診断された。疫学データによると、肝硬変患者の死亡率は三〇パーセントに達する(INSERM 2016)。

一般的な診療においては、初期の段階ではバイオマーカーの分析をもとに診断される。このタイプの診断の後、何らかの疑いがある場合は、細胞異常の存在が確認出来る組織学的検査が行われる。場合によっては、肝臓のエコー撮影も含まれる。肝臓の炎症がまだあまり進行していない段階においては、禁酒、休養、カロリー補給が効果的と考えられている。より進行した段階においては、コルチコイドを用いた治療により炎症と進行を抑えることができる。しかしながら最も進行した状態においては、現時点の治療法としては肝臓移植しか残されていない。

(2) 肝臓におけるアルコール代謝の分子メカニズム

肝臓において、エタノールは異なる二つの酵素により、二段階に分けて代謝される。この二つの酵素は二つの遺伝子、ADH(アルコールデヒドロゲナーゼ)とALDH(アルデヒドデヒドロゲナーゼ)によってコード化されている。大部分は、ADHによってエタノールは次々にアセトアルデヒドに変換され、その後ALDHによってアセテートに変換される。生成したアセテートはエネルギー源であり、大部分は脂肪の形でストックされる。しかしながら、アルコール中毒はこのメカニズムを変え、CYP2E1遺伝子の発現をもたらす。この遺伝子は酸化反応を引き起こす酵素をコードしている。もし肝臓にエタノールが大量にある場合、この酵素はADHと同じ働きをし、アセトアルデヒドを生成すると同時に活性酸素も生成する。これらの活性酸素はタンパク質とDNAを傷つける。そして活性酸素が過剰な場合、傷ついたタンパク質を減らすために慢性的な炎症反応を引き起こす。こうして、肝硬変になる可能性のあるアルコール性肝炎のスイッチが入る。エタノールの無毒化の過程における最初の産物であるアセトアルデヒドについて述べるのは重要である。アセトアルデヒドは頭痛の発生に関係する分子の一つである

(Eriksson 2001)。したがって、日本人に多く見られるような、反応性のないALDH遺伝子を持つ人々においては（Hurley et al. 2001）、アセトアルデヒドは肝臓の細胞に蓄積する傾向があるため、彼らはアルコール摂取後、頭痛に見舞われる可能性が高い。

このように、アルコールはタンパク質を傷つけることで肝機能を悪化させる。肝臓にあるタンパク質は脂質の代謝、解毒、糖の合成と分解、胆汁の生成、ビタミンとホルモンの合成、アミノ酸の代謝などの重要な役割を担っている。このように、肝機能の異常はビタミン、ホルモン、エネルギーのバランスを崩すに至り、疲労、高血圧、肝性脳症などの合併症のリスクが高まる。肝性脳症の出現は幾つかの分子の増加が鍵となる。特に肝臓によってもう効果的に分解されないアンモニアである。アンモニアの増加は血液脳関門を混乱させ、神経の変調をきたす。その結果、長い時間をかけ、アルコールは肝臓の代謝を悪化させることで脳の生理学をいっそう狂わせる。

(3) アルコールと肝臓の生物学的リズム

分子のメカニズムを支配する異なった周期性の様々な生体リズムが存在する。二十四時間という周期性は生命体レベルにおいて、体温や睡眠サイクルなどによって簡単に測ることができる。概日リズムの存在は最初、昆虫を使った実験によって明らかにされた。概日リズムは約二十四時間の周期に従っており、光などの外界の刺激によって修正される。一方で、このリズムは自律的である。刺激がなくても存続し、決まった時間ごとに実行すべき生物学的事柄を可能にする。すなわち、このリズムはエネルギー的な面において利点を持ち、生命体に実行すべき事柄の準備を整えることを可能にするのだ。このメカニズムは時計遺伝子の存在が鍵となるリズムの生成と維持を可能にする。最初に発見された時計遺伝子であるクロックとピリオドは、まずショウジョウバエで発見され、その後哺乳類においても確認された。この概日リズムは普遍的であることを指摘するのは重要である。なぜなら周知の通り、時計遺伝子は全ての生命体と全ての器官において存在するからである。

クロック遺伝子はピリオド遺伝子の発現をもたらすが、ある許容限度を越すとピリオドはクロックの作用を抑制する。このことはピリオドの発現低下に至る。そして再びピリオド遺伝子の発現がもたらされることで、およそ二十四時間のリズムを描く。時計遺伝子は数多く存在し、それらは多くの代謝機能と関わっている。肝臓の全ての機能は時計遺伝子との関わりがある。ある研究はマウスを用い、概日リズムを持つ遺伝子の発現ピークに対応するアルコールの影響を算定した（Zhou et al. 2014）。その結果は、遺伝子の五～一〇パーセントが肝臓における概日リズムを持つらしいことを示した。

この同じ研究において、数週間アルコールを投与されたマウスのグループとされなかったマウスのグループ間の、時計遺伝子の発現ピークが比較されている。脳においては何の違いも観察されなかったが、肝臓においては、アルコールの投与が肝臓における概日リズムを完全に逆転させることがわかった。この現象は肝臓における代謝異常の発展に関係しているかもしれない。さらに、酸化バランスの悪化は、このリズムが逆転する潜在的な原因の一つかもしれない。なぜなら周知の通り、時計遺伝子はエネルギーの変化に対し敏感であるからだ。エネルギーバランスに影響を及ぼす二つの分子であるNADとNADHの濃度に関するデータを扱った先ほどの研究は、この仮説に説得力を与える。なぜなら、NAD／NADHの濃度の関係は、アルコール投与後であっても変化を示さないからだ。

三、アルコールと免疫反応

研究者は、アルコールが免疫システムにおいて特筆すべき作用を与えることを指摘している（Pasala et al.）。アルコールの摂取だけで、炎症反応に関係するメッセンジャーである免疫グロブリンと炎症を促すサイトカインは肝臓において増加する。また、バクテリアの膜の構成要素であるLPSの割合はアルコール摂取後上昇する。LPSは、幾つかの毒性バクテリアが住んでいる腸管口径に由来する。腸壁はLPSの吸収を避けるが、アルコールはこの動きを変化させる。つまり、LPSが腸壁を通過し、血液によって運ばれるのだ。吸収された栄養素はまず肝臓を通過するが、肝臓はLPSに対して弱い。そのため、LPSは肝臓の炎症反応、さらに前述したメカニスムをより促すことになる（U.S. department of health and human services 2000）。その上、サイトカインはあまり除去されないため、炎症状態は悪化する。

一方で、大量飲酒した二～五時間後には免疫システムの低下が、特にリンパ球の割合において見られる。従って、適応免疫システムは弱くなるため、よりウィルスが侵入しやすくなる。反対に、節度を持った摂取は、ワクチンの効果を向上させるようである。すなわち、ワクチン接種後、抗体の量がより早く増えるのだ。

四、アルコールと癌リスク

アルコールは頭部と首の癌、食道癌、肝臓癌、乳癌、直腸癌の重要なリスク要因である（Andreson et al. 2008）。なぜなら、それらの部位はアルコールにさらされることが多いからだと説明されている。アルコールの影響をより深刻にしている要因の一つに、遺伝子のヴァリアントの存在がある。例えば日本人の場合、不完全な酵素をコードしているALDH2遺伝子のバージョンの割合と過剰に働くADHの割合が高いことは、他の人種との比較において重要である。これら二つの遺伝子のバージョンは、前述したように、人体に毒性のアセトアルデヒドを蓄積することを促す。アセトアルデヒドはＤＮＡに向かい、ＤＮＡの突然変異を生じさせる。この現象は癌の進行において決定的な役割を演じる。

　また、遊離基の存在もＤＮＡの突然変異を促す。アルコール中毒の問題において以下の点を指摘することは重要である。すなわち、ビタミン（特にビタミンＥ）の吸収と合成の低下は遊離基によるＤＮＡへの攻撃に対する防御を弱める。アルコール飲料は数多くの合成物を含んでいる。その中には、癌の進行に有害な影響を及ぼす可能性のある毒素も含まれる。また、そこにはエストロゲンの構造にとてもよく似た合成物も幾つか付け加えられる。女性においては、これらの合成物は乳癌のリスクを高めると考えられている。

おわりに

　結論として、アルコール飲料の影響は様々である。なぜならアルコールは様々な生物学的メカニズムに作用するからだ。禁酒や適度な飲酒を除いては、予防手当ては存在しない。我々は依存のリスクに対して皆平等ではない。なぜなら、遺伝子の特徴と環境が依存に影響を与える大きな要因を成しているからだ。最近の動物実験では、アルコールによって引き起こされる炎症を食い止めるための、腸壁における片利共生バクテリアの有益な作用が明らかになった。実際、日常的に一定量のアルコールを与えられたマウスに、健康なマウスの腸内菌叢を移したところ、炎症状態を低下させることができた。この発見はアルコール中毒患者における炎症現象のよりよい治療のためにとても有望である。

　現在、アルコール中毒は社会的コストが高い。なぜならフランスにおいては、アルコールの過剰摂取が入院理由の最たるものだからである。また、その過剰摂取は生産性に悪影響を及ぼし、人の態度を変質させ、様々な病気の発生を促すことで生活の質に影響を与える。従って、病に冒された人々を治療するために治療薬は必要ではあるが、予防的行動の実施を意識することが最も重要である。

参考文献

Anderson P, Gual A, Colom J, INCa. Alcool et médecine générale. Recommandations cliniques pour le repérage précoce et les interventions brèves. Paris, 2008; p.141

Besson JA, Glen AI, Foreman EI, Macdonald A, Smith FW et coll. NMR observations in alcoholic cerebral disorders and the role of vasopressin. Lancet（1981）; 2: pp.923-924

Eriksson CJ. The role of acetaldehyde in the actions of alcohol（update 2000）. Alcohol Clin Exp Res (2001); 25(5 Suppl ISBRA): S15-32

Gonzales RA, Jaworski JN. Alcohol and glutamate. Neurotransmitter review

(1997); 21(2): pp.120-126

Hernandez-Gonzales M, Sanz-Martin A, Guevara MA, Amezcua-Gutierrez C, Diaz MR. Alcohol suppresses the electroencephalographic response to visual erotic stimuli in young men. Journal of behavioral and brain science (2012); 2: pp.363-371

Hurley TD, Edenberg HJ. Genes encoding enzymes involved in ethanol metabolism. Alcohol Res (2012); 34(3): pp339-344

INSERM. Alcool et santé [en ligne]. Adresse URL: http: //www.inserm.fr/thematiques/neurosciences-sciences-cognitives-neurologie-psychiatrie/dossiers-d-information/alcool-et-sante (2016)

Oscar-Berman M, Marinkovic K. Alcoholism and the brain: an overview. Alcohol Res Health (2003); 27(2): pp.125-33

Pasala S, Barr T, Messaoudi I. Impact of alcohol abuse on the adaptive immune system. Alcohol Res (2015); 37(2): pp.185-197

Pfefferbaum A, Sullivan EV, Mathalon DH, Lim KO (1997). Frontal lobe volume loss observed with magnetic resonance imaging in older chronic alcoholics. Alcohol Clin Exp Res (1997); 21: pp.521-529

U.S. department of health and human services (2000).10th Special Report to the U.S. Congress on alcohol and health

Valenzuela CF. Alcohol and neurotransmitter interactions. Alcohol health and research world (1997); 21: pp.144-148

Wik G, Borg S, Sjogren I, Wiesel FA, Blomqvist G et coll. PET determination of regional cerebral metabolism in alcohol-dependent men and healthy controls using 11C-glucose. Acta Psychiatr Scand (1988); 78: pp.234-241

Zhou P, Ross RA, Pywell CM, Liangpunsakul S, Duffield GE, Disturbances in the murine hepatic circadian clock in alcohol-induced hepatic steatosis. Scientific reports (2014); 4: 3725 EP –

◎コラム◎

アルコール飲料製造における生物学的プロセス

アンドレス・マツラナ（棚橋美知子 訳）

Andrés MATURANA——名古屋大学大学院生命農学研究科准教授（動物細胞生理学研究室）。名大清酒「なごみ桜」責任者。専門は生命科学。現在所属する生命農学研究科は、二〇〇九年より盛田株式会社および、あいち産業科学技術総合センターとの産学官技術連携による共同研究を行い、二〇一二年より日本酒「なごみ桜」を毎年千本醸造している。

はじめに

発酵技術を用いた人間によるアルコール飲料製造の最も古い痕跡は、中国(1)とイラン(2)で見つかっている。出土した甕の中で見つかった、人間が製造した最古のアルコールの残滓は紀元前七〇〇〇年にまで遡るものであった。中国河南省にある新石器時代の賈湖遺跡で出土した甕には米、蜂蜜、果物の混合物による発酵飲料の残滓が残っており、それらは非常に良い保存状態であった(1)。イランの新石器時代の遺跡であるハッジ・フィルズ・テペで出土した甕の分析からは、この遺跡におけるワインの科学的痕跡が明らかになっている(2)。

新石器時代以来、人間によるアルコール飲料の製造プロセスはほとんど変化しておらず、同じ要素が必要とされている。すなわち、糖と水、微生物、酵母、そして当時と同じ生物学的プロセスであるアルコール発酵である。

アルコール飲料製造は、「アルコール発酵」と呼ばれる特殊な代謝によって行われる。この基本的機能は、細胞がその生存のために必要なエネルギーを生成する際に生じる、細胞の代謝による廃棄物の変質である。アルコール発酵はワイン、ビール、そして日本酒製造のために利用されている。この発酵を可能にするのが単細胞微生物の酵母である。

アルコールは細胞にとって有毒なため、発酵によって得られるアルコール度数は四パーセントから最大二〇パーセントである。アルコールの濃度を上げるには、発酵は蒸留の過程を辿ることになる。蒸留を経ると、アルコール度数の高いタイプの飲料、例えばウィスキーやコニャックのような蒸留酒が生ずる。本稿では蒸留過程に関しては扱わない。蒸留に興味のある場合は、K・A・ジャック他編『アルコールの教科書』第18章を参照いただきたい。[3]

アルコール発酵には一連の「酵素性」反応がある。この反応の目的は、酸素のない状況、すなわち嫌気的条件下における酵母細胞のためにエネルギーを生成することにある。エタノールはこのようなアルコール発酵の最終的な生成物（廃棄物）であり、この発酵のための原料は様々な糖である（単糖であるグルコース、フルクトース、ガラクトース、またはその複合物であるデンプン）。

本稿では、アルコール飲料製造における様々な段階のアルコール発酵の生物学的諸原理を紹介する。

一、エタノール：アルコール分子

化学において、アルコールとは、炭化水素原子に結合したヒドロキシ基（-OH）の存在によって特徴づけられる有機化合物である。

エタノールはアルコール飲料のアルコール分子であり、エタノールの示性式はCH3-CH2-OHである。エタノールは、二個の炭素原子と五個の水素原子がお互い結合して成るエチル基（CH3-CH2）によって構成される分子である。エタノールの場合、エチル基にはヒドロキシ基（-OH）が結合している。

エタノールは揮発性と引火性が強い分子である。また、エタノールは水への溶解度が高い分子であり、この性質はアルコール飲料中のアルコール濃度をコントロールすることを可能にする。

さらにアルコール飲料以外でも、薬品や香水の製造においてエタノールは溶媒として利用されている。また、エタノールは消毒や燃料としても利用されている。融点が低いため（-114℃）、エタノールは低温を測るための温度計に封入されているが、その揮発性は高温の測定を妨げる。

二、エタノールの合成

エタノールは酵母やバクテリアなど、生きた微生物におけるアルコール発酵の代謝プロセスにより自然な方法で作り出される。アルコール発酵の生物学的目的は、ATP（アデノシン三リン酸）と呼ばれる分子の形で行われる、嫌気的条件下（酸素がない、もしくはほとんどない条件下）でのエネルギー生成である。ATPは細胞が生存するために不可欠なエネルギーの貯蔵と放出を担う分子である。エタノールと二酸化炭素はアルコール発酵の最終的な生成物である。また、一連の化学反応を応用したエタノールの工業生産も存在する。

三、化学反応によるエタノールの工業的製造

エタノールの工業生産は、リン酸を触媒として用いつつ、「固定床反応器」と呼ばれる特殊なリアクターの中でエチレンに水蒸気を反応させる直接水和法によってなされる。[4] 反応は高圧で行われる。この反応による生産量は約九五パーセントであり、残りの五パーセントであるエ

タンは新たな反応のために再利用される。この反応による生成物は水とエタノールを含んでいる。エタノールの純度を九五パーセント以上にするためには、「圧力スイング吸着法（PSA）」と呼ばれるプロセスを伴う蒸留を行う。この圧力スイング吸着法は直接水和法による生成物の脱水を行い、純度九九パーセント以上のエタノールの製造を可能にする。

四、アルコール発酵によるエタノールの製造

アルコール飲料としてのエタノールの製造は、「出芽酵母」という酵母の助けによってなされる。酵母は菌界に属する単細胞微生物である。出芽酵母は新石器時代以来、アルコール飲料製造のためだけでなく、パン生地などを膨張させるため、また最近では抗生物質の合成のために人類によって利用されている。また、出芽酵母は生命科学研究におけるモデル生物でもあり、遺伝学と分子生物学の研究に利用されている。[5]

酵母は真核細胞、すなわち、DNA（デオキシリボ核酸）の形で生命と酵母細胞の複製のために不可欠である遺伝情報の大部分を含む細胞核を有する細胞である。また、酵母細胞は、小胞体やゴルジ体、ミトコンドリアなどの細胞小器官も有している。このように、酵母は動物や人体の細胞にとても似ているのだ。

酵母は細胞分裂により無性的に増殖する。すなわち、一つの母細胞から同じ遺伝情報を持った二つの娘細胞が生まれる。[6]出芽酵母の細胞分裂は、徐々に成長した娘細胞が母細胞から独立する出芽によって行われる。しかしながら出芽酵母は、二つの母細胞の遺伝物質の混合を可能にする有性生殖も行うことがある。

出芽酵母の有性生殖は、二つの酵母細胞が融合し、遺伝情報の混合のためにそれらの細胞核が融合する。そして最終的には、二つの母細胞に由来する遺伝情報を持った四つの娘細胞が誕生する。

出芽酵母は、好気的条件下（酸素がある条件下）でも嫌気的条件下でも生存することができる。好気的条件下では、細胞のエネルギー生成（ATP）はミトコンドリアの中にある酸素の助けによってなされるため（細胞呼吸と呼ばれるプロセス）、この条件下では出芽酵母はエタノールを生成しない。一方、嫌気的条件下ではアルコール発酵が細胞呼吸に取って代わる。発酵はエネルギー生成という面ではあまり効果がないが、酸素がない厳しい条件下における酵母の生存を可能にする。蓄積するエタノールは酵母にとって毒であるため、その濃度は一六〜二〇パーセントを超過することはない。

アルコール発酵は解糖系と呼ばれる代謝プロセスを伴う。解糖系とは、グルコースが二つのピルビン酸分子と二つのATP（エネルギー分子）と水に酵素分解されるプロセスのことである。ピルビン酸はアセトアルデヒドに変換され、そしてその毒性ゆえ、アルコール脱水素酵素

によってすぐにエタノール分子に変換される。つまり、エタノールは水とＡＴＰとともにアルコール発酵の最終生成物の一つなのだ。エタノールは生物学的には有用性はない。そのため細胞膜を通過し、受動拡散によって細胞の外へと出ていく。

　このように出芽酵母は、アルコール飲料製造のための、また、工業製品用や製薬用のエタノールを得るための小さな工場として人間に利用されている。

　エタノール生成のために出芽酵母が必要とする材料は、糖（日本酒の場合は米、ワインではブドウ、そしてビールでは麦芽）と水（清潔で出芽酵母の生存に必要なミネラルを含んだもの）である。

　日本酒の場合、米の糖化のためには他の微生物、ニホンコウジカビの協力が必要になる。糖化とは、米に含まれる多糖類（デンプン）を酵素によって単糖類（グルコース）に分解するプロセスである（加水分解）。このプロセスの際、出芽酵母はエタノールを生成する。糖化はα－アミラーゼという酵素によってなされる。デンプンは一部がグルコース分子から成る直鎖である。α－アミラーゼは加水分解反応によりデンプンからのグルコース分子の分離を可能にする。分離したグルコース分子は酵母細胞によって吸収され、エネルギー（ＡＴＰ）とエタノールに変換される。酵母はα－アミラーゼを有していないため、米のデンプンをグルコースへ加水分解するために外部の助けが必要となる。その役割を担うのが、米のデンプンからグルコースを「解放する」のを可能にするα－アミラーゼ酵素を持つニホンコウジカビである。

　ブドウに含まれる糖は単糖類（グルコースとフルクトース）であるため、ワインには糖化は必要ない。従ってブドウに含まれているグルコースは、酵母細胞によって直接的にエタノールに変換可能である。一方、麦芽の種子は主にデンプンを含んでいるため、ビールには糖化が不可欠である。ビールの場合、麦芽の糖化は直接的に麦芽の種子で行われる。麦芽の種子は発芽させるために水に浸けられる。その際、発芽は麦芽の種子の中で、デンプンからグルコースへの加水分解を可能にする糖化酵素であるα－アミラーゼの発現を促す。このようにして、酵母はアルコール発酵とビール生産のために麦芽のグルコースを利用することが可能になる。

　発酵によってできたアルコールの味と匂いは、水素イオン濃度（pH）や水に含まれているミネラルなど、様々な要因に左右される。ワインの場合、ブドウに含まれるフルクトースは酵母によって優先的に代謝されないため、ワインの甘みの強弱に影響を与える。ビールに関しては、苦味と香りを持たせるためにホップの花が加えられる。また、酵母によるアルコール発酵の副産物は様々な香りをもたらす。出芽酵母株の選択はビールと日本酒の香りに大きく関わる。

五、日本酒製造における二つの微生物の協同プロセス

日本酒は米粒を発酵させて作るアルコールである。米は主に栄養摂取のために利用される穀物の種子である。米粒は穎果を外部から保護する籾殻に覆われている。穎果は、果皮、種皮、珠心という三つの外層を伴う。これら三つの層は、内胚乳（胚乳）と胚芽（将来的に稲になる胚）を包んでいる。内胚乳はデンプンを含む細胞から成っている。デンプンの濃度は、内胚乳の内部細胞層の中心に近づくにつれ高くなる。発酵に不可欠な要素はデンプンの糖である。従って、穎果の外層と籾殻は機械的な研磨によって取り除かれる。研磨材を用いるこの研磨は、日本酒の味を悪くするタンパク質と脂質の濃度を下げることを可能にする。

発酵の前に米は洗われ、米粒の形を保ちつつ、デンプンをゼラチン化するために蒸される。その一部の米は、米に含まれるデンプンの糖化に必要な麹を増殖させるために利用される。

六、麹

麹は日本酒製造のために必要なカビであり、そのカビの種類はニホンコウジカビである。(7) ニホンコウジカビは醤油、日本酒、味噌、酢など、日本の伝統的な発酵食品を生産するために広く用いられている糸状菌である。ニホンコウジカビには他のカビの種類にはない独特な能力がある。それは自らが生成する酵素を分泌する能力である。この特性はアミラーゼやプロテアーゼ、リパーゼなど、様々な酵素の工業的生産に応用されている。

ニホンコウジカビは、細胞が糸状に連なって器官形成された多細胞生物である。この糸状の組織を菌糸体と呼び、程度の差はあれ、枝分かれした糸状のものを菌糸と呼ぶ。無性生殖に際し、ニホンコウジカビは菌糸から出た柄の先にできる無性的な胞子である分生胞子（このタイプのカビの典型的な胞子）を生成する。ニホンコウジカビ胞子の保存技術は平安時代から室町時代にかけて日本で発展を遂げた。このことにより、発酵飲料と発酵食品製造のためのニホンコウジカビ胞子の販売が可能になった。

日本酒製造の際、ニホンコウジカビの胞子は蒸した米に接種される。これによりカビが米上に増殖し、米を糖化するためのアミラーゼ酵素の生成活動を可能にする。このニホンコウジカビの培養方法を「固体発酵」と呼び、米にニホンコウジカビが生えたものを「麹」と呼ぶ。準備された麹が液体状の培地において米と酵母に混ぜられると、アルコール発酵のプロセスが本格的に開始される。ニホンコウジカビと出芽酵母との協同作業が、米からアルコールへの代謝化を可能にするのだ。このように、日本酒は二つの異なる微生物の協同作業を必要とする唯一の発酵アルコール飲料である。

おわりに

発酵によって生産されるアルコール飲料は、人間によって数千年来利用されてきた微生物である酵母の代謝活動に依存している。酵母は嫌気的条件下において自らの生存に必要なエネルギーを生成するために糖を利用する。糖の代謝化による最終生成物はエタノールである。酵母細胞にとって生物学的に有用性がないため、エタノールは拡散によって酵母から出て行く。発酵の段階を終了し、もう使用されない米、そして酵母とカビ、これらを濾過によって取り除いた後に残った溶液が、摂取可能なアルコール飲料となる。アルコール発酵のプロセスに関する生物学、生化学、分子生物学的知見はアルコール飲料の製造工程の理解を深めることを可能にし、また、その品質と製造プロセスの改善を可能にするのだ。

注

（1） Fermented beverages of pre- and proto-historic China. McGovern P.E., Zhang J., Tang J., Zhang Z., Hall G.R., Moreau R.A., Nuñez A., Butrym E.D., Richards M.P., Wang C.S., Cheng G., Zhao Z., Wang C. Proc Natl Acad Sci U S A. 101:pp.17593-17598(2004).

（2） Neolithic resinated wine. McGovern P.E., Glusker D.L., Exner M.M. Nature 381:pp.480-481(1996).

（3） The alcohol distillation: the fundamentals. Katzen R., Madson P.W., and Moon G.D. Jr. in the Alcohol Textbook: A reference for the beverage, fuel and industrial alcohol industries by Jacques, Lyons and Kelsall. Nottingham University Press, Third edition 1999, pp.269-288.

（4） Catalytic hydration. Millidge A.F. in: S.A. Miller, ed., *Ethylene and its Industrial Derivatives*, Ernest Benn Ltd., London (1969), pp.709-731.

（5） Domestication and divergence of *Saccharomyces carevisiae* beer yeasts. Gallone B., Steensels J., Prahl T., Soriaga L., Saels V., Herrera-Malaver B., Merlevede A., Roncoroni M., Voordeckers K., Miraglia L., Teiling C., Steffy B., Taylor M., Schwartz A., Richardson T., White C., Baele G., Maere S., Verstrepen K.J. *Cell* 166:pp.1397-1410 (2016).

（6） Budding yeast for budding geneticists: a primer on the *Saccharomyces cerevisiae* model. Duina A.A., Miller M.E., Keeney J.B. *Genetics* 197:pp.33-48(2014).

（7） Genomics of *Aspergillus oryzae*: Learning from the history of Koji mold and exploration of its future. Machida M., Yamada O., Gomi K. *DNA Research* 15:p.173, p.183(2008).

翻訳を終えて

棚橋美知子

たなはし・みちこ——名古屋市立大学他非常勤講師。専門は十九世紀フランス文学・文化。フランス国立図書館Profession Cultureに採用され、電子展覧会「France-Japon une rencontre 1850-1914」のカタログ作成、翻訳に従事。主な論文に「『ゴリオ爺さん』にみられる嫌悪感　ラスティニャックがヴォートランに抱く嫌悪感が指すもの」（『多元文化』第13号、名古屋大学国際言語文化研究科、二〇一三年）などがある。

私はフランスの図書館で働いたことがある。その図書館には図書館職員及び大学関係者用の食堂があったため、昼食は同僚らとそこで一緒にとり、話に花を咲かせていた。毎日同じような時刻に行くと同じような顔ぶれに遭遇するのだが、そこでよく見かける男性が毎回、一杯のグラスワイン（赤ワイン）を飲んでいた。現代日本で生まれ育った私から見ると、勤務中の昼食時に少量とはいえアルコールを飲むのは見慣れないものだったが、その光景は当然のように周りに受け入れられていた。フランス人の生活においてアルコールは身近な存在であることはそれなりに理解していたつもりだったが、これほどまでに日常に近しいものなのかと驚いた記憶がある。

人知を超えるための酔いや人を驚嘆させる、和ませる酔い、そしてより現実的な税収入や健康のための酔い等、古代から現代に至るまで、酒と酔いに関する言説には様々な変遷と議論があったことが今回の翻訳を通してよく分かった。酒が誕生して以来、酒と人間の関係はどうやら切っても切れないようである。翻訳言語の都合上、フランスを中心とした言説が多かったが、他のヨーロッパ地域をはじめ、アジア、オセアニア、アフリカ、アメリカにも当然、酒と酔いに関する様々な言説が古代からあることは想像に難くない。このような言説が古今東西に渡り存在しているということは、「我々とは一体何者なのか」という大きな主題を考察する上で、酒と酔いは外すことのできない一要素だと言えるだろう。

現在、新型コロナウイルス感染症のため、残念ながら日本では大小問わず多くの酒席が失われている。今回を機に、酒席も、以前とは違う何か新しい様式に変化していくのかもしれない。しかしながら、古より連綿と続くこの酒と酔いの文化そのものは決して失われないことを、我々は歴史的に知っている。コロナ禍が落ち着いたその際は、人知を超えるための超越的な酔いではなく、最新の医学的見地を参考に適量を守りながら、人を笑顔にするあの賑やかで陽気な酒席が、たとえこれまでとは多少違う様式であっても、日常風景の一つとして再び繰り広げられることを心から願っている。

今回、伊藤信博先生のご厚意で翻訳を担当した。この場をお借りし、先生には深く感謝を申し上げたい。

執筆者一覧（掲載順）

伊藤信博　小峯和明　目黒将史
芳澤　元　石井公成　木俣元一
髙橋　亨　アンドリュー・マッカンバー
山本聡美　畑　有紀　前野みち子
伊藤彰敏　ディラン・ミギー
ニコラ・ボーメール　マテュー・ルクートル
安井海洋　小川雅魚　ジャン＝ロベール・ピット
トマ・ロラン　アンドレス・マツラナ
棚橋美知子

【アジア遊250】

酔いの文化史
儀礼から病まで

2020年7月31日　初版発行

編　者　伊藤信博
発行者　池嶋洋次
発行所　勉誠出版株式会社
〒101-0051　東京都千代田区神田神保町3-10-2
TEL：(03)5215-9021(代)　FAX：(03)5215-9025

〈出版詳細情報〉http://bensei.jp/

印刷・製本　㈱太平印刷社
組版　デザインオフィス・イメディア（服部隆広）
ISBN978-4-585-22716-8　C1320

戦後日本における中国古典の映画化—日本・大陸・香港・東南アジアに跨る大衆文化の記憶　晏妮

戦後における李香蘭と二人の後継者—胡美芳と葛蘭　西村正男

中国語映画の「戦後」—女優李麗華とその主演作品を中心に　韓燕麗

付録　用語集

あとがき　西村正男

248 明治が歴史になったとき—史学史としての大久保利謙

佐藤雄基　編

序論　佐藤雄基

第一部　「明治」が歴史になるとき

大久保利謙と戦後日本近代史研究の出発　松沢裕作

政治学者における「明治」の歴史化　松田宏一郎

明治政府による記録編纂・修史事業と近代文書　箱石大

第二部　大久保利謙の歴史学

大久保利謙と近代史学史研究　マーガレット・メール（翻訳：佐藤雄基・渡邉剛）

大久保利謙と立教大学史学科（一九五八～七一）　小澤実

大久保利謙『日本近代史学事始め』についての覚書—大久保史学の史学史的検討のために　今井修

小伝・大久保利武—大久保家三代の系譜　松田好史

第三部　大久保史学にみるアーカイブズ・蔵書論

大久保利武・利謙父子の学問形成と蔵書—立教大学図書館・学習院大学史料館所蔵「大久保文庫」　佐藤雄基

国立国会図書館憲政資料室と大久保利謙の構想　葦名ふみ

大久保利謙と蘭学資料研究会・蘭学書　大島明秀

華族と歴史学—大久保利謙の華族研究と華族史料　小田部雄次

249 漢学とは何か—漢唐および清中後期の学術世界

川原秀城　編

序文 川原秀城

第一部　両漢の学術

今文・古文　川原秀城

劉歆の学問　井ノ口哲也

『洪範五行伝』の発展と変容　平澤歩

前漢経学者の天文占知識　田中良明

第二部　六朝・唐の漢学

鄭玄と王粛　古橋紀宏

北朝の学問と徐遵明　池田恭哉

明堂に見る伝統と革新—南北朝における漢学　南澤良彦

第三部　清朝の漢学

清朝考証学と『論語』　木下鉄矢

清代漢学者の経書解釈法　水上雅晴

乾隆・嘉慶期における叢書の編纂と出版についての考察　陳捷

嘉慶期の西学研究—徐朝俊による通俗化と実用化　新居洋子

第四部　総論：漢学とは何か

清朝考証学における意味論分析の数学的原理と満洲語文献への応用—データ・サイエンスとしての漢学　渡辺純成

漢学は科学か？—近代中国における漢学と宋学の対立軸について　志野好伸

246 和漢のコードと自然表象 ―十六、七世紀の日本を中心に

島尾新・宇野瑞木・亀田和子　編

247 移動するメディアとプロパガンダ ―日中戦争期から戦後にかけての大衆芸術

西村正男・星野幸代　編

244前近代東アジアにおける〈術数文化〉

水口幹記　編

245アジアの死と鎮魂・追善

原田正俊　編

アジア遊学既刊紹介

241 源実朝 ―虚実を越えて

渡部泰明 編

序言 渡部泰明
鎌倉殿源実朝 菊池紳一
建保年間の源実朝と鎌倉幕府 坂井孝一
文書にみる実朝 高橋典幸
実朝の追善 山家浩樹
実朝像の由来 渡部泰明
実朝の自然詠数首について 久保田淳
実朝の題詠歌―結題(＝四字題)歌を中心に 前田雅之
実朝を読み直す―藤原定家所伝本『金槐和歌集』抄 中川博夫
柳営亜槐本をめぐる問題―編者・部類・成立年代 小川剛生
中世伝承世界の〈実朝〉―『吾妻鏡』唐船出帆記事試論 源健一郎
『沙石集』の実朝伝説―鎌倉時代における源実朝像 小林直樹
源実朝の仏牙舎利将来伝説の基礎的考察―「円覚寺正続院仏牙舎利記」諸本の分析を中心に 中村翼
影の薄い将軍―伝統演劇における実朝 日置貴之
近代歌人による源実朝の発見と活用―文化資源という視点から 松澤俊二
小林秀雄『実朝』論 多田蔵人

242 中国学術の東アジア伝播と古代日本

榎本淳一・吉永匡史・河内春人 編

序言 榎本淳一

Ⅰ 中国における学術の形成と展開

佚名『漢官』の史料的性格―漢代官制関係史料に関する一考察 楯身智志
前四史からうかがえる正統観念としての儒教と皇帝支配」―所謂外戚恩沢と外戚政治についての学術的背景とその東アジア世界への影響 塚本剛
王倹の学術 洲脇武志
魏収『魏書』の時代認識 梶山智史
『帝王略論』と唐初の政治状況 会田大輔
唐の礼官と礼学 江川式部
劉知幾『史通』における五胡十六国関連史料批評―魏収『魏書』と崔鴻『十六国春秋』を中心に 河内桂

Ⅱ 中国学術の東アジアへの伝播

六世紀新羅における識字の広がり 橋本繁
古代東アジア世界における貨幣論の伝播 柿沼陽平
九条家旧蔵鈔本『後漢書』断簡と原本の日本将来について―李賢『後漢書注』の禁忌と解禁から見る 小林岳
古代東アジアにおける兵書の伝播―日本への舶来を中心として 吉永匡史
陸善経の著作とその日本伝来 榎本淳一

Ⅲ 日本における中国学術の受容と展開

『日本書紀』は『三国志』を見たか 河内春人
日本古代における女性の漢籍習得 野田有紀子
大学寮・紀伝道の学問とその故実について―東坊城和長『桂藥記』『桂林遺芳抄』を巡って 濱田寛
平安期における中国古典籍の摂取と利用―空海撰『秘蔵宝鑰』および藤原敦光撰『秘蔵宝鑰鈔』を例に 河野貴美子
あとがき 吉永匡史・河内春人

243 中央アジアの歴史と現在 ―草原の叡智

松原正毅 編

まえがき アルタイ・天山からモンゴルへ 松原正毅